武汉商学院资助校本教材

ERP SAND TABLE SIMULATION

# ERP沙盘模拟

柯美胜 ◎ 主　编
张娜依　宋文娟 ◎ 副主编

华中科技大学出版社
http://www.hustp.com
中国·武汉

## 内 容 简 介

《ERP沙盘模拟》课程是通过构建仿真环境,让学生模拟真实企业的运营状况。本教材按任务驱动的理念组织编写,总共有八个项目,分别是课程导读、模拟企业组织、企业模拟运营规则与预测、起始年模拟运营、经营点评、创业者电子沙盘系统——教师端、创业者电子沙盘系统——学生端、经营策略运用。在附录中还设置了模拟运营必备的表格。力求从规则和流程开始,让学员的综合素质和能力都得到显著提高。本教材主要适用于高等学校学生,也可用于企业高管培训;既有手工沙盘,又有电子沙盘;既有操作流程,又有案例探讨。

**图书在版编目(CIP)数据**

ERP沙盘模拟/柯美胜主编.—武汉:华中科技大学出版社,2018.8(2024.6重印)
ISBN 978-7-5680-4431-8

Ⅰ.①E… Ⅱ.①柯… Ⅲ.①企业管理-计算机管理系统 Ⅳ.①F270.7

中国版本图书馆CIP数据核字(2018)第187736号

**ERP 沙盘模拟** 柯美胜 主编
ERP Shapan Moni

策划编辑:牧 心
责任编辑:吕蒙蒙
封面设计:孙雅丽
责任校对:李 琴
责任监印:周治超
出版发行:华中科技大学出版社(中国·武汉)　电话:(027)81321913
　　　　　武汉市东湖新技术开发区华工科技园　邮编:430223
录　　排:华中科技大学惠友文印中心
印　　刷:武汉市金港彩印有限公司
开　　本:787mm×1092mm　1/16
印　　张:15.75　插页:1
字　　数:355千字
版　　次:2024年6月第1版第5次印刷
定　　价:68.00元

本书若有印装质量问题,请向出版社营销中心调换
全国免费服务热线:400-6679-118　竭诚为您服务
版权所有　侵权必究

# 前　言

"ERP 沙盘模拟"课程自 2004 年开始在我国高校开设，从只有少数高校引入这类课程，到这门课程几乎成为所有高校经济管理类学生的必修课程，只有十余年时间。这充分说明，"ERP 沙盘模拟"课程在经济管理类专业课程教学中的创新引领作用，它把常见的但形而上的管理学理论用仿真与模拟实践的方式展现出来，是对传统听说教学方式的颠覆。在教学过程中，学生们由听众和观众变为编剧、导演和主演，身临其境，在做中学，边学边做，而不是单纯听枯燥的道理，极大调动了学习的积极性，也使得学生对理论知识的领会更加深刻。"纸上得来终觉浅，绝知此事要躬行"，在这一过程中，学生的战略管理能力、沟通能力、财务管理能力、商务谈判能力等都能得到全方位的提升。

"ERP 沙盘模拟"虽为虚拟，却似现实，集角色扮演与岗位体验于一身，生动而直观。学生们扮演各路高管角色，能充分体验到商场竞争的残酷、正确决策的不易、团队协作的重要性、财务管理的必要性，以及企业战略管理的魅力，从多种角色的实践中实现管理能力和素质的全面提升，找到最宝贵的成就感和自我价值感。模拟过程弥补了客观条件的不足，学生们从模拟失败中获得的教训也许十分"惨痛"，却无真正棘手的沉没成本。

教材是为课程服务的，"ERP 沙盘模拟"课程是工商管理专业、财务管理专业、人力资源管理专业、物流管理专业等经济管理类专业课程与教学改革的重要成果。本教材不以传统的章节方式呈现，而以项目的方式呈现，因为只有项目驱动，才能将"学以致用"真正贯彻到底。理论与实践一体化了，学生们再也不用死记硬背，更有利于在实践中作出科学的决策。

全书分为八个项目，项目一、项目三、项目五、项目六、项目七、项目八由武汉商学院柯美胜编写，项目二由武汉商学院张娜依编写，项目四由武汉商学院宋文娟编写。本书由柯美胜担任主编，负责在初稿完成后对全书的审核、修订和统稿。张娜依和宋文娟担任副主编，负责相应项目的编写。

本书在出版过程中，得到武汉商学院和华中科技大学出版社的大力支持，在此表示诚挚的谢意。特别感谢华中科技大学出版社张馨芳和吕蒙蒙两位编辑，她们对待编校工作极为认真负责，对书稿存在的每一处细小问题都绝不放过，这充分体现了华中科技大学出版社作为一流出版社的严谨科学的作风。

由于编者水平有限，加之时间紧迫，疏漏之处在所难免，敬请各位同行专家和广大读者批评指正。

编者

2018 年 6 月

# 目 录

**项目一　课程导读** ·································································· 001
　　任务一　课程目标 ································································· 001
　　任务二　课程简介 ································································· 003
　　任务三　教学组织 ································································· 007

**项目二　模拟企业组织** ···························································· 014
　　任务一　模拟企业组织架构 ···················································· 014
　　任务二　主要角色的盘面定位 ················································· 015
　　任务三　模拟经营企业概况 ···················································· 016
　　任务四　组建团队 ································································· 018
　　任务五　设定手工 ERP 沙盘的初始状态 ·································· 021

**项目三　企业模拟运营规则与预测** ··········································· 025
　　任务一　营销总监需要领会的规则 ·········································· 025
　　任务二　运营总监需要领会的规则 ·········································· 030
　　任务三　采购总监需要领会的规则 ·········································· 033
　　任务四　财务总监需要领会的规则 ·········································· 033
　　任务五　CEO 需要领会的规则 ················································ 036
　　任务六　市场预测 ································································· 038

**项目四　起始年模拟运营** ························································ 045
　　任务一　年初工作 ································································· 045
　　任务二　日常运营 ································································· 045
　　任务三　年末工作 ································································· 051

**项目五　经营点评** ·································································· 054
　　任务一　第 1 年末开源节流点评 ············································· 054
　　任务二　第 2 年末产品盈利性点评 ·········································· 060
　　任务三　第 3 年末科学管理点评 ············································· 064
　　任务四　第 4 年末全面预算管理点评 ······································· 069
　　任务五　第 5 年末优化内部业务流程点评 ································ 074

任务六　第 6 年末信息化管理点评·····················079

**项目六　创业者电子沙盘系统——教师端**·················089
　　任务一　系统安装·······························089
　　任务二　系统操作·······························095
　　任务三　方案制作工具操作说明·······················116

**项目七　创业者电子沙盘系统——学生端**·················123
　　任务一　全年运营流程说明·························123
　　任务二　操作说明·······························125

**项目八　经营策略运用**····························147
　　任务一　沙盘技巧·······························147
　　任务二　沙盘战略·······························150
　　任务三　学生运用经营战略心得·······················163
　　任务四　三种典型策略详细介绍·······················170
　　任务五　解密企业经营本质·························172

**附录 A　手工沙盘企业经营过程记录**····················175

**附录 B　手工沙盘生产计划及采购计划**···················209

**附录 C　手工沙盘开工计划**·························212

**附录 D　手工沙盘采购及材料付款计划**···················213

**附录 E　电子沙盘企业经营过程记录**····················214

**附录 F　电子沙盘生产计划及采购计划**···················238

**附录 G　电子沙盘开工计划**·························240

**附录 H　电子沙盘采购及材料付款计划**···················241

**附录 I　其他表**································242

**参考文献**····································247

# 项目一　课程导读

## 任务一　课程目标

### 一、通过 ERP 沙盘模拟训练，学习者应能完成以下目标

（一）体验制造业企业的完整运营流程

模拟沙盘各职能中心涵盖了企业运营的所有关键环节，战略规划、资金筹集、市场营销、产品研发、生产组织、物资采购、设备投资与改造、财务核算与管理等几个部分为设计主线，把企业运营所处的内外环境抽象为一系列的规则，由受训者组成小组，而每一个小组的成员各司其职，共同完成对企业的经营。

（二）全方位认识企业

全方位认识企业，了解企业的组织机构设置、各管理机构的职责和工作内容，对未来的职业方向建立基本认知。通过企业经营了解企业管理体系和业务流程，理解物流、资金流的协同过程。

（三）理解企业战略的重要性

成功的企业一定有着明确的企业战略，包括产品战略、市场战略、竞争战略以及资金运用战略等。学会用战略的眼光看待企业的业务和经营，确保业务与战略的一致。从最初的战略制定到最后的战略目标达成分析，通过感性了解、理性思考、科学管理，受训者将学会用战略的眼光看待企业的业务和经营，保证业务与战略的一致，在未来的工作中更多地获取战略性成功而非机会性成功。

（四）了解常用的营销方法和营销策略

市场营销就是企业用价值不断来满足客户需求的过程。企业所有的行为、资源，无非是要满足客户的需求。通过几年的模拟竞争，受训者将学会分析市场、关注竞争对手、制定营销策略、准确定位目标市场、制订并有效实施计划，实现企业的战略目标。

## （五）了解生产运作管理的基本内容

我们把生产过程管理、质量管理、设备更新、产品研发统一纳入生产管理领域，在企业经营过程中，学习者将深刻感受生产与销售、采购的密切关系，理解生产组织与技术创新的重要性。

## （六）理解资金流的重要性

在沙盘模拟过程中，团队成员将清楚地掌握资产负债表、利润表的结构，通过财务报告、财务分析解读企业经营的全局，细化核算支持决策；掌握资本流转如何影响损益；通过杜邦模型解读企业经营的全局；理解现金流的重要性，学会资金预算，以最佳方式筹资，控制融资成本，掌握资金预算、控制融资成本的技能，提高资金使用效率。

## （七）全面提高受训者的综合素质

通过 ERP 沙盘模拟的学习，受训者可以深刻体会到团队协作精神的重要性。在企业运营这样一艘大船上，CEO（首席执行官）是舵手，财务总监保驾护航，营销总监冲锋陷阵，生产总监严把质量关，采购总监未雨绸缪，每一位高管都要以企业总体最优为出发点，各司其职，相互协作，才能赢得竞争，实现目标。从岗位分工、责任定义、共同协作、工作流程到绩效考评，团队成员要深刻理解局部与总体的关系，学会换位思考，树立全局观念。市场竞争是残酷的，寻求与合作伙伴之间的双赢、共赢才是企业发展的长久之道。这就要求企业知己知彼，在市场分析、竞争对手分析上做足文章，在竞争中寻求合作，企业才会有无限的发展机遇。诚信原则在 ERP 沙盘模拟课程中体现为对"游戏规则"的遵守，如市场竞争规则、产能计算规则、生产设备购置以及转产等具体业务的处理。保持诚信是受训者立足社会、发展自我的基本素质。

## （八）建立基于信息时代的思维模式

通过 ERP 沙盘模拟，使受训者真切地体会到构建企业管理信息系统的紧迫性。决策来源于数据，数据来源于管理信息系统，管理信息系统如同飞机上的仪表盘，能够时刻跟踪企业的运行状况，对企业的业务运行过程进行控制和监督，及时为企业管理者提供丰富的可用信息。通过沙盘体验，使学习者能够感受到企业信息化的紧迫性和实施过程中的关键点，建立基于信息时代的思维模式。

## 二、ERP 沙盘模拟的特殊作用

企业管理者需要两类知识：言传性知识——可以通过语言或文字来传递的知识；意会性知识——只能通过实践来领悟的知识。传统管理教学手段显然只能提供言传性知识，然而社会需要管理者掌握综合知识，特别是意会性知识。ERP 沙盘模拟培训定位正是为学员提供意会性知识。ERP 沙盘模拟是一种体验式教学，融角色扮演、案例分析和专家诊断于一体。让学生站在高管的位置来分析和处理企业面对的战略制定、组织生产、整体营销和财务结算等一系列问题，亲身体验企业经营过程中的"酸""甜""苦""辣"，其目的是通过这种教学手段，使学生领悟企业高层管理者所应掌握的意会性知识。管理教学中较为常用的案例教学，主要是通过各抒己见来相互学习、借鉴，通过一个个静态案例的多种分析与决策方案的比较来获得知识。而ERP沙盘模拟是通过亲身体验来学习的，通过对一系列动态案例连续不断的分析与决策过程来获得知识，有决策结果的反馈。两种学习方法的效果优劣是不言而喻的。

ERP沙盘模拟是一种综合训练。学生可以将所学的各种知识应用到经营过程中，从而获得综合能力的提高。ERP沙盘模拟涉及战略管理、市场营销、生产管理、物流管理及财务会计的知识，传统教学体系中是没有类似的课程的。

ERP沙盘模拟也可以作为一种选拔人才的手段。企业在选拔经营管理人才时，可通过观察应征者在参与模拟活动中的表现来确定合适的人选。中央电视台《赢在中国》节目正是应用沙盘模拟手段来选拔创业人才的。

### 三、实训的任务

（1）了解企业的组织架构。

（2）认清沙盘模拟与真实企业之间的关系。

（3）熟练掌握竞赛规则。

（4）了解各角色的任务和作用。

（5）深刻认识你所担任角色的作用和任务。

（6）按照企业运行流程，履行你的职责。

（7）做好团队协作，努力争取竞赛的胜利。

（8）做好实训总结，获得最大的收获。

（9）对低年级学生，激发其学习专业课的兴趣。

（10）对高年级学生，使其学会理论联系实际，学以致用。

# 任务二　课程简介

## 一、ERP沙盘模拟

什么是ERP沙盘模拟？这是众多初次参加沙盘训练学习者的第一个困惑，许多学习者是带着这个问题走进教室的。

沙盘模拟训练的概念最初来自"作战指挥"。在敌我双方开始战役之前，许多指战员都模拟战场的地形、地貌，制作一个与之完全一样的沙盘模型。他们在这个模型上进行战略部署，包括兵力部署、火力部署、防御部署和进攻部署等。在日常生活中，房地产开发商在进行小区规划时布局沙盘有利于房屋销售。这些沙盘都能清晰地模拟真实的地形、地貌或小区格局，让其所服务的对象不必亲临现场，也能对所关注的位置了然于胸。

商场如战场，一个企业的经营管理要比作战指挥复杂得多。如果只是凭借想象去描绘企业应当如何管理，这无疑是闭门造车。而如果仅仅是在每一门课程中展现企业的一个局部现状，也会让学习者感到"只见树木，不见森林"。管理大师彼得·德鲁克认为，管理是一种实践，其本质不在于"知"而在于"行"，其验证不在于逻辑而在于成果，其唯一权威就是成就。由此可见，管理类课程中实践教学的重要性。

ERP沙盘模拟是针对代表先进的现代企业经营与管理技术ERP（Enterprise Resource Planning，企业资源计划）设计的角色体验实验平台，让学习者在这个实验平台上，通过自己动手，进行实际推演，连续完成5年或6年的企业经营操作，从中不断地认识到经营过程中的"错误"；并在老师每年总结点评的基础上，一步步从对企业的"感性认识"，深入到对企业整体运作的"理性认识"层次上，在实践过程中，理解企业经营的真谛。ERP沙盘模拟实践的优点是简练、生动、直观、全面，易于从全局理解企业的运作精髓。

## 二、了解ERP沙盘的起源

沙盘作业不仅在现代战争中经常使用，在我国古代冷兵器作战时，沙盘就已经开始使用了。据《后汉书·马援列传》记载，东汉建武八年（公元32年），汉光武帝征讨陇西隗嚣，召名将马援商讨进军战略。马援对陇西一带的地理情况很熟悉，就用米堆成一个与实地地形相似的模型，从战术上做了详尽的分析。光武帝刘秀看后，高兴地说："敌人尽在我的眼中了！"马援"聚米为山"是此战取胜的重要原因之一，这在古今战争史上是一个创举，这是中国历史上最早的军事沙盘的雏形。

沙盘在国外最早出现于1811年。当时，普鲁士国王腓特烈·威廉三世的文职军事顾问冯·莱斯维茨，用胶泥制作了一个精巧的战场模型，用颜色把道路、河流、村庄和树林表示出来，用小瓷块代表军队和武器，陈列在波茨坦皇宫里，用来进行军事游戏。后来，莱斯维茨的儿子利用沙盘、地图表示地形地貌，用各种标志表示军队和武器的配置情况，按照实战方式进行策略谋划。这种"战争博弈"就是现代沙盘作业的雏形。

19世纪末和20世纪初，沙盘主要用于军事训练，第一次世界大战后，才开始在其他领域得到运用。

伟大的普鲁士军事理论家卡尔·冯·克劳塞维茨在他的巨著《战争论》中总结到："军事是政治关系的延续。"军事在政治上得以延续，战场在商场上得以延续，而商场则在沙盘模拟训练中得以升华。商场如战场，ERP沙盘模拟演练自从1978年被瑞典皇家工学院的Klas Mellan开发出来之后，迅速风靡全球。现在国际上许多知名的商学院，比如哈佛商学院和瑞典皇家工学院，以及一些管理咨询机构都在用ERP沙盘模拟演练，对职业经理人和MBA、经济管理类学生进行培训，以期提高他们在实际经营环境中的决策和运作能力。

20世纪80年代初期，该教学模式被引入我国，率先在对企业的中高层管理者的培训中使用并得到快速发展。21世纪初，用友、金蝶等软件公司相继开发出了ERP沙盘模拟演练的教学版，将它推广到高等院校的实验教学中。现在，越来越多的高等院校为学生开设了"ERP沙盘模拟"课程，并且取得了很好的效果。从2005年至2017年，用友软件连续举办了13届全国大学生ERP沙盘对抗赛，参与的大学生越来越多，比赛的规模也越来越大，成为国内企业界有一定影响力的沙盘模拟大赛。

## 三、认识沙盘的分类

### （一）按照沙盘的用途分类

1. 军事沙盘

军事沙盘指根据地形图、航空照片或实地地形，按一定的比例尺，用泥沙、兵棋等制作的，用来模拟战场的地形及武器装备的部署情况，结合战略与战术的变化来进行推演的模型。军事沙盘模型如图1.1所示。

图1.1 军事沙盘

2. 建筑沙盘

建筑沙盘是应用最广泛的沙盘形式，主要用于建筑施工和项目展示，方便向他人介绍项目整体规划和建设效果，提供感性和直接认知，增进对项目的了解。建筑沙盘模型如图1.2所示。

3. 教学沙盘

教学沙盘是一组为配合课程教学开发的特定用途的教具。从经济管理领域来看，企业经营管理沙盘包括企业要素、市场要素和规则要素三部分。

（二）按照沙盘的载体分类

1. 物理沙盘

物理沙盘就是运用各种替代标志在模拟盘面上推演的工具，物理沙盘如图1.3所示。其优点是生动直观，便于了解；其缺点是在实际推演过程中，很难进行精确监控。

图1.2　建筑沙盘

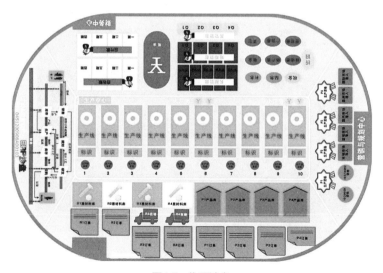

图1.3　物理沙盘

2. 电子沙盘

电子沙盘是运用软件技术在计算机上实现推演的工具，与物理沙盘相比，电子沙盘更为抽象，但在推演过程中具有很强的规范性，便于实现精确的整体控制。例如，国际企业管理挑战赛（GMC）所使用的仿真模拟系统、北京大学王其文教授开发的"企业竞争模拟"系统、用友新道公司开发的创业者和商战平台等都是典型的电子沙盘。电子沙盘模型如图1.4所示。

沙盘模拟演练模式在我国从20世纪80年代初期引入发展到现今，经过了三代的变换。第一代沙盘采用物理沙盘，即手工操作模式；第二代沙盘采用物理沙盘加Excel表操作模式，也有采用参数设置纯电子沙盘；第三代企业经营管理沙盘系统是棋盘类沙盘和软件模拟类沙盘的结合。

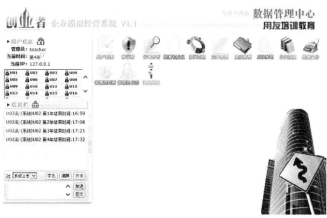

图1.4　电子沙盘

# 任务三　教　学　组　织

无论手工沙盘推演还是电子沙盘推演，都涉及企业经营管理的多个方面，需要受训者分工协作完成。同时，为提高模拟效果，不仅要求指导教师承担多重角色，还要求虚拟企业之间既要相互竞争，又要寻求合作。课程考核标准也不同于其他课程，既要从经营者的角度考核，又要从受训者的角度考核。

## 一、教学过程

本课程适用于一周至两周实训安排。现以两周（72课时）为例进行实训安排，如需要可根据实际情况适度调整。

### （一）构建模拟环境

企业行为模拟，首先要构建模拟市场和模拟企业。沙盘推演中的模拟市场是由6～10家相互竞争的虚拟制造企业组成，每个虚拟企业有5～6名受训者，分别担任制造企业高管角色。模拟市场中的供应商、客户、银行，由指导教师以及助教扮演。

## （二）团队组建与岗位分工

受训者分组组建模拟企业后，要根据制造企业的管理要求，确定本企业的组织架构及岗位职责。沙盘推演时，建议设置 CEO、营销总监、财务总监、生产总监、采购总监等岗位。当受训者人数较多时，可给各岗位设置助理职位，如财务助理等。

## （三）认识企业，学习经营规则

经营管理者接手一个企业需要了解企业的基本情况和市场环境。企业行为模拟中的内外部环境，组成了企业运行的经营规则。经营规则是模拟企业运营的约束条件，在开始模拟运行之前，要学习规则、熟知规则，并遵守规则。

## （四）设定初始状态

ERP 手工沙盘推演阶段不是从创建企业开始，而是接手一个已经运营了两年的虚拟企业，两年结束以后的运营结果体现在财务报表中。这是受训者模拟经营的起点，也是企业模拟经营的初始状态。通过对模拟企业经营初始状态的设定，使受训者感受数据与企业经营的关系，认识虚拟企业的经营基础，为正式模拟企业经营做好准备。

## （五）模拟企业经营

模拟企业经营是 ERP 沙盘实训课程的主体部分，按经营年度展开。每年的模拟经营完成的主要工作依次是：市场预测与分析—战略规划—经营决策—执行经营决策—业务核算—财务核算—年度经营总结。

## （六）点评与总结

每年经营结束后，指导教师要结合专业知识和模拟企业经营情况，针对普遍性问题和典型案例进行分析，帮助受训者反思和及时改正错误，调整战略策略。全部经营结束后，要求各虚拟公司进行全面总结，拟写总结报告，每位受训者撰写岗位职责履行情况总结。在此基础上，召开全部虚拟公司总结会，各公司制作演示文稿，在总结会上报告，相互分享成功经验，吸取失败教训。

本实训主要分为四个阶段。各阶段建议安排如下：第一阶段，实训动员和规则介绍。一般安排一天，主要进行实训动员，使学生掌握竞赛规则和企业运行流程。第二阶段，模拟企业经营竞赛。一般安排三天，按照竞赛规则在指导教师的帮助下，学生进行企业经营沙盘模拟若干年（一般是六年）的企业经营竞赛。第三阶段，撰写实习报告和模拟企业内部总结。由每个学生按照实训总结报告的要求撰写报告，并进行模拟企业内部的总结。第四阶段，实训总结与交流。由各模拟企业派代表做主旨发言，总结模拟企业经营的成败得失，指导老师做必要的点评与指引，允许并鼓励学生发言，谈谈感受和体验。

以上为参考时间安排，具体时间以指导教师公布的时间为准。

## 二、师生角色定位

ERP 沙盘模拟课程打破了传统教学中教师和学生的角色定位,其角色随着课程展开的不同阶段发生变化,如表 1.1 所示。

表 1.1　课程不同阶段教师和学生所扮演的角色

| 课程流程 | 具体任务 | 教师角色 | 学生角色 |
| --- | --- | --- | --- |
| 组织准备工作 | 构建模拟环境 | 组织者 | 听众 |
| 成立模拟公司 | 组建团队、岗位分工 | 组织者、引导者 | 角色认领、新任管理层 |
| 基本情况概述 | 了解企业基本情况 | 引导者、企业原管理层 | 新任管理层 |
| 学习经营规则 | 学习经营规则 | 引导者、企业原管理层 | 新任管理层 |
| 设定初始状态 | 企业运营起点 | 引导者 | 新任管理层 |
| 模拟企业运行 | 战略制定 | 商务信息发布者 | 各岗位角色扮演 |
| 模拟企业运行 | 融资 | 股东、银行、高利贷者 | 各岗位角色扮演 |
| 模拟企业运行 | 订单争取、交货 | 客户 | 各岗位角色扮演 |
| 模拟企业运行 | 购买原料、下订单 | 供应商 | 各岗位角色扮演 |
| 模拟企业运行 | 流程监督 | 审计 | 各岗位角色扮演 |
| 模拟企业运行 | 规则确认 | 顾问 | 各岗位角色扮演 |
| 点评和总结 | 年度总结、实训总结 | 组织者、引导者 | 各岗位角色扮演 |

## 三、课程学习方式

为了使课程能够达到预期的效果,这里提示受训者受训过程中一定要注意以下"二十字"方针。

### (一)知错能改

学习是为了发现问题,进而努力寻求解决问题的手段。在本课程的学习过程中,谁犯的错误越多,意味着谁的收获也就越大。因此不要怕犯错误,心态一定要摆正。

### (二)亲力亲为

ERP 沙盘模拟课程开体验学习之先河,每一位受训者,都要担任一定的职能岗位,必须全程参与企业的经营过程,以获得经营企业的切身体验,体验企业经营的艰辛。

### (三)落实行动

该课程带给受训者的是启迪、逻辑、法则,而企业是真实而具体的。只有落实于行动才能检验你学习到了什么,仅有高见是远远不够的。

### （四）换位思考

在实训过程中，需要明确企业组织内每个角色的岗位责任，一般分为 CEO、营销总监、生产总监、采购总监、财务总监等主要角色。当班级人数较多时，还可以适当增加商业间谍、财务助理等辅助角色。在 6 年的企业经营过程中，受训者可以进行角色互换，从而体验角色转换后考虑问题的出发点的相应变化，也就是学会换位思考，学会设身处地为别人着想。

### （五）团队协作

通过 ERP 沙盘模拟课程的学习，受训者可以深刻体会到团队协作精神的重要性。在企业运营这样一艘大船上，CEO 是舵手、财务总监保驾护航、营销总监冲锋陷阵……在这里，每一个角色都要以企业整体最优为出发点，各司其职、相互协作，才能赢得竞争、实现目标。

## 四、实训要求与组织管理

### （一）实训要求

（1）每个学生都需参与所有的实训流程，并承担一个具体的工作岗位。

（2）实训前要认真学习本实训手册的相关内容，明确实训目的、内容和相关要求，确保实训效果。

（3）在实训过程中，要树立端正的实训态度和良好的团队精神。

（4）在实训过程中要特别注意人身和财物的安全。

（5）遵守实训纪律，保证按时出勤，并完成相关任务；遵守国家法律法规，遵守实训教室的相关规定，听从安排。

（6）做好实训记录，记好实训日记，为撰写实训报告做好准备工作。

（7）认真撰写个人实训报告和模拟企业 PPT，字数分别不少于 2000 字和 1000 字。

### （二）组织管理

（1）学生分组由指导教师根据实际情况掌握。

（2）角色分工由各团队自行协商产生。

（3）在实训期间，各模拟企业的 CEO 应管理好各自的高管。

## 五、课程考核方式

在本实训课程考核时，可采用受训者自主评价与指导教师评价相结合、个人评价与团队评价相结合、定性评价与定量评价相结合、过程评价与结果评价相结合的方法。可参考的考核和评价指标如表 1.2 所示。

表 1.2 课程考核与评价指标

| 项　　目 | 得分或权重 | 考核对象 | 评　分　人 |
|---|---|---|---|
| 企业经营结果综合评分 | 20 | 团队 | 教师 |
| 团队精神与合作效果 | 10 | 团队 | CEO、教师 |
| 履行岗位职责情况 | 10 | 个人 | CEO、人事主管 |
| 工作态度和工作绩效 | 20 | 个人 | 个人、CEO、教师 |
| 提交实训资料 | 30 | 个人 | 教师 |
| 实训总结汇报 | 10 | 团队、个人 | 个人、CEO、教师 |
| 合计 | 100 | | |

其中，企业经营结果综合评分是根据各企业的所有者权益、综合发展系数等对各个企业进行综合排名，这就是模拟企业经营的成果。企业经营结果综合评分的评定方式为：

$$企业经营结果综合评分 = 所有者权益 \times \left(1 + \frac{企业综合发展系数}{100}\%\right) - 罚分$$

手工沙盘推演阶段模拟企业综合发展系数的计算方法，如表 1.3 所示。

表 1.3 手工沙盘模拟企业综合发展系数计算方法

| 项　　目 | 计算方法 / 分 |
|---|---|
| 大厂房 | +15 |
| 小厂房 | +10 |
| 手工生产线 | +5/ 条 |
| 半自动生产线 | +10/ 条 |
| 全自动生产线 / 柔性生产线 | +15/ 条 |
| 区域市场开发 | +10 |
| 国内市场开发 | +15 |
| 亚洲市场开发 | +20 |
| 国际市场开发 | +25 |
| ISO9000 | +10 |
| ISO14000 | +10 |
| P2 产品研发 | +10 |
| P3 产品研发 | +10 |
| P4 产品研发 | +15 |
| 本地市场老大 | +15 |
| 区域市场老大 | +15 |

续表

| 项　　目 | 计算方法 / 分 |
| --- | --- |
| 国内市场老大 | +15 |
| 亚洲市场老大 | +15 |
| 国际市场老大 | +15 |
| 高利贷扣分 | |
| 其他扣分 | |

电子沙盘推演阶段模拟企业综合发展系数的计算方法，如表 1.4 所示。

表 1.4　电子沙盘模拟企业综合发展系数计算方法

| 项　　目 | 计算方法 / 分 |
| --- | --- |
| 手工生产线 | +5/ 条 |
| 半自动生产线 | +7/ 条 |
| 全自动生产线 / 柔性生产线 | +10/ 条 |
| 区域市场开发 | +10 |
| 国内市场开发 | +10 |
| 亚洲市场开发 | +10 |
| 国际市场开发 | +10 |
| ISO9000 | +10 |
| ISO14000 | +10 |
| P2 产品研发 | +10 |
| P3 产品研发 | +10 |
| P4 产品研发 | +10 |
| 本地市场老大 | +10 |
| 区域市场老大 | +10 |
| 国内市场老大 | +10 |
| 亚洲市场老大 | +10 |
| 国际市场老大 | +10 |
| 高利贷扣分 | |
| 其他扣分 | |

罚分可以由管理员自行定夺。影响罚分的主要因素如下。

（1）报表准确性。

（2）关账是否及时。

（3）广告投放是否及时等。

　　实训总结汇报包括个人总结报告和团体总结汇报。个人总结报告是课程结束后每个同学上交一份实训报告，对自己实训课程的深刻体会、经验以及在实践中应用的理论知识进行总结与归纳。比如，本次培训过程中你印象最深的内容是什么？你认为做对或做错了哪些事？带来了什么结果？如果有机会继续经营或重来，你会如何做？你有什么感受和想法能带到明天的工作中？团体总结汇报就是以团队的形式上交一份PPT，在全班实训结束总结时，各个企业要站在团队全局的角度上，利用多媒体向全班同学边展示边讲解，包括本企业的企业文化、成员组成、整体战略、广告策略、市场定位、企业运营得失等。这也是经验共享的一个过程。

# 项目二 模拟企业组织

## 任务一 模拟企业组织架构

### 一、模拟企业简介

明见公司是一家制造型企业,运营已有4年,一直专注于某行业P1产品的生产和经营。目前企业拥有一间自主大厂房,其中安装了三条手工生产线和一条半自动生产线,运行状态良好,所有生产设备全部生产P1产品,几年来一直只在本地市场进行销售,利润率指标良好,知名度很高,客户也很满意。

### 二、企业的组织结构

企业组织机构是企业全体员工为了实现企业目标,在企业运营管理工作中进行分工协作,在职务范围、责任、权利等方面形成的结构体系。企业的经营管理,涉及企业的战略制定与执行、市场营销、采购与生产管理、财务管理等多项内容。在沙盘模拟企业经营过程中,采用了简化的企业组织结构。明见公司的组织结构如图2.1所示。

图2.1 明见公司的组织结构

CEO的主要职责:制定公司发展战略、竞争格局分析、经营指标确定、业务策略制定、全面预算管理、管理团队协同、企业绩效分析、业绩考评管理、管理授权与总结等。

营销与规划中心的主要职责：市场调查分析、制定市场发展策略及新市场开发、制定产品品种发展策略、广告宣传、制订销售计划、争取订单与谈判、签订合同与过程控制、按时发货及应收款管理、销售绩效分析等。

财务中心的主要职责：日常财务记账和登账、向税务部门报税、提供财务报表、日常现金管理、企业融资策略制定、成本费用控制、资金调度与风险管理、财务制度制定与风险管理、财务分析与协助决策等。

生产中心的主要职责：产品研发管理、管理体系认证管理、固定资产投资管理、编制生产计划、平衡生产能力、生产车间管理、产品质量管理、成品库存管理等。

物流中心的主要职责：编制采购计划、供应商谈判、签订采购合同、监控采购过程、到货验收、仓储管理、采购支付等。

# 任务二　主要角色的盘面定位

根据明见公司的组织架构，公司运营管理团队可以由CEO、财务总监、运营总监、营销总监、采购总监5人组成，也可以根据工作需要，选择性地为财务总监、营销总监配备一名相应的助理。公司运营管理主要角色设置如图2.2所示。

图2.2　公司运营管理主要角色

任何一个企业要想获得成功，都必须有一支优秀的运营管理团队分工协作，良好沟通，共同努力，以实现企业经营目标。各主要角色之间工作文档传递及沟通协调关系如图2.3所示。

结合ERP手工沙盘的盘面分区，主要角色盘面定位如图2.4所示。

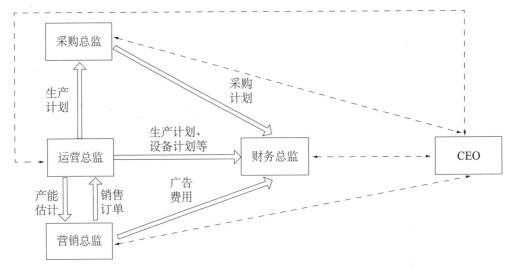

图2.3 主要角色工作文档传递及沟通协调关系

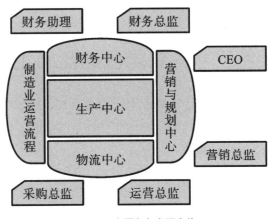

图2.4 主要角色盘面定位

# 任务三 模拟经营企业概况

## 一、企业财务状况

所谓财务状况,是指企业资产、负债、所有者权益的构成情况及其相互关系。企业的财务状况报告由企业对外提供的主要财务报告——资产负债表表述。

目前该企业总资产为 105M，其中流动资产 52M，固定资产 53M，负债 41M，所有者权益 64M。企业具体的资金分布情况如表 2.1 所示。

**表 2.1 简易式资产负债表**

20　　年　　　　　　　　　　　　　　　　　　　　　　　　　　　　　　　　　　单位：M

| 资　　产 | 期　末　数 | 负债和所有者权益 | 期　末　数 |
|---|---|---|---|
| 流动资产： |  | 负债： |  |
| 库存现金 | 20 | 短期借款 |  |
| 应收账款 | 15 | 长期借款 | 40 |
| 半成品 | 8 | 应付账款 |  |
| 产成品 | 6 | 应交税费 | 1 |
| 原材料 | 3 | 一年内到期的非流动负债 |  |
| 流动资产合计 | 52 | 负债合计 | 41 |
| 固定资产： |  | 所有者权益： |  |
| 土地和建筑 | 40 | 股东资本 | 50 |
| 机器与设备 | 13 | 利润留存 | 11 |
| 在建工程 |  | 年度净利 | 3 |
| 固定资产合计 | 53 | 所有者权益合计 | 64 |
| 资产合计 | 105 | 负债和所有者权益合计 | 105 |

## 二、企业的经营成果

企业在一定期间的经营成果表现为企业在该期间所取得的利润，它是企业经济效益的综合体现。企业的经营成果报告由企业对外提供的主要财务报告——利润表表述。

企业的具体的经营成果情况如表 2.2 所示。

**表 2.2 简易式利润表**

20　　年　　　　　　　　　　　　　　　　　　　　　　　　　　　　　　　　　　单位：M

| 项　　目 | 本　期　数 |
|---|---|
| 销售收入 | 35 |
| 直接成本 | 12 |
| 毛利 | 23 |
| 综合费用 | 11 |
| 折旧前利润 | 12 |
| 折旧 | 4 |
| 支付利息前利润 | 8 |

续表

| 财务收入/支出 | 0/4 |
|---|---|
| 其他收入/支出 | 0/0 |
| 税前利润 | 4 |
| 所得税费用 | 1 |
| 净利润 | 3 |

### 三、公司发展现状及股东展望

随着国家宏观经济逐步呈现回升势头，实体经济继续走向活跃，明见公司也在寻求更好的发展途径。最近，一家权威机构对该行业的发展前景进行了预测，认为P产品将会从目前的相对低水平状态发展为一个高技术产品：P1产品由于技术水平低，虽然近几年需求较旺，但未来将会逐渐下降；P2产品是P1产品的技术改进版，虽然技术优势会带来一定增长，但随着新技术的出现，需求最终也会下降；P3产品、P4产品为全新技术产品，发展潜力很大。根据该预测报告，明见公司决定实现多元化发展战略，希望管理层投资新产品的开发，使公司的市场地位得到迅速提升；开发本地市场及以外的其他新市场，拓展市场领域；扩大生产规模，采用现代化生产手段，获取更多的利润。

# 任务四　组　建　团　队

## 一、企业团队人员组成

### （一）CEO（首席执行官）

CEO，负责制定公司的总体战略和发展规划，创造优秀的企业文化与和谐的人文环境，并带领公司全体团队成员朝着既定的发展目标前进。做出有利于公司发展的战略决策，把控公司发展方向，是CEO的最大职责。CEO同时还要监管控制公司各期的运行流程，保障经营工作顺利进行。作为公司的CEO，需要具备一定的组织管理工作能力和沟通协调能力，并具备一定的人格魅力和良好的心理素质。企业的重要决策和年度计划，均由全体团队成员共同讨论决定，如果出现成员意见不一致的情况，CEO要能审时度势，分析判断，做出最终的决定。当公司面临困境，CEO要敢于承担责任，积极听取意见，改进方案，激励团队成员齐心协力，克服困难；当企业获得阶段性成功时，又要头脑冷静，不骄不躁，带领成员再接再厉。

### （二）财务总监

财务总监，主要负责资金筹集和管理，核算企业经营成果，制定预算，控制成本，编制财务报表等工作。资金闲置是浪费，资金不足会让公司陷入财务困境，甚至走向破产。做好资金预算，洞察资金短缺前兆，找到合适的资金持有量，管好、用好资金，既保证企业有持续的现金流，又能将资金成本控制到较低水平，是检验财务总监水平的重要因素。财务总监要具备较强的财务基础知识及认真细心的个人特点。

### （三）营销总监

营销总监，主要负责开拓市场，把握商机，实现销售，获得利润。首先，营销总监要积极开拓新市场，争取更大的市场空间，并能结合对不同市场的预测、竞争对手情况及客户需求制订各期销售计划；其次，要清楚公司在不同市场的竞争地位，并与运营总监良好沟通，获取产能估计数据，以便有策略地进行广告投放，既能获得与企业生产能力相匹配的客户订单，又不至于过多浪费广告费；再次，在选单时，营销总监不仅要满足公司销售总额的目标，而且还要注意交货期和应收账款账期的选取；最后，营销总监要能与生产中心与财务中心做好沟通，保证所有订单能按时交货，还要监督应收账款的回收，给财务总监提供相应的财务信息，保障企业现金流正常运转。

营销总监还要了解竞争对手的动向，包括竞争对手的产品线、生产产能、涉足的产业市场及市场地位等，有效监控竞争对手的情况，知己知彼，这样才能有助于公司的发展。

### （四）运营总监

运营总监，主要负责公司的生产运营和厂房、生产线的开发、选购、处置等工作，运营总监即生产总监。生产总监首先要组织进行日常的生产活动，根据销售订单协调完成产品的生产，保证及时交货；此外还要积极组织新产品的研发，优化配置生产线，有计划地扩大生产能力，在满足公司竞争需要的同时尽可能降低产品生产成本。

### （五）采购总监

采购总监，主要负责各种原材料的预订和管理。要根据生产计划制订采购计划，确保公司在恰当的时间点，采购到满足生产所需要品种及数量的原材料。同时，根据产成品库存情况及时交货，尽可能降低原材料、产成品的库存积压。及时了解产品生产情况的变化，随时更新采购计划，防患于未然，避免紧急采购情况的发生。

## 二、企业团队人员职责

企业团队中 CEO、财务总监、营销总监、运营总监、采购总监角色不同，职责不同，既分工负责，又相互协作。团队成员的具体职责如表 2.3 所示。

表 2.3　团队成员职责分工

| 角　色 | 主要职责 | 经营用表 | 备　注 |
|---|---|---|---|
| CEO | 总体战略和发展规划制定，组织和协调企业运营 | 经营流程表 | 重大决策经各角色讨论后，CEO 最后定夺 |
| 财务总监 | 财务预算，融资策略制定，现金流量监控，成本费用控制，资金调度与风险管理，编制财务报表 | 现金预算表<br>经营流程表<br>产品核算统计表<br>组间交易明细表<br>综合费用明细表<br>资产负债表<br>利润表 | 采购总监、运营总监、营销总监协助 |
| 营销总监 | 市场预测分析，产品定位，广告投放，制订销售计划，选单，开拓市场，控制营销成本 | 市场预测表<br>订单登记表<br>广告费用投入明细表 | CEO、财务总监参与 |
| 运营总监 | 制订生产计划，规划确定企业产能，优化生产线的使用，产品研发，管理体系认证 | 生产计划表 | CEO、营销总监参与 |
| 采购总监 | 依据生产计划编制采购计划，产品库存管理 | 采购登记表 | 协助其他角色承担相应职责 |

## 三、打造高效的企业团队

每个班级分成若干个管理团队，每个管理团队由 5～7 名同学组成，每个组员都担任企业的一个职位。在企业运营过程中，每个团队成员要相互合作，与其他团队展开竞争。在这个过程中，团队成员一定要各司其职，做好相应角色职责范围内的工作，这一点特别重要，不要因为自己工作上的一个失误，让整个企业陷入危机甚至走向破产。同时，团队成员相互间的合作也很重要，团队成员要有一种为达到既定目标所显现出来的志愿合作和协同努力的精神。为了打造高效的团队，班级成员在组合时，应该考虑以下几点要求。

### （一）具有一致的信念和理念

团队成员只有在共同信念的引导下，才会朝着同一个目标努力，才能自觉地为了团队的利益，挖掘出自己的全部才能，贡献出自己最大的力量。如果大家的信念不一致，经营理念也不同，运营过程中意见不统一，企业就很难得到好的发展。

### （二）需要一位能统筹全局、高瞻远瞩的 CEO

CEO 是团队的领导者，要具有大局观，有敏锐的洞察力和判断力，以及良好的心理素质。

### （三）具有不同专业特长的组员

一个团队的成功要求团队的每个成员都能在各自的工作岗位上做好本职工作。避免和减少工作失误，是团队能够持续良好运行的必要条件。各组成员在进行角色定位时，一定要充分了解各岗位的职责任务，同时了解各位组员的专业特长。找合适的人做合适的事，尽量让每位组员都能够做自己擅长的事，发挥自己的长处，这样的团队往往更能取得成功。

## 四、公司成立

### （一）各小组成立自己的公司

进行团队命名，确定公司使命及团队口号。

### （二）角色定位

选出 CEO、财务总监、运营总监、营销总监、采购总监等角色。

### （三）CEO 就职演讲

每组的 CEO 上台介绍自己的团队及演讲。

# 任务五　设定手工 ERP 沙盘的初始状态

我们从企业的资产负债表（见表 2.1）和利润表（见表 2.2）中，虽然可以了解到企业大概的财务状况及经营成果，但不能了解到更具体的信息，如企业的应收账款何时能够到账，生产设备具体是什么情况，长期借款何时到期等。为了让各个管理团队有一个公平的竞争环境，需要统一设定模拟企业的初始状态。

从表 2.1 简易资产负债表中可以看出，企业总资产为 105M 模拟货币，因此各个管理团队目前分别拥有 105 个单位为 100 万币值的资产。下面就按照资产负债表中各个项目的排列顺序，将企业资源分布状况复原到手工沙盘的盘面上。在这个复原的过程中，各个角色各司其职，借此机会熟悉本岗位工作。

## 一、流动资产 52M

流动资产包括现金、应收账款、存货等，其中存货又包括半成品、产成品和原材料。

### （一）现金 20M

请财务主管拿出一满桶灰币（共计 20M），放置于现金库位置。

### （二）应收账款 15M

赊销策略在现实经济生活中特别常见。为了获得尽可能多的客户，企业一般采用赊销策略，允许客户在一定期限内缴清货款，而非货到即付款。在模拟过程中，我们假定应收账款最长为 4 个账期（即 4Q，也即 4 个季度，Q 表示季度，下同）。目前该模拟企业的应收账款为 3 个账期，应收账款为 15M。请财务主管拿出 15 灰币，置于应收账款 3 账期位置。

### （三）半成品 8M

半成品是指仍处于生产加工过程中尚未完工入库的产品。目前企业大厂房里有 3 条手工生产线、1 条半自动生产线，每条生产线上各有 1 个 P1 半成品。手工生产线的生产周期为 3 期，靠近原材料库的为第一生产周期，3 条手工生产线上的 3 个 P1 半成品，分别位于第一、二、三生产周期。半自动生产线的生产周期是 2 期，P1 半成品位于第一生产周期。

在模拟过程中，我们假定 P1 产品直接成本由两个部分构成：R1 材料费 1M 和人工费 1M。生产人员需将 1 个 R1 原材料（红币）和 1 个人工费（灰币）构成的 1 个 P1 产品，放置于 P1 产品处。生产总监、采购总监与财务总监配合制作 4 个 P1 产品，放置于 4 条生产线上的相应的生产周期位置。

### （四）产成品 6M

目前 P1 成品库中有 3 个 P1 产成品，每个 P1 产成品同样由 1 个 R1 原材料费 1M 和人工费 1M 构成，由运营总监、采购总监与财务总监配合制作 3 个 P1 产成品，并放置到 P1 成品库中。

### （五）原材料 3M

R1 原材料库中有 3 个 R1 原材料，价值 1M，由采购总监取 3 个空桶，每个空桶中分别放置 1 个 R1 原材料（红币），并摆放到 R1 原材料库中。

目前企业已向供应商发出了采购订货，预订 R1 原材料 2 个单位，采购总监将两个空桶放置到 R1 原材料订单处。

## 二、固定资产 53M

固定资产包括土地及厂房、生产设施、在建工程等，其中，土地及厂房在本实训中专指厂房，生产设施指生产线，在建工程指未建设完工的生产线。

### （一）大厂房 40M

企业拥有一个价值 40M 的大厂房。请财务总监将 40M 的灰币用桶装好，放置于大厂房处。

### （二）设备价值 13M

明见公司创办 4 年来，已购置了 3 条手工生产线和 1 条半自动生产线，扣除折旧费，目前手工生产线账面价值为 3M，半自动生产线账面价值为 4M，没有在建工程。财务总监取 4 个空桶，分别放进 3M、3M、3M、4M 等值的灰币，并分别放置于 4 条生产线下方的"生产线净值"处。

## 三、负债 41M

负债包括短期借款、长期借款和各项应付款，其中短期借款主要指企业向银行借入的短期贷款和高利贷等，长期借款主要指企业向银行借入的长期贷款，各项应付款包括应交税费、应付账款等。

## （一）长期借款 40M

明见公司现有长期贷款 40M，其中 4 年期的长期贷款 20M，5 年期的长期贷款 20M。财务总监需将 2 个空桶，分别放置于长期贷款处第 4 年和第 5 年的位置上。目前明见公司没有短期借款。

## （二）应交税费 1M

明见公司上一年税前利润 4M，按规定需交 1M 企业所得税费。税费在下一年度缴纳，此时沙盘的盘面上不进行对应操作。

## 四、所有者权益 64M

所有者权益，包括股东资本、利润留存、年度净利等。股东资本是指股东的投资，利润留存是指公司从建立开始至今，历年积累下来的年度利润，年度净利是指运营年当年实现的净利润。

明见公司股东资本为 50M，利润留存 11M，年度净利 3M。

生产中心、物流中心、财务中心、营销与规划中心四个职能中心初始状态的设定，如图 2.5 至图 2.8 所示。

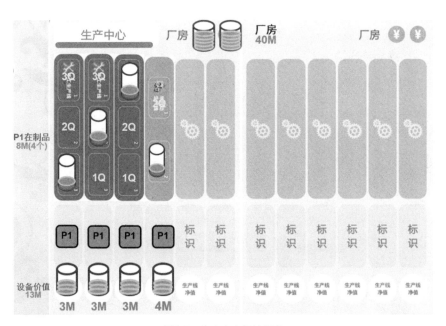

图 2.5　生产中心初始设定

图2.6 物流中心初始设定

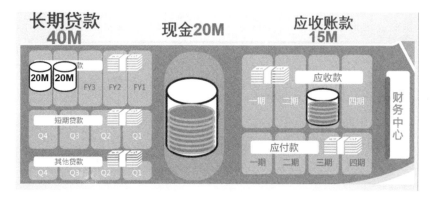

图2.7 财务中心初始设定

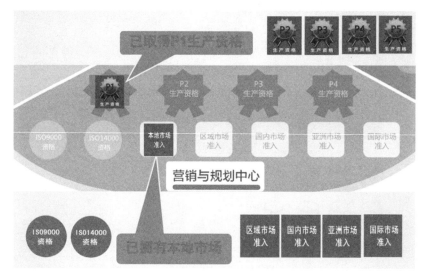

图2.8 营销与规划中心初始设定

# 项目三　企业模拟运营规则与预测

## 任务一　营销总监需要领会的规则

市场是企业进行产品营销的场所，标志着企业的销售潜力。企业的生存和发展离不开市场这个大环境。谁赢得市场，谁就赢得了竞争。市场是瞬息万变的，变化增加了竞争的对抗性和复杂性。目前企业仅拥有本地市场，除本地市场之外，还有区域市场、国内市场、亚洲市场、国际市场有待开发。

### 一、市场开发

在进入某个市场之前，企业一般需要进行市场调研、选址办公、招聘人员，以及做好公共关系、策划市场活动等一系列工作。而这些工作均需要消耗资源——资金及时间。由于各个市场地理位置及地理区划不同，开发不同市场所需的时间和资金投入也不同，在市场开发完成之前，企业没有进入该市场销售的权利。

开发不同市场所需的时间和资金投入如表 3.1 所示。

表 3.1　开发不同市场所需要的时间和资金投入

| 市场 | 开发费用 /M | 开发时间 / 年 | 说　明 |
|---|---|---|---|
| 区域 | 1 | 1 | 各市场开发可同时进行；<br>资金短缺时可随时中断或终止投入；<br>开发费用按开发时间平均支付，不允许加速投资；<br>市场开拓完成后，领取相应的市场准入证 |
| 国内 | 2 | 2 | |
| 亚洲 | 3 | 3 | |
| 国际 | 4 | 4 | |

营销总监向财务总监申请开拓市场所需资金，并用空桶逐个装上每个市场开拓所需用的灰币，放在相应的市场开拓区域。

说明：

（1）市场开拓，只能在每年第 4 季度操作。

（2）市场开拓投资可以同时进行，可中断或延后，开发费用按开发时间平均支付，但不允许加速投资。

（3）假定规则规定本地市场、区域市场、国内市场、亚洲市场和国际市场的开拓期分别为0、1、2、3、4年，开拓费用均为每年1M。若企业从第1年末开始开拓所有市场，且中间不中断投资，则第1年需支付4M市场开拓费用（各类市场各1M），且当即完成区域市场的开拓，即在第2年初的订货会上可对本地市场和区域投放广告、选取订单；第2年末需支付3M市场开拓费用（国内、亚洲、国际各1M），且完成区域市场和国内市场的开拓，即在第3年初的订货会上可对本地市场、区域市场和国内市场投放广告、选取订单。

（4）第3年末需支付2M市场开拓费用（亚洲、国际各1M），且完成亚洲市场的开拓，即在第4年初的订货会上可对本地、区域、国内和亚洲市场投放广告、选取订单。

（5）第4年末需支付1M市场开拓费用（国际市场1M），且完成国际市场的开拓，即在第5年初的订货会上可对所有市场投放广告、选取订单。

（6）市场开拓完成后，领取相应的市场准入证。

## 二、市场准入

当某个市场开发完成后，该企业就取得了在该市场上经营的资格（取得相应的市场准入证），此后就可以在该市场上进行广告宣传，争取客户订单了。

## 三、市场预测

在ERP沙盘模拟课程中，市场预测是各企业能够得到的关于产品市场需求预测的唯一可以参考的有价值的信息，对市场预测的分析与企业的营销策划息息相关。在市场预测中要包括近几年关于行业产品市场的预测资料，包括各市场、各产品的总需求量，价格情况，以及客户关于技术及产品的质量要求等，如图3.1所示。市场预测对所有企业而言是公开透明的。

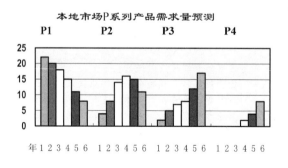

图3.1 市场预测

图3.1是第1～6年本地市场P系列产品预测资料，由左边的柱形图和右边的折线图构成。柱形图中的横坐标代表年，纵坐标上标注的数字代表产品数量，各产品下方柱形的高度代表该产品某年的市场预测需求总量。折线图标识了第1～6年P系列产品的价格趋向，横

坐标表示年，纵坐标表示价格。

在市场预测中，除了直观的图形描述外，还可用文字形式加以说明，其中尤其需要注意客户关于技术及产品的质量要求等细节。

营销总监也会通过实地调查或其他途径了解同行业竞争对手的情况。竞争对手分析有利于企业合理利用资源，开展竞争与合作。

### 四、客户订货会

市场预测和客户订单是企业制订生产计划的依据。制造业企业以销定产、以产定购。客户订单的获得对企业的影响是至关重要的，那么如何才能拿到订单呢？

每年年初举办客户订货会，各企业派营销总监参加。订货会分不同的市场召开，依次为本地市场、区域市场、国内市场、亚洲市场和国际市场。每个市场又是按照 P1、P2、P3、P4 的顺序逐一进行。

### 五、营销方案与订单争取

为了让客户了解企业，了解企业的产品和服务，企业会投入大量的资金和人力用于品牌和产品宣传，以争取到尽可能多的客户订货。为此，要策划营销方式、广告展览、公共关系、客户访问等一系列活动。在ERP沙盘模拟课程中，企业在营销环节所做的种种努力体现在"广告费"项目上，并以价值为具体表现载体。投入广告费有两个作用，一是获得拿取订单的机会，二是判断选单顺序。企业可根据对市场和产品的相关预测制订广告投入计划。

各个市场产品需求数量是有限的，并非做广告一定能得到订单。根据市场预测合理地安排广告费投入，才能获得需要的订单。如果大量投入广告，能获取大量订单，但产能无法跟上，就是对广告费的浪费；如果投入广告费过低，接单太少，产品积压，就是对产能的浪费；如果广告投入过大，产品成本上升，就算有足够的订单也无法盈利。所以广告投入并非越多越好，要根据企业自身财务状况、成本、产能、市场需求综合考虑。

广告是分市场、分产品投放的，投入 1M 可能有一次选取订单的机会。在没有市场老大的情况下，完全根据各模拟企业投入的广告费用多少进行排序；在有市场老大的情况下，市场老大只要投入至少 1M 广告费用，在选单时排序第一，其他模拟企业依广告费用多少依次后移。

若在同一市场、同一个产品投入的广告费用相同，则按照投入本市场的广告费总额，排定选单顺序；如果该市场广告投入总量也一样，则按照上年在市场中的销售额排序决定选单顺序。按选单顺序进行选单，公司在选单中一次只能选择一张订单。当一轮选单完成后，如果还有剩余的订单，可以按选单顺序进入下一轮选单。

根据当年决定投放的广告总额，向财务总监申请开拓市场所需的现金，并用一个空桶装着灰币，放在费用区域的广告费处。同时，营销总监应填写广告登记表，在广告登记表中的相应年份和相应市场分别填写广告费。填写完毕后，把本公司的广告登记表交到教师处登记，并等待教师开启订货会。

竞单表中按市场和产品登记广告费用。竞单表如表3.2所示,这是第4年B组广告的投放情况。

表3.2 竞单表

| 第4年B组(本地) | | | | | | 第4年B组(区域) | | | | | | 第4年C组(国内) | | | | | | 第4年D组(亚洲) | | | | | |
|---|---|---|---|---|---|---|---|---|---|---|---|---|---|---|---|---|---|---|---|---|---|---|---|
| 产品 | 广告 | 单额 | 数量 | 9K | 14K | 产品 | 广告 | 单额 | 数量 | 9K | 14K | 产品 | 广告 | 单额 | 数量 | 9K | 14K | 产品 | 广告 | 单额 | 数量 | 9K | 14K |
| P1 | 2M | | | | | P1 | | | | | | P1 | | | | | | P1 | | | | | |
| P2 | | | | | | P2 | 3M | | | | | P2 | 5M | | | | | P2 | 2M | | | | |
| P3 | | | | | | P3 | | | | | | P3 | | | | | | P3 | | | | | |
| P4 | | | | | | P4 | | | | | | P4 | | | | | | P4 | | | | | |

说明:

(1)竞单表中设有9K(代表"ISO9000",下同)和14K(代表"ISO14000",下同)两栏。

(2)无论投入多少广告费,每次只能选择一张订单,然后等待下一次的选单机会。

(3)每年只有年初一次客户订货会,也就是每年只有一次拿订单的机会。

(4)在每年一度的销售会议上,将综合企业的市场地位、广告投入、市场需求及企业间的竞争态势等因素,按规定程序领取订单。客户订单是按照市场划分的,选单次序如下。

首先,由上一年该市场的市场老大最先选择订单。

其次,按每个市场单一产品广告投入量,由其他企业依次选择订单;如果单一产品广告投放相同,则比较该市场两者的广告总投入;如果该市场两者的广告总投入也相同,则根据上一年市场地位决定选单次序;若上一年两者的市场地位相同,则采用非公开招标方式,由双方提出具有竞争力的竞单条件,由客户选择。

## 六、客户订单

所有公司的营销总监集中到多媒体大屏幕前,参加订货会,并把本公司所取得的订单信息记录在当年的订单登记表上。

市场需求用客户订单卡片的形式表示,如表3.3所示。卡片上标注了市场、产品、产品数量、单价、订单价值总额、账期、特殊要求等要素。

表3.3 客户订单表

| 第6年 | 亚洲市场 |
|---|---|
| 产品数量: | 3 P4 |
| 单品单价 | 12M/个 |
| 总金额 | 36M |
| 应收账期 | 4Q |
| ISO9000 | |
| 是否加急 | 加急!!! |

如果没有特别说明，普通订单可以在当年内任一季度交货。如果由于产能不够或其他原因，导致本年不能交货，企业为此应受到以下处罚。

（1）因不守信用市场地位下降一级。

（2）下一年该订单必须最先交货。

（3）交货时扣除该张订单总额的20%（取整）作为违约金。

卡片上标注有"加急！！！"字样的订单，必须在第一季度交货，延期罚款处置同上所述。因此，营销总监接单时要考虑企业的产能。当然，如果其他企业乐于合作，不排除外包的可能性。

说明：

（1）如果上年市场老大没有按期交货，市场地位下降，则本年该市场没有老大。

（2）订单上的账期代表客户收货时货款的交付方式。若为0账期，则现金付款；若为3账期，代表客户付给企业的是3个季度到期的银行票据或商业票据。

（3）如果订单上标注了"ISO9000"或"ISO14000"，那么要求生产单位必须取得相应认证，才能得到这张订单。

（4）每组每轮选单只能先选择1张订单，必须投大于或等于1M才有机会获取选单机会。待所有投放广告组完成第一轮选单后还有订单，该市场该产品广告额大于或等于3M的组将获得第二轮选单机会，选单顺序和第一轮相同；第二轮选单完成后，该市场大于或等于5M的组将获得第三轮选单机会，选单顺序和第一轮相同。

（5）在某细分市场（如本地、P1）有多次选单机会，只要放弃一次，则视同放弃该细分市场所有选单机会。

（6）选单中有意外，请立即告知老师，老师会暂停倒计时。

（7）市场老大指上一年某市场内所有产品销售总额最多，且该市场没有违约的那家企业。

客户订货会结束后，销售主管需要将客户订单登记在订单登记表（如表3.4所示）中。以备按订单记录市场、产品、数量、收入、成本、毛利等基本信息，为今后的销售分析提供基础数据。也可到教师控制台，通过"订单查询"来查询本公司本年所获得的所有订单。"成本""毛利""合计"这三个项目则待产品销售时再进行登记，第4季度运营结束后，再填写"未售"一项。

表3.4 订单登记表

| 订单号 | LP2-01 | LP1-01 | RP1-01 | RP2-03 | | | | | 合计 |
|---|---|---|---|---|---|---|---|---|---|
| 市场 | 本地 | 本地 | 本地 | 本地 | | | | | |
| 产品 | P2 | P1 | P1 | P2 | | | | | |
| 数量 | 2 | 2 | 2 | 2 | | | | | |
| 账期 | 3 | 4 | 3 | 2 | | | | | |
| 销售额 | 15 | 10 | 9 | 13 | | | | | 47 |

续表

| 订单号 | LP2-01 | LP1-01 | RP1-01 | RP2-03 |  |  |  |  | 合计 |
|---|---|---|---|---|---|---|---|---|---|
| 成本 | 6 | 4 | 4 | 6 |  |  |  |  | 20 |
| 毛利 | 9 | 6 | 5 | 7 |  |  |  |  | 27 |
| 未售 |  |  |  |  |  |  |  |  |  |

说明：

（1）"成本"一项，1个P2的成本是3M，则2个P2的成本为6M。

（2）"毛利"一项，根据公式：毛利＝销售额－成本 ＝15 M － 6 M＝9 M。

# 任务二　运营总监需要领会的规则

## 一、厂房购买、出售与租赁

企业目前拥有自主厂房——大厂房，价值40M，另有小厂房可供选择使用。有关各厂房购买、租赁、出售的相关信息如表3.5所示。

表3.5　厂房购买、出售与租赁

| 厂　房 | 买　价 | 租　金 | 售　价 | 容　量 |
|---|---|---|---|---|
| 大厂房 | 40M | 5M/年 | 40M | 6条生产线 |
| 小厂房 | 30M | 3M/年 | 30M | 4条生产线 |

说明：

（1）厂房可随时按购买价值出售，得到的是4个账期的应收账款。

（2）如需新建生产线，则厂房须有空闲空间。

（3）厂房合计购买上限为四栋。

（4）厂房不提折旧。

（5）生产线不可以在不同的厂房之间移动位置。

## 二、生产线购买、转产与维修、出售

企业目前有三条手工生产线和一条半自动生产线，另外可供选择的生产线还有全自动生产线和柔性生产线。所有生产线都能生产所有产品，半自动线和全自动线若转产需要停产一定周期,并支付转产费用,手工线和柔性线转产时不需要停产及支付费用。不同类型生产线的主要区别在于生产效率和灵活性不同。生产效率是指单位时间生产产品的数量;灵活性是指转产新产品时设备调整的难易性。有关生产线购买、转产与维修、出售的相关信息如表3.6所示。

**表3.6 厂房购买、出售与租赁**

| 厂房 | 买价 | 租金 | 售价 | 容量 |
|---|---|---|---|---|
| 大厂房 | 40M | 5M/年 | 40M | 6条生产线 |
| 小厂房 | 30M | 3M/年 | 30M | 4条生产线 |

说明:

(1)投资新生产线。

投资新生产线时按照安装周期平均支付投资,全部投资到位后的本周期可以领取产品标识,开始生产。资金短缺时,任何时候都可以中断投资。运营总监向财务总监申请当季购买生产线所需的现金(灰币),并持灰币到供应商处购买所需生产线。回到本公司,将灰币放到生产中心的生产线净值区域,生产线放在相应的生产线区域。

(2)生产线转产。

生产产品品种一经确定,本生产线所生产的产品品种便不能随意更换,如需更换,须在建成后,进行转产处理。生产线转产是指生产线转而生产其他产品,如半自动生产线原来生产P1产品,如果生产P2产品,需要改装生产线,因此需要停工一个周期,并支付1M改装费用;只有空闲并且已经建成的生产线方可转产;生产线不允许在不同厂房移动。

当已建成的生产线上没有在产产品时,运营总监可进行生产线转产操作。若该生产线转产不需支付转产费以及没有转产周期,运营总监直接将该生产线的产品标识更换即可;若该生产线转产需支付转产费,则先向财务总监申请转产所需的现金(灰币),并把灰币放在费用区域的"转产费"处,同时撤下该生产线上的原标识,待转产周期到达时再摆上新的产品标识即可。

(3)生产线维修。

当年在建(未生产)的设备不用支付维护费,如果设备已建成并已投入使用则需要交纳维护费;当年已售出的生产线不用支付维修费。

(4)计提折旧。

固定资产在长期使用过程中,实物形态保持不变,但因使用、磨损及陈旧等原因会发生各种有形和无形的损耗;固定资产的服务能力随着时间的推移逐步消逝,其价值也随之发生损耗。企业应采取合理的方法,将其损耗分摊到各经营期,记作每期的费用,并与当期营业收入相配比。

固定资产的成本随着逐期分摊,转移到它所生产的产品中去,这个过程称为计提折旧。沙盘模拟企业中,固定资产计提折旧的时间、范围和方法可以与实际工作一致,也可以采用简化的方法。本教材沙盘规则采用了简化的处理方法,与实际工作有一些差异。

生产线从建成的当年起开始计提折旧,折旧方法采用平均年限法。计算公式为:

$$每年折旧额 = \frac{(原值 - 残值)}{使用年限}$$

因为折旧额的计算结果可能出现小数,本着平均年限法的精髓——均衡计提折旧原则,将四种类型生产线在可使用年限内每年应计提的折旧列示于表3.7中。

表3.7 折旧表

| 生 产 线 | 原 值 | 残 值 | 可使用年限 | 第1年 | 第2年 | 第3年 | 第4年 |
|---|---|---|---|---|---|---|---|
| 手工生产线 | 5M | 1M | 4 | 1 | 1 | 1 | 1 |
| 半自动生产线 | 8M | 2M | 4 | 2 | 2 | 1 | 1 |
| 全自动生产线 | 16M | 4M | 4 | 3 | 3 | 3 | 3 |
| 柔性生产线 | 24M | 6M | 4 | 5 | 5 | 4 | 4 |

说明：

（1）假设所有设备的可使用年限均为4年。

（2）4年折旧计提完成后，若继续使用不再计提折旧，待设备出售时按残值出售。

（3）当年建成的生产线不计提折旧。

（4）当年未使用、不需要的固定资产，照样计提折旧。

（5）生产线出售。出售生产线时，如果生产线净值≤残值，将生产线净值直接转到现金库；如果生产线净值＞残值，从生产线净值中取出等同于残值的部分置于现金库，将差额部分计入综合费用的其他项。

## 三、产品研发

企业目前可以生产并销售P1产品。根据预测，另有技术含量依次递增的P2、P3、P4的三种产品有待开发。

不同技术含量的产品，需要投入的研发时间和研发费用是有区别的，如表3.8所示。

表3.8 产品研发需要投入的时间及研发费用

| 产 品 | P2 | P3 | P4 | 备 注 说 明 |
|---|---|---|---|---|
| 研发时间 | 5Q | 5Q | 5Q | 各产品可同步研发，按研发周期平均支付研发投资，资金不足可随时中断或终止，全部投资完成的同一周期可以开始生产； |
| 研发投资 | 5M | 10M | 15M | 某产品研发投入完成后，可领取产品生产资格证 |

## 四、产品生产

产品研发完成后，可以接单生产。生产不同的产品需要用到的原料不同，各种产品所用到的原料及数量如图3.2所示。

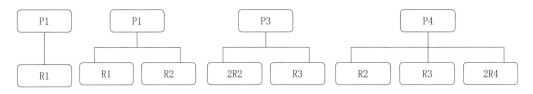

图3.2 P系列产品的BOM结构

BOM（Bill of Material），即物料清单。它是产品结构文件，它不仅罗列出某一产品的所有构成项目，同时也要指出这些项目之间的结构关系，即从原材料到零件、组件，直到最终产品的层次隶属关系。每个制造企业都有物料清单，在化工、制药和食品行业可能称之为配方、公式或包装说明，但说的都是同样的事情，即如何利用各种物料来生产产品。

每条生产线同时只能有一个产品在线，产品上线时需要支付加工费，不同的产品加工费都是1M。

# 任务三　采购总监需要领会的规则

采购的任务是适时、适量、适价地采购到生产所需的原料。适时与生产计划和采购提前期相关；适量与生产计划和产品结构相关；适价是要注意控制采购成本。

原料采购涉及两个环节，签订采购合同和按合同收料。签订采购合同时要注意采购提前期：R1、R2原料需要一个季度的采购提前期；R3、R4原料需要两个季度的采购提前期。货物到达企业时，必须照单全收，并按规定支付原料款项或计入应付账款。

# 任务四　财务总监需要领会的规则

## 一、现金收入和支出

企业各项业务活动涉及现金收支的，要由业务部门按程序办理申请手续，符合规范的收入和支出由财务总监进行现金实际交割处理。

## 二、融资贷款与贴现

资金是企业的血液，是企业所有活动的支撑。在ERP沙盘模拟课程中，企业尚未上市，因此其融资渠道只能是银行借款、高利贷和应收账款贴现。下面将几种融资方式的对比情况列于表3.9中。

### 表 3.9 企业可能的各项融资手段及财务费用

| 融资方式 | 规定贷款时间 | 最 高 限 额 | 财务费用占比 | 还款约定 |
|---|---|---|---|---|
| 长期贷款 | 每年年末 | 上年所有者权益 ×3－<br>（已贷长期贷款＋已贷短期贷款） | 10% | 年底付息，<br>到期还本 |
| 短期贷款 | 每季度初 | 上年所有者权益 ×3－<br>（已贷长期贷款＋已贷短期贷款） | 5% | 到期一次还本<br>付息 |
| 高利贷 | 任何时间 | 协商 | 20% | 到期一次还本<br>付息 |
| 应收贴现 | 任何时间 | 根据应收账款额度按 1：6 的比例 | 1/7 | 贴现时付息 |

说明：

（1）无论长期贷款、短期贷款，还是高利贷均以 20M 为基本贷款单位。长期贷款最长期限为五年，长期贷款每年必须支付利息，到期归还本金，到期时仍然有一期的利息，短期借款及高利贷期限为一年，不足一年的按一年计息，贷款到期后返还。

（2）应收账款贴现随时可以进行，金额必须是 7 的倍数，不考虑应收账款的账期，每 7M 的应收款交纳 1M 的贴现费用，其余 6M 作为现金放入现金库。

（3）企业间不允许私自融资，只能向银行申请贷款。

（4）财务总监先计算本公司当前时间可以贷款的最大额度，根据本公司需要申请的长期贷款，再到银行申请贷款，拿回所申请的现金（灰币）；回到本公司，将灰币放入盘面中财务中心的现金域，再把空桶放在长期贷款的相应年份区域或短期贷款的相应期区域。

（5）贴现可随时进行，根据需要贴现的应收账款数额，选好贴现期，财务总监在应收款区域的装有相应应收款的桶中，清点需要贴现的应收账款数额，将贴息额放在费用区域的"贴息"处，其余灰币放入现金区。

## 三、固定资产投资管理

企业的固定资产主要包括厂房和设备。关于厂房购买、出售与租赁及生产线购买、转产、维修与出售的相关规定参见表 3.5 及表 3.6。

## 四、现金收支登记

企业每一项经营活动涉及现金收支的要在企业经营记录表中做好记录。现金收入记"＋"号，也可省略"＋"号；现金支出记"－"号。

## 五、费用明细

利润表上只反映"综合费用"一个项目，实际上综合费用由多项细化的费用构成，包括广告费、管理费、维修费、转产费、租金、市场开拓费、ISO 资格认证费、产品研发费、其他费用等,对费用的细分有助于了解企业的成本构成,为寻求降低成本的空间提供依据。

## 六、产品核算统计

根据订单登记表和组间交易明细表进行产品核算统计,提供产品销售数据。

## 七、报表及纳税

每年年末,财务总监需要依次填写当年的综合管理费用明细表,应对企业本年的财务状况及对经营成果进行核算统计,按时上报资产负债表和利润表。

如果企业经营盈利,需要按国家规定上缴税金。每年所得税计入应付税金,在下一年初交纳。所得税按照弥补以前连续五年的亏损后的余额为基数计算。

当上年权益小于66时:

所得税费用=(上年权益+本年税前利润-起始年末权益)×25%(向下取整)

当上年权益大于66时:

所得税费用=本年税前利润×25%(向下取整)

综合管理费用明细表反映企业经营期间费用的情况,具体包括管理费、广告费、设备维护费、厂房租金、市场开拓费、ISO认证费、产品研发费、信息费和其他费用等项目。其中信息费是指企业为查看竞争对手的企业信息而支付的费用,具体由规则确定。

利润表反映企业当期的盈利情况,具体包括销售收入、直接成本、综合管理费用、折旧、财务费用、所得税等项目。其中,销售收入为当期按订单交货后取得的收入总额,直接成本为当期销售产品的总成本,综合管理费用根据综合管理费用明细表中的合计数填列,折旧为当期生产线折旧总额,财务费用为当期借款所产生的利息加上贴息总额,所得税根据税前利润总额计算。

数值为0时必须填写阿拉伯数字"0",不填数字视同填报错误。

此外,下列项目计算公式如下。

(1)销售毛利=销售收入-直接成本。

(2)折旧前利润=销售毛利-综合费用。

(3)支付利息前利润=折旧前利润-折旧。

(4)税前利润=支付利息前利润-财务费用。

(5)净利润=税前利润-所得税。

资产负债表反映企业当期财务状况,具体包括现金、应收款、在制品、产成品、原材料等流动资产,土地建筑物、机器设备和在建工程等固定资产,长期负债、短期负债、特别贷款、应交税金等负债,以及股东资本、利润留存、年度净利等所有者权益项目。

其中,相关项目填列方法如下。

（1）现金根据企业现金结存数填列。

（2）应收款根据应收款余额填列。

（3）在制品根据在产的产品成本填列。

（4）产成品根据结存在库的完工产品总成本填列。

（5）原材料根据结存在库的原材料总成本填列。

（6）土地建筑物根据购入的厂房总价值填列。

（7）机器设备根据企业拥有的已经建造完成的生产线的总净值填列。

（8）在建工程根据企业拥有的在建的生产线总价值填列。

（9）长期负债根据长期借款余额填列。

（10）短期负债根据短期借款余额填列。

（11）特别贷款根据后台特别贷款总额填列。

（12）应交税金根据计算出的应缴纳的所得税金额填列。

（13）股东资本根据企业收到的股东注资总额填列。

（14）利润留存根据截至上年末企业的利润留存（上一年的利润留存＋上一年的年度净利＝本年度的利润留存）情况填列。

（15）年度利润根据本年度利润表中的净利润填列。

# 任务五　CEO需要领会的规则

一个管理团队内部如果意见相左，观点对立，必然导致企业效率低下，互相推诿。CEO要领导其管理团队，树立共同的愿景和目标，做出所有企业级的重要决策。

## 一、目标制定与达成

CEO要负责带领团队成员确定经营目标，并努力达成。

## 二、企业各职能岗位的考核标准

为了奖优罚劣，必须明确每个岗位的考核要求，最好细化和量化。表3.10是可参考的企业各职能岗位考核标准。

## 表 3.10 企业各职能岗位考核标准

| 岗位 | 考评项目 | 考评标准 | 建议考核依据 | 第1年 | 第2年 | 第3年 | 第4年 | 第5年 | 第6年 |
|---|---|---|---|---|---|---|---|---|---|
| 营销总监 | 运行记录 | 台账正确、及时、完整 | 台账记录 | | | | | | |
| | 市场分析与销售预测 | 分析报告、销售计划与执行 | 销售计划与执行的吻合度 | | | | | | |
| | 广告投放 | 广告投放合理 | 广告投入产出比 | | | | | | |
| | 按时交货给客户 | 按时交货 | 订单是否违约 | | | | | | |
| | 应收款管理 | 及时催收应收款 | 应收款回收及时 | | | | | | |
| 运营总监 | 运行记录 | 台账正确、及时、完整 | 台账记录 | | | | | | |
| | 生产计划制订与执行 | 执行情况好 | 开工计划表 | | | | | | |
| | 产能计算 | 及时提供正确的产能数据 | 因产能计算造成违约订单、建设延期 | | | | | | |
| | 产品研发与设备投资 | 投资时机把握，投资过程管理 | 与产品研发与设备投资适配，延误期 | | | | | | |
| | 生产成本控制 | 正确核算生产成本 | 成本计算正确 | | | | | | |
| 采购总监 | 运行记录 | 台账正确、及时、完整 | 台账记录 | | | | | | |
| | 采购计划制订 | 制订与生产计划相匹配的采购计划 | 采购计划 | | | | | | |
| | 采购计划执行管理 | 及时下订单、收料付款 | 采购运作情况 | | | | | | |
| | 保证物料供应 | 保证生产所需物料供应 | 由于计划失误的紧急采购 | | | | | | |
| | 原料库存管理 | 每季度有安全库存 | 原料是否有库存 | | | | | | |
| 财务总监 | 运行记录 | 台账正确、及时、完整 | 台账记录 | | | | | | |
| | 现金预算与计划执行 | 制订业务与计划相配的资金计划，不出现金缺口 | 现金预算表 | | | | | | |
| | 财务报告 | 及时、正确 | 报告超时、错误 | | | | | | |
| | 融资管理 | 融资方式合理、低成本 | 是否以最低成本获得可用资金 | | | | | | |
| | 费用/折旧管理 | 正确计算并支付各项费用 | 正确支付各项费用 | | | | | | |
| CEO | 目标制定与达成 | 经营目标制定及业绩达成相一致 | 年终业绩与经营目标偏差率 | | | | | | |
| | 流程控制 | 保证企业经营流程顺畅 | 流程混乱，在规定时间内是否完成 | | | | | | |
| | 管理授权与考评 | 授权合理、分配合理 | 各司其职，员工满意度 | | | | | | |
| | 能力建设与团队管理 | 注重人员能力提升，团队协作高效 | 各岗位到岗率、企业文化 | | | | | | |

## 三、ISO 认证

随着中国加入 WTO，客户的质量意识及环境意识越来越强。经过一定时间的市场孕育，最终会反映在客户订单中。企业要进行 ISO 认证一般是由企业管理部牵头组织，各部门积极配合。ISO 认证过程需要经过一段时间并花费一定费用，如表 3.11 所示。

表 3.11　国际认证需要投入的时间及认证费用

| ISO 认证体系 | ISO9000 质量认证 | ISO14000 环境认证 | 备 注 说 明 |
| --- | --- | --- | --- |
| 持续时间 | 2 年 | 3 年 | 两项认证可以同时进行；资金短缺的情况下，可以随时中断投资；认证完成后可以领取相应的 ISO 资格证 |
| 认证费用 | 2M | 3M | |

# 任务六　市 场 预 测

## 一、6 组市场预测

这是由一家权威的市场调研机构对未来六年各个市场需求的预测，应该说这一预测有着很高的可信度。根据这一预测进行企业的经营运作，其后果将由各企业自行承担。

P1 产品是目前市场上的主流技术产品，P2 作为对 P1 的技术改良产品，也比较容易获得大众的认同。P3 和 P4 产品作为 P 系列产品里的高端技术产品，各个市场上对它们的认同度不尽相同，需求量与价格也会有较大的差异。

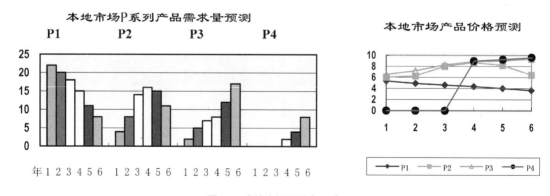

图 3.3　本地市场预测（6 组）

如图 3.3 所示，本地市场将会持续发展，客户对低端产品的需求可能要下滑。伴随着需求的减少，低端产品的价格很有可能会逐步走低。后几年，随着高端产品的成熟，市场对 P3、P4 产品的需求将会逐渐增大。同时随着时间的推移，客户的质量意识将不断提高，后几年可能会对厂商是否通过了 ISO9000 认证和 ISO14000 认证有更多的要求。

如图 3.4 所示，区域市场的客户对 P 系列产品的喜好相对稳定，因此市场需求量的波动也很有可能会比较平稳。因其紧邻本地市场，所以产品需求量的走势可能与本地市场相似，价格趋势也应大致一样。该市场的客户比较乐于接受新的事物，因此对于高端产品也会比较有兴趣，但由于受到地域的限制，该市场的需求总量非常有限，并且这个市场上的客户相对比较挑剔，因此在后几年客户会对厂商是否通过了 ISO9000 认证和 ISO14000 认证有较高的要求。

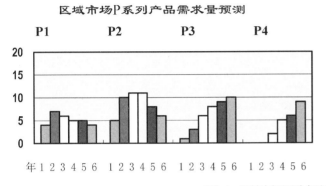

图3.4　区域市场预测（6组）

如图 3.5 所示，因 P1 产品带有较浓的地域色彩，估计国内市场对 P1 产品不会有持久的需求。但 P2 产品因为更适合于国内市场，所以估计需求会一直比较平稳。随着对 P 系列产品新技术的逐渐认同，估计对 P3 产品的需求会发展较快，但这个市场上的客户对 P4 产品却并不是那么认同。当然，对于高端产品来说，客户一定会更注重产品的质量保证。

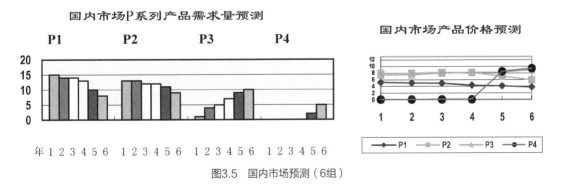

图3.5　国内市场预测（6组）

如图 3.6 所示，这个市场上的客户喜好一向波动较大，不易把握，所以对 P1 产品的需求可能起伏较大，估计 P2 产品的需求走势也会与 P1 相似。但该市场对新产品很敏感，因此估计对 P3、P4 产品的需求会发展较快，价格也可能不菲。另外，这个市场的消费者很看重产品的质量，所以在后几年里，如果厂商没有通过 ISO9000 和 ISO14000 的认证，其产品可能很难销售。

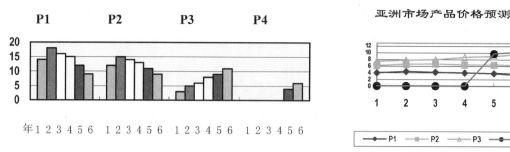

图3.6 亚洲市场预测（6组）

如图3.7所示，进入国际市场可能需要一个较长的时期。有迹象表明，目前这一市场上的客户对P1产品已经有所认同，需求也会比较旺盛。对于P2产品，客户将会谨慎地接受，但仍需要一段时间才能被市场接受。对于新兴的技术，这一市场上的客户将会以观望为主，因此对于P3和P4产品的需求将会发展极慢。因为产品需求主要集中在低端，所以客户对厂商通过ISO认证的要求并不如其他几个市场那么高，但也不排除在后期会有这方面的需求。

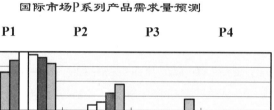

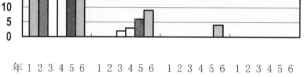

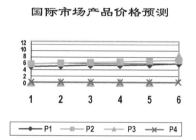

图3.7 国际市场预测（6组）

## 二、8组市场预测

如图3.8所示，本地市场将会持续发展，对低端产品的需求可能要下滑，伴随着需求的减少，低端产品的价格很有可能走低。后几年，随着高端产品的成熟，市场对P3、P4产品的需求将会逐渐增大。由于客户质量意识的不断提高，后几年可能对产品的ISO9000和ISO14000认证有更多的需求。

如图3.9所示，区域市场的客户相对稳定，对P系列产品需求的变化很有可能比较平稳。因紧邻本地市场，所以产品需求量的走势可能与本地市场相似，价格趋势也应大致一样。该市场容量有限，对高端产品的需求也可能相对较小，但客户会对产品的ISO9000和ISO14000认证有较高的要求。

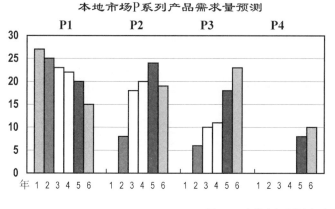
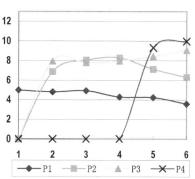

图3.8　本地市场预测（8组）

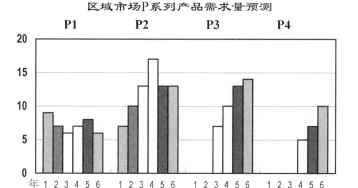
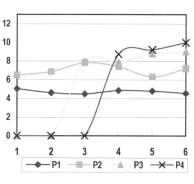

图3.9　区域市场预测（8组）

如图3.10所示，因P1产品带有较浓的地域色彩，估计国内市场对P1产品不会有持久的需求。但P2产品因更适合于国内市场，估计需求会一直比较平稳。随着对P系列产品的逐渐认同，估计对P3产品的需求会发展较快。但对P4产品的需求就不一定像P3产品那样旺盛了。当然，对高价值的产品来说，客户一定会更注重产品的质量认证。

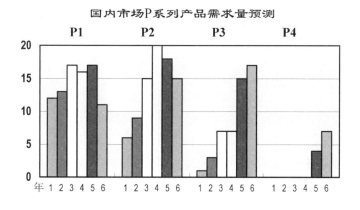
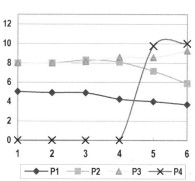

图3.10　国内市场预测（8组）

如图 3.11 所示，这个市场一向波动较大，所以对 P1 产品的需求可能起伏较大，估计对 P2 产品的需求走势与 P1 相似。但该市场对新产品很敏感，因此估计对 P3、P4 产品的需求量会发展较快，价格也可能不菲。另外，这个市场的消费者很看重产品的质量，所以没有 ISO9000 和 ISO14000 认证的产品可能很难销售。

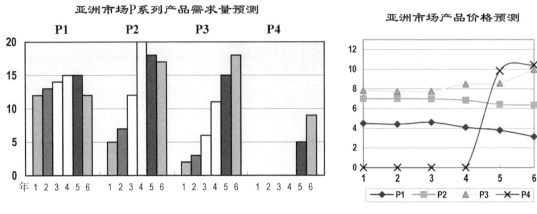

图3.11　亚洲市场预测（8组）

如图 3.12 所示，P 系列产品进入国际市场可能需要一个较长的时期。有迹象表明，对 P1 产品已经有所认同，但还需要一段时间才能被市场接受。同样，市场对 P2、P3 和 P4 产品也会很谨慎地接受，需求发展较慢。当然，国际市场的客户也会关注具有 ISO 认证的产品。

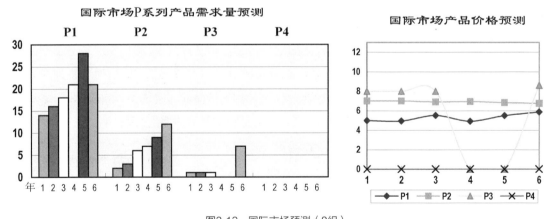

图3.12　国际市场预测（8组）

### 三、10 组市场预测

如图 3.13 所示，本地市场将会持续发展，对低端产品的需求可能要下滑，伴随着需求的减少，低端产品的价格很有可能走低。后几年，随着高端产品的成熟，市场对 P3、P4 产品的需求将会逐渐增大。由于客户质量意识的不断提高，后两年可能对产品的 ISO9000 和 ISO14000 认证有更多的需求。

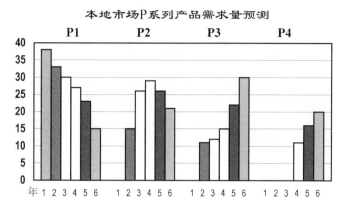
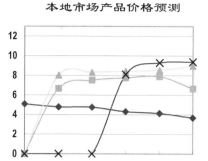

图3.13 本地市场预测（10组）

如图3.14所示，区域市场的客户相对稳定，对P系列产品需求的变化很有可能比较平稳。因紧邻本地市场，所以产品需求量的走势可能与本地市场相似，价格趋势也应大致一样。该市场容量有限，对高端产品的需求也可能相对较小，但客户会对产品的ISO9000和ISO14000认证有较高的要求。

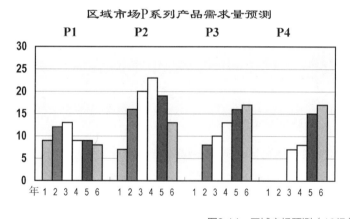
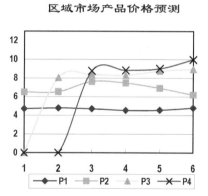

图3.14 区域市场预测（10组）

如图3.15所示，因P1产品带有较浓的地域色彩，估计国内市场对P1产品不会有持久的需求。但P2产品因更适合于国内市场，估计需求会一直比较平稳。随着对P系列产品的逐渐认同，估计对P3产品的需求会发展较快。但对P4产品的的需求就不一定像P3产品那样旺盛了。当然，对高价值的产品来说，客户一定会更注重产品的质量认证。

如图3.16所示，这个市场一向波动较大，所以对P1产品的需求可能起伏较大，估计对P2产品的需求走势与P1相似。但该市场对新产品很敏感，因此估计对P3、P4产品的需求量会发展较快，价格也可能不菲。另外，这个市场的消费者很看重产品的质量，所以没有ISO9000和ISO14000认证的产品可能很难销售。

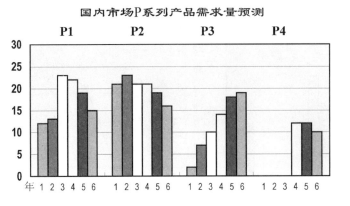
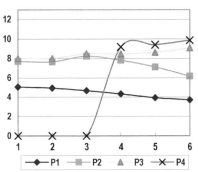

图3.15 国内市场预测（10组）

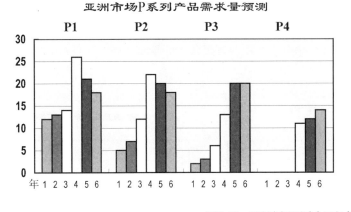
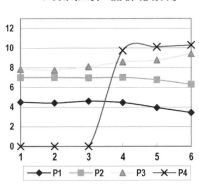

图3.16 亚洲市场预测（10组）

如图 3.17 所示，P 系列产品进入国际市场可能需要一个较长的时期。有迹象表明，市场对 P1 产品已经有所认同，但还需要一段时间才能被市场接受。同样，市场对 P2、P3 和 P4 产品也会很谨慎地接受，需求发展较慢。当然，国际市场的客户也会关注具有 ISO 认证的产品。

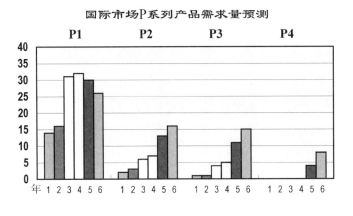
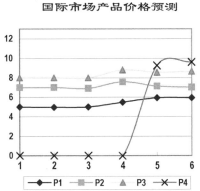

图3.17 国际市场预测（10组）

# 项目四　起始年模拟运营

## 任务一　年初工作

起始年[①]为了加快团队磨合,进一步熟悉运营规则,了解企业运营过程,管理层执行原有管理层的经营决策。

起始年运营决策说明如下。

(1) 年初支付 1M 广告费。

(2) 不作任何贷款。

(3) 每季度下一个 R1 原材料订单。

(4) 不作任何投资(包括产品开发、市场开发、ISO 认证、生产线投资和厂房购买等)。

(5) 企业的长期贷款年利率为 10%,短期贷款年利率为 5%。

(6) 生产持续进行。

## 任务二　日常运营

本部分将说明一年四季的运营流程。

### 一、第一季度

(1) 新年度规划会议。CEO 召开新年度规划会议,由于起始年按照原企业决策执行,企业按照原来制定的规划进行生产经营。起始年企业只生产 P1 产品,不开发和更新其他项目。会后,CEO 在起始年经营情况表(见表 4.1)的第一行表格中画"√"。

---

[①] 手工沙盘正式开始之前,有一个教学环节是学生在教师的带领下按照操作流程先运营一年,熟悉运营规则,掌握摆盘和记录流程表等具体操作。这一教学年被称为起始年。在起始年结束以后正式开始模拟运营,总共模拟运营六年。

（2）订货会议。销售总监参加订货会议，起始年每个企业都投资了1M广告费，得到1张相同的订单（见图4.1）。

表4.1 起始年经营情况

| 按顺序执行下列各项操作，每完成一项操作，CEO在相应的格内画"√"，其他总监在方格中填写相应数据 | | | | |
|---|---|---|---|---|
| 新年度规划会议 | √ | | | |
| 参加订货会／支付广告费／登记销售订单 | −1M | | | |
| 制订新年度计划 | √ | | | |
| 支付应交税费 | −1M | | | |
| 季初现金盘点（填写余额） | 18M | 14M | 10M | 22M |
| 更新短期贷款／还本付息／申请短期贷款（高利贷） | × | × | × | × |
| 更新应付款／归还应付款 | × | × | × | × |
| 原材料入库／更新原材料订单 | −2M | −1M | −1M | −1M |
| 下原材料订单 | √ | √ | √ | √ |
| 更新生产／完工入库 | √ | √ | √ | √ |
| 投资新生产线／变卖生产线／生产线转产 | × | × | × | × |
| 向其他企业购买原材料／出售原材料 | × | × | × | × |
| 开始下一批生产 | −1M | −2M | −1M | −2M |
| 更新应收账款／应收账款收现 | √ | √ | 15M | 32M |
| 出售厂房 | × | × | × | × |
| 向其他企业购买成品／出售成品 | × | × | × | × |
| 按订单交货 | × | √ | × | × |
| 产品研发投资 | × | × | × | × |
| 支付行政管理费 | −1M | −1M | −1M | −1M |
| 其他现金收支情况登记 | × | × | × | × |
| 支付利息／更新长期贷款／申请长期贷款 | | | | −4M |
| 支付设备维护费 | | | | −4M |
| 支付租金／购买厂房 | | | | × |
| 计提折旧 | | | | （4M） |
| 新市场开拓／ISO资格认证投资 | | | | × |
| 结账 | | | | √ |
| 现金收入合计 | 0M | 0M | 15M | 32M |
| 现金支出合计 | 4M | 4M | 3M | 12M |
| 期末现金对账（填写余额） | 14M | 10M | 22M | 42M |
| 原材料库存（供应总监填写） | 4R1 | 3R1 | 3R1 | 2R1 |
| 半成品（生产总监填写） | 4P1 | 4P1 | 4P1 | 4P1 |
| 产成品库存（营销总监填写） | 4P1 | 0 | 1P1 | 3P1 |

说明：

（1）期末现金余额＝期初现金盘点＋本期现金收入合计−本期现金支出合计。

（2）第一季度期初现金＝上年第四季度期末现金余额−本年支付的广告费−上交的税费。

```
┌─────────────────────────────────┐
│     第0年  本地市场 LP1-1/6     │
│ 产品数量：6P1                   │
│ 产品单价：5.3M/个               │
│ 总金额：32M                     │
│ 应收账期：2Q                    │
└─────────────────────────────────┘
```

注：应收账期2Q，表示两个季度才能收现。

图4.1 订单样本

同时需要支付广告费。财务总监在表4.1第二行的表格内计入"-1M"，表示支出1M广告费。

订货会议结束后，营销总监将市场订单登记在商品核算统计表（见表4.2）中。其中，销售额、成本和毛利在交货时填写。完成此步骤后，营销总监在相应表格中画"√"。

表4.2  商品核算统计表

| 订单号 | ×× |  |  |  |  |  |
|---|---|---|---|---|---|---|
| 市场 | 本地 |  |  |  |  |  |
| 产品 | P1 |  |  |  |  |  |
| 数量 | 6 |  |  |  |  |  |
| 账期 | 2Q |  |  |  |  |  |
| 销售额 |  |  |  |  |  |  |
| 成本 |  |  |  |  |  |  |
| 毛利 |  |  |  |  |  |  |

（3）制订新年度计划。现有4台设备已经满负荷工作，按照计划，本年不作其他投资和开发。

（4）支付应交税费。根据上年结出的应交税费，取一个灰币放在沙盘财务区"税费"的位置上，在表4.1对应格内填入"-1M"。

（5）季初现金盘点。期初库存现金数为20M，参加订货会议和交纳应交税费共支付2M，在对应格内填入"18M"。

（6）更新短期贷款/还本付息/申请短期贷款（高利贷）。本栏反映这一季度短期贷款的借贷和更新情况，起始年没有短期贷款，在表4.1对应格内填入"×"。

（7）更新应付款/归还应付款。本栏反映企业购入其他企业产品，初始年没有此项业务，所以在表4.1对应格内填入"×"。

（8）原材料入库/更新原材料订单。将上一期预订的2个R1原材料支付2M现金后取回，放入沙盘中"原材料库"，在表4.1对应格内填入"-2M"。

（9）下原材料订单。按起始年运作说明，每季度要为下一季度下一个R1原材料订单，取1个空杯，放入一张小纸条，写明"原材料R1 1个"，放入沙盘订单区，在表4.1对应格内填入"√"。

（10）更新生产/完工入库。将盘面上的半成品依次推入下一格，下线的产品放入成品库，在表 4.1 对应格内填入"√"。

（11）投资新生产线/变卖生产线/生产线转产。起始年没有此项业务，在表 4.1 对应格内填入"×"。

（12）向其他企业购买原材料/出售原材料。起始年没有此项业务，在表 4.1 对应格内填入"×"。

（13）开始下一批生产。从原材料库里取 1 个 R1 原材料，同时取 1M 现金（人工成本），做成 P1 半成品放在空出的生产线的第一期格内。由于支付了 1 个灰币的人工费，在表 4.1 对应格内填入"-1M"。

（14）更新应收账款/应收账款收现。将现有的应收账款向现金方向移动一格，若有移出的应收账款则放入"现金"的位置。本期的操作是将 15M 应收账款从第三期移到第二期，在表 4.1 对应格内填入"√"。

（15）出售厂房。起始年没有此项业务，在表 4.1 对应格内填入"×"。

（16）向其他企业购买成品/出售成品。起始年没有此项业务，在表 4.1 对应格内填入"×"。

（17）按订单交货。查看成品库成品数量，不足交货数量，在表 4.1 对应格内填入"×"。

（18）产品研发投资。起始年没有此项业务，在表 4.1 对应格内填入"×"。

（19）支付行政管理费。规则规定每期支付 1M 行政管理费，取 1 个灰币放在沙盘财务区"管理费"位置，并在表 4.1 对应格内填入"-1M"。

（20）其他现金收支情况登记。起始年没有此项业务，在表 4.1 对应格内填入"×"。

（21）现金收入合计。本期没有现金收入，在表 4.1 对应格内填入"0M"。

（22）现金支出合计。本期共支出现金 4M，在表 4.1 对应格内填入"4M"。

（23）期末盘点。季初现金盘点 18M，加上本期现金收入 0M，减去本期现金支出 4M，季末现金 14M，在表 4.1 对应格内填入"14M"；原材料库有 4 个 R1，在表 4.1 对应格内填入"4R1"；生产线上有 4 个 P1 半成品，在对应格内填入"4P1"；产成品库里有 4 个 P1，在表 4.1 对应格内填入"4P1"。

## 二、第二季度

为了简化过程，在第二季度的说明里，只对有操作的项目加以说明。本季度需要填写表 4.1 的第二列。

（1）季初现金盘点。期初库存现金数为 14M，在表 4.1 对应格内填入"14M"。

（2）原材料入库/更新原材料订单。支付 1M 现金，将上一期预订的 1 个 R1 原材料取回，放入原材料库，在表 4.1 对应格内填入"-1M"。

（3）下原材料订单。为下一季度下一个 R1 原材料订单，取 1 个空杯，放入一张小纸条，写明"原材料 R1 1 个"，放入沙盘订单区，在表 4.1 对应格内填入"√"。

（4）更新生产/完工入库。将盘面上的半成品依次推入下一工序，将下线的 2 个产品放入产成品库，在表 4.1 对应格内填入"√"。

（5）开始下一批生产。做成 2 个 P1 半成品放在空出的生产线的第一期格内，在表 4.1 对应格内填入"-2M"。

（6）更新应收账款/应收账款收现。将现有的应收账款向"现金"方向移动一格，本期将 15M 应收账款从第二期移入第一期，在表 4.1 对应格内填入"√"。

（7）按订单交货。查看成品库成品数量，够交货数量时按单交货，在对应格内填入"√"，并写明订单号，填写表 4.2 商品核算统计表的销售额、成本和毛利三项。

（8）支付行政管理费。取 1 个灰币放在沙盘财务区"管理费"位置，并在表 4.1 对应格内填入"-1M"。

（9）现金收入合计。本期没有现金收入，在表 4.1 对应格内填入"0M"。

（10）现金支出合计。本期共支出现金 4M，在表 4.1 对应格内填入"4M"。

（11）期末盘点。季初现金盘点现金 14M，加上本期现金收入 0M，减去本期现金支出 4M，季末现金 10M，在表 4.1 对应格内填入"10M"；原材料库有 3 个 R1，在对应格内填入"3R1"；生产线上有 4 个 P1 半成品，在对应格内填入"4P1"；产成品库里有 0 个 P1，在对应格内填入"0"。

### 三、第三季度

（1）季初现金盘点。期初库存现金数为 10M，在表 4.1 对应格内填入"10M"。

（2）原材料入库/更新原材料订单。支付 1M 现金，将上一期预订的 1 个 R1 原材料取回，放入原材料库，在表 4.1 对应格内填入"-1M"。

（3）下原材料订单。为下一季度下一个 R1 原材料订单，取 1 个空杯，放入一张小纸条，写明"原材料 R1 1 个"，放入沙盘订单区，在表 4.1 对应格内填入"√"。

（4）更新生产/完工入库。将盘面上的半成品依次推入下一工序，将下线的 1 个 P1 产品放入产成品库，在表 4.1 对应格内填入"√"。

（5）开始下一批生产。做成 1 个 P1 半成品放在空出的生产线第一期格内，在表 4.1 对应格内填入"-1M"。

（6）更新应收账款/应收账款收现。将现有的应收账款向"现金"方向移动一格，本期将 15M 应收账款从第一期移入现金，在表 4.1 对应格内填入"15M"。

（7）支付行政管理费。取 1 个灰币放在沙盘财务区"管理费"位置，并在表 4.1 对应格内填入"-1M"。

（8）现金收入合计。本期有应收账款收现 15M，在表 4.1 对应格内填入"15M"。

（9）现金支出合计。本期共支出现金 3M，在表 4.1 对应格内填入"3M"。

（10）期末盘点。季初现金盘点 10M，加上本期现金收入 15M，减去本期现金支出 3M，季末现金22M，在表4.1对应格内填入"22M"；原材料库有3个R1，在对应格内填入"3R1"；生产线上有4个P1半成品，在对应格内填入"4P1"；产成品库里有1个P1产成品，在对应格内填入"1P1"。

## 四、第四季度

（1）季初现金盘点。期初库存现金数为22M，在表4.1对应格内填入"22M"。

（2）原材料入库/更新原材料订单。支付1M现金，将上一期预订的1个R1原材料取回，放入原材料库，在表4.1对应格内填入"-1M"。

（3）下原材料订单。为下一季度下一个R1原材料订单，取1个空杯，放入一张小纸条，写明"原材料R1 1个"，放入沙盘订单区，在表4.1对应格内填入"√"。

（4）更新生产/完工入库。将盘面上的半成品依次推入下一工序，将下线的2个P1产品放入产成品库，在表4.1对应格内填入"√"。

（5）开始下一批生产。做成2个P1半成品放在空出的两条生产线第一期格内，在表4.1对应格内填入"-2M"。

（6）更新应收账款/应收账款收现。将现有的应收账款向"现金"方向移动一格，本期将32M应收账款从第一期移入现金库中，同时在表4.1对应格内填入"32M"。

（7）支付行政管理费。取一个灰币放在沙盘财务区"管理费"位置上，并在表4.1对应格内填入"-1M"。

（8）支付利息/更新长期贷款/申请长期贷款。

① 支付利息。目前有40M长期贷款，需要支付利息4M，财务总监取出4个灰币放入沙盘财务区"利息"的位置上，并在表4.1对应格内填入"-4M"。

② 更新长期贷款。财务总监将现有的长期贷款向"现金"方向移动一格，将第4年的长期贷款20M移入第3年格内，第5年的长期贷款20M移入第4年格内。

③ 申请长期贷款。起始年没有长期贷款。

（9）支付设备维护费。每年末按已生产的生产线数支付设备维护费，每条生产线支付1M。现有4条生产线，取4个灰币放入沙盘财务区的"维修费"位置，在表4.1对应格内填入"-4M"。

（10）支付租金/购买厂房。起始年没有此项业务，在表4.1对应格内填入"×"。

（11）计提折旧。按规则，每台设备按净值的1/3取整数部分来计算折旧。本期具体操作是，在4台机器前的"净值杯"里各取出1个币，放入沙盘中财务区"折旧"位置，并在表4.1对应格内填入"4M"。由于不实际支付现金，所以此数字在表中用"（ ）"标出。

（12）新市场开拓/ISO资格认证投资。起始年没有此项业务，在表4.1对应格内填入"×"。

（13）结账。将期末数字转入下一年期初，在对应格内填入"√"。

（14）现金收入合计。本期有应收账款收现32M，在表4.1对应格内填入"32M"。

(15) 现金支出合计。本期共支出现金12M，在表4.1对应格内填入"12M"。

(16) 期末盘点。季初现金盘点现金22M，加上本期现金收入32M，减去本期现金支出12M，季末现金42M，在表4.1对应格内填入"42M"；原材料库有2个R1，在对应格内填入"2R1"；生产线上有4个P1半成品，在对应格内填入"4P1"；产成品库里有3个P1产品，在对应格内填入"3P1"。

起始年的经营情况见表4.1。

# 任务三　年 末 工 作

沙盘企业每年的经营结束后，年末工作是编制相关会计报表，主要有以下几个。

## 一、产品核算统计表

交货时填写、记录产品核算表，到年末统计出全年的产品销售情况，并填写产品核算统计表。产品核算统计表的格式如表4.3所示。

表4.3　产品核算统计表

| 核算内容＼产品名称 | P1 | P2 | P3 | P4 | 合计 |
| --- | --- | --- | --- | --- | --- |
| 数量 | 6M | | | | |
| 销售额 | 32M | | | | |
| 成本 | 12M | | | | |
| 毛利 | 20M | | | | |

## 二、综合费用明细表

汇总全年的费用，填写全年的综合费用明细表，如表4.4所示。

表4.4　综合费用明细表

| 项　目 | 金　额 | 备　注 |
| --- | --- | --- |
| 管理费 | 4M | |
| 广告费 | 1M | |

续表

| 项 目 | 金 额 | 备 注 |
|---|---|---|
| 维护费 | 4M | |
| 租金 | 0 | |
| 转产费 | 0 | |
| 市场开拓 | 0 | 区域（ ） 国内（ ） 亚洲（ ） 国际（ ） |
| ISO 资格认证 | 0 | ISO9000（ ） ISO14000（ ） |
| 产品研发 | 0 | P2（ ） P3（ ） P4（ ） |
| 其他 | 0 | |
| 合计 | 9M | |

## 三、利润表

根据本年发生的经济业务，编制本年的简易利润表，如表 4.5 所示。

表 4.5　简易式利润表

金额单位：M

| 项 目 | 上 年 数 | 本 年 数 |
|---|---|---|
| 销售收入 | 35 | 32 |
| 直接成本 | 12 | 12 |
| 毛利 | 23 | 20 |
| 综合费用 | 11 | 9 |
| 折旧前利润 | 12 | 11 |
| 折旧 | 4 | 4 |
| 支付利息前利润 | 8 | 7 |
| 财务收入/支出 | 4 | 4 |
| 其他收入/支出 | | |
| 税前利润 | 4 | 3 |
| 所得税费用 | 1 | 1 |
| 净利润 | 3 | 2 |

说明：

所得税税率为 25%，为了方便计算，四舍五入。

## 四、资产负债表

根据本年发生的经济业务，年末编制本年的简易资产负债表，如表 4.6 所示。

## 表4.6 简易资产负债表

金额单位：M

| 资产 | | 期初数 | 期末数 | 负债+权益 | | 期初数 | 期末数 |
|---|---|---|---|---|---|---|---|
| 库存现金 | + | 20 | 42 | 长期负债 | + | 40 | 40 |
| 应收账款 | + | 15 | 0 | 短期负债 | + | 0 | 0 |
| 在制品 | + | 8 | 8 | 应付账款 | + | 0 | 0 |
| 成品 | + | 6 | 6 | 应交税费 | + | 1 | 1 |
| 原材料 | + | 3 | 2 | 一年到期的长期负债 | + | | |
| 流动资产合计 | = | 52 | 58 | 负债合计 | = | 41 | 41 |
| 固定资产 | | | | 权益 | | | |
| 土地和建筑 | + | 40 | 40 | 股东资产 | + | 50 | 50 |
| 机器与设备 | + | 13 | 9 | 利润留存 | + | 11 | 14 |
| 在建工程 | + | | | 年度净利 | + | 3 | 2 |
| 固定资产合计 | = | 53 | 49 | 所有者权益合计 | = | 64 | 66 |
| 资产合计 | = | 105 | 107 | 负债+权益合计 | = | 105 | 107 |

说明：

（1）期末利润留存数14M=期初利润留存11M+期初年度净利3M。

（2）机器与设备为净值，期初数13M，减去本年计提的折旧4M，得到期末净值9M。

（3）折旧按净值的1/3向下取整计提，净值小于3M的，每年按1M计提，提到零为止。

最后，经过初始年的运营后，企业盘面上的状态如下。

（一）流动资产58M

（1）现金42M。

（2）半成品8M（4个P1产品）。

（3）P1产成品6M（3个P1产品）。

（4）原材料2M（2个R1原材料）。

（5）订单处预订R1原材料1个。

（二）固定资产49M

（1）大厂房40M。

（2）设备价值9M（3条手工生产线，每条净值为2M，1条半自动生产线，净值为3M，共计9M）。

（三）负债41M

（1）非流动负债40M。

（2）应交税费1M，税费下一年度缴纳，盘面上没有直接反映。

盘面上共有107个彩币，其中98个灰币，9个红币。

# 项目五　经营点评

## 任务一　第1年末开源节流点评

【引例】

### 学会总结是一种智慧

一个人的智慧，三分靠天赐，七分靠自己。这里的七分，很大程度上来源于人生路上的总结。人的一生，只有不断地总结，才能把有益的东西积累起来，融会贯通，形成一种强大的智力体系。

其实，人生最重要的智慧在于，在前进的道路中学会总结。总结的本身就是一种智慧的体现。擅长总结的人，定然会在漫漫人生的道路中得以发展和提升。

纵然你是经历过摔打与失败的人，但并不意味着你就会成功。只有那些善于从摔打中吸取教训、从失败中学会总结的人，才能站立起来，昂首阔步登上成功的阶梯。更有一种睿智的人，他们不但善于总结自己人生路上的一切过往，而且还善于从别人的成功或失败中汲取养料，更快更好地发展自我。

下面我们以小王起初失败而后走向成功的事例为例，进一步谈一谈学会人生总结的必要性与重要性。

小王从学校毕业后步入社会，很快找到了第一份工作，可不久他便把找到的工作弄丢了。后来，面对自己即将开始的第五份工作，他心里很是不安，不知道自己这份工作又能维持多久。

一个偶然的机会，他遇到了大学时一个教过他心理学的教授，于是便向教授提出了自己的疑问。教授问了他一些有关公司人际关系以及工作方面的表现等问题，未发现他心理有什么异常。教授继续问他："你在公司里有没有得罪自己的老板呢？"他茫然地说："没有啊！""不过，有时候我会将自己不同的意见直接说出来，这对公司是很有利的嘛。"教授说："这就对了，问题或许就出在这里。虽然你一心为公司着想，但如果没有经过调查研究，不分场合，不讲究方式方法，领导又怎么能接受呢？或许，领导还会认为你在逞能，是不是有意和他对着干呢！""啊，原来是这样啊，真是没有想到。"小王恍然大悟。

后来，小王还是会把自己的不同想法说出来，但不再采用以前一贯的方式，而是改变了策略，并经过事先的调查研究，找准适当的时机说出来。结果，领导几乎每次都听取他的建议，有时还委以重任，他的第五份工作干得既稳定又踏实。

从此，小王喜欢上了"回头看"，学会了对人生过往的总结，他渐渐找到了适合自己的人生方向和目标，成为一个精明而智慧的人。

小王因工作问题，在人生中失败了四次，后来请教授帮助找原因，通过分析，找到了失败的症结，并学会了在总结中加以改进，让自己变得聪明起来，开始了智慧前行。

一个人经历过多少失败并不重要，重要的是能在失败中吸取教训，在工作和生活中学会总结。教训的获得能让我们成长，总结的获得能让我们提升。教训，会让我们更智慧；总结，会让我们更睿智；教训和总结，可以让我们变得更聪颖，更能面对和适应工作和生活。

学会总结是一种智慧。也许，我们天生没有太高的智商，但如果我们善于总结自己和别人，去劣从优，积累一切有益的经验，丰富我们的智慧，就能使我们成为一个易于成功的人。

## 工作任务1：小组讨论，各个岗位角色轮流发言

每个人有话说。

总经理：我是企业的"灵魂"。我要知道每个部门在干什么，关心每个部门的工作情况，检查他们的工作进度，要沟通协调矛盾，促进团队的合作，我就是超级"万金油"。

财务总监：我最"累"，要填写的表格数据最多，每一笔现金进出都要记录，每个季末和年底还不能把钱算错了，年底的"三表"更不能错，否则整个团队不能完工交差。

营销总监：我的事情很少，研发产品和市场开拓好像是很遥远的事，销售贡献最直接，以后争取多卖产品多赚钱。

采购总监：我买原料问生产总监就可以了，老总、销售和财务跟我有关系吗？

生产总监：购买厂房、买生产线、上线生产……看起来很简单。

## 工作任务 2： 总结点评

看似简单的第 1 年过去了，教学年每个企业的初始条件相同，在同一起跑线开始运营，目的是让大家感受沙盘学习的方式，熟悉基本规则。而第 1 年由每个企业自主经营，开始决定自己的命运。每个岗位角色再次明确自己的职责和操作流程，学会填写相应的登记表。最后各组的财务总监要把当年的"三表"——费用表、利润表、资产负债表填写准确。"三表"要经过检查合格并交由老师汇总登记，第 1 年工作才算结束。

经过第 1 年运营，大家知道自己的角色是什么了。要深入思考下一年怎样才能多赚钱。可以从两个方向努力。首先要"开源"，争取每一年利润为正数，并且逐年上升，利润的来源是销售收入，多卖产品多赚钱是硬道理；其次要"节流"，尽量降低费用减少成本，行政管理费每个公司都一样，节流主要从广告费、市场开拓费、产品研发费、维修费等方面考虑，而扣减利润的项目包括直接成本、综合费用、折旧费、利息、所得税、违约金等，每一年的费用开支都会增加，该花的钱必须花，但绝不浪费每一分钱。

资产负债表里的"所有者权益"直接反映了企业的经营成果。沙盘比赛是根据所有者权益数据从高到低进行排名的。如果所有者权益为负数，意味着企业破产并退出比赛。

## 工作任务 3： 如何开源节流

### 一、什么是开源节流？

开源节流，即开辟源头减少流失，对于企业来说，"开源"就是增收——开辟增加收入的途径；"节流"就是节支——节省不必要的资源消耗与费用支出。

### 二、如何开源节流？

（一）左手抓"增收"，右手抓"节支"

开源节流也就是在开源的过程中节约资源，杜绝浪费；在节流的过程中，充分发挥资源的作用，提升资源的价值。开源与节流是同时存在、协调发展、并不矛盾且目的一致的两种行为。做好开源节流的有机结合，才能使企业的效益得到最大限度的提高。企业为了提高效益，必须坚持"以效益为中心"，紧紧围绕"增收"和"节支"两条线，左手抓"增收"，右手抓"节支"，两手都要硬，才能实现经济效益的持续增长。

（二）开源节流从点滴做起

比如随手关灯，随手关掉不用电器，随手拧上水龙头，随手关掉计算机、打印机、空调、饮水机等。这些都是举手之劳，却体现了一个人的文明素质和公德意识。节省一度电，减少一分污染，不仅能节约能源，而且是一项重要的环保举措。因为生产能源会产生污染源，温室效应、酸雨现象都是大气污染的结果，这种结果直接危及人类生存的环境。

降低成本的计划能在多大程度上取得成功，取决于每人把降低成本作为自己分内职责的程度。应鼓励员工介入和参加降低成本工作，并鼓励互相交流。企业内每一个员工都对降低成本负责，开源节流才能真正落到实处。

"九层之台，起于累土"，每个员工都应该树立"节约资源，人人有责"的观念，养成处处注意节约、事事考虑勤俭的好习惯，从自己做起，从身边的每一件小事做起，节约一度电、一颗螺丝、一团棉纱等，让节约成为一种自觉行为，从而避免和减少一切损失和浪费。

（三）创造开源节流的企业文化

一个优秀的企业必然要有一种优秀的企业文化，而一种优秀的企业文化才会造就一个成功的企业。开源节流是企业管理永恒的主题，也是每位员工都要关注并且努力去实现的目标。因此，开源节流应该作为企业文化建设一个重要方面。

企业要求员工在工作的过程中节约一些不必要的开支，并把开支控制在一定范围内。其实节约多少钱对企业来说可能无关痛痒，但关键是通过这种持续节约的做法，养成整个公司节约的文化。

员工的建议里总有许多出人意料的好点子，这些点子单个看上去微不足道，积少成多就能节省大笔开支。

员工提出的开源节流的合理化建议，不仅是企业提高经济效益的"金矿"，还能通过让员工参与凝聚人心，最大限度地调动员工的积极性和创造性。所谓众志成城，人多力量大。大家一起琢磨开源节流，为提高企业效益献计献策，是员工应尽的责任和义务。

调整自己的心态，为企业、老板、上司设身处地着想，你就会发现提高产量、降低成本、增加销售额、创造更大利润的切入点，也会发现自己对于怎样完成这些任务有源源不断的灵感。

（四）孜孜以求消减运营成本

节流就是一个字——省，能省的都要省！尽量减少经营过程中的费用，把费用降到最低水平。

# 工作任务 4：绩效管理

## 一、绩效管理的含义

绩效是指组织和其子系统的工作表现和业务成果；绩效管理是指管理者通过一定的方法和制度确保企业及其子系统的工作表现和成果能够与组织的战略目标保持一致并促进组织战略目标实现的过程。从广义上说，绩效管理包括一些基础性工作，如绩效目标管理和工作分析，还包括绩效指标的设定、绩效计划制定、绩效实施与管理、绩效考核、绩效反馈和绩考核结果利用、绩效管理的组织建设和制度建设等几个环节；从狭义上说，绩效管理通常被看作一个循环，这个循环的周期通常分为4个步骤，即绩效计划、绩效实施与管理、绩效考核、绩效反馈。

### 二、绩效管理在公司战略实施过程中的意义

公司战略是实现企业使命与目标的一系列行动，战略的实施必须落实到具体的行动主体，即公司所有员工。绩效管理在公司战略实施中的意义有以下两点。

#### （一）绩效管理是企业战略实现的基础

通过对战略目标的量化与分解，将企业目标转化为部门及个人行动目标，可极大地增强企业内部沟通的有效性，使各个部门及员工对企业整体目标达成共识；在战略实施中，业绩评价反馈的信息有助于管理者及时发现问题，采取措施保证既定战略的顺利实现。

#### （二）绩效管理是实现公司价值分配的基础

通过绩效管理对不同团队或个人在企业价值创造过程中的实际贡献进行评价，为企业进行价值分配提供合理依据。

## 工作任务5：平衡计分卡

### 一、平衡记分卡理论产生和发展过程

卡普兰和诺顿提出平衡计分卡这一绩效衡量体系以后，通过对平衡计分卡进一步深入细致的研究，平衡计分卡业绩衡量体系逐步完善和充实。1992年，卡普兰和诺顿在《哈佛商业评论》上发表了关于平衡记分卡的首篇论文《平衡计分卡——效绩驱动指标》，1993年他们在《哈佛商业评论》上发表了第二篇论文《在实践中运用平衡记分卡》，并阐述了"根据企业战略成功实施的重要性来选择绩效考核指标"这个新的重点。1996年，关于平衡计分卡的第一本专著《平衡计分卡：化战略为行动》出版，标志着这一理论的成熟，平衡计分卡由一个业绩衡量工具转变为战略实施工具。2001年，两位作者出版新作《战略中心型组织：实施平衡计分卡的组织如何在新的竞争环境中立于不败》，将过去十几年平衡计分卡在各类组织中的应用做了盘点。在十多年的时间里，平衡计分卡在理论方面有了极大的发展，在实践领域也得到了越来越多公司的认可。平衡计分卡的应用领域也变得更加广泛，Gartner Group公司（高德纳公司）的调查显示，在《财富》杂志公布的世界前1000位公司中，有70%的公司采用了平衡计分卡系统，世界最大的300家银行中约有60%的银行正在使用平衡计分卡。Motorola（摩托罗拉）对整个企业使用平衡计分卡，重要的衡量指标，如质量成本、员工满意程度和产品递交质量等都被记录并跟踪，使用平衡计分卡后，Motorola取得了更高水平的效绩表现。在电信行业，也有很多电信运营商选择平衡计分卡工具，仅仅在韩国，就有最大的三家电信运营商——SK Telecom、Korea Telecom和LG Telecom先后选用了平衡计分卡工

具，取得了良好的管理效果。SK Telecom 于 1999 年 11 月开始引入平衡计分卡，整个平衡计分卡包含了 35 个子计分卡和超过 450 个关键业务绩效指标。实施平衡计分卡的目的是实现组织内战略的共享和监控，并基于战略进行业绩评估，现在该公司平衡计分卡系统正处于分解为大量小组级计分卡的过程中，这是韩国第一次企业范围内的平衡计分卡系统的实现。从 1992 年到 2004 年的 12 年的时间里，罗伯特·S.卡普兰的平衡计分卡理论被译成 18 种不同的语言在世界范围内广泛传播，被称作 20 世纪 90 年代最重要的管理会计创新。应用平衡计分卡的企业都对这一工具给予了很高的评价，《哈佛商业评论》更是把它称为"75 年来最具影响力的战略管理工具"。

与世界大公司相比，平衡计分卡作为一个业绩衡量体系，在我国企业的应用目前还处于刚刚起步的阶段，迫切需要借鉴国外的先进思想。但通过一定时间的摸索和尝试，不断积累经验和教训，它最终必将在我国企业的业绩衡量、经营决策、战略发展和市场竞争中发挥巨大的作用。

## 二、平衡计分卡的主要内容及特点

平衡计分卡为管理者提供了一个全面的框架，用于把企业的战略转化为一套系统的业绩评价指标体系，它实现了与企业成功的关键因素有关的财务和非财务指标的有机组合，这些关键因素被设计成一体化模式，通过这个指标体系将企业战略转化为有形的目标和考核标准，从而反映了企业现状和企业发展前景，为企业战略实现提供了保证。

### （一）主要内容

一般认为平衡计分卡至少应包括以下四个方面：财务、客户、内部经营过程、学习与成长四个方面，这些方面构成了平衡计分卡的基本框架（见图 5.1）。

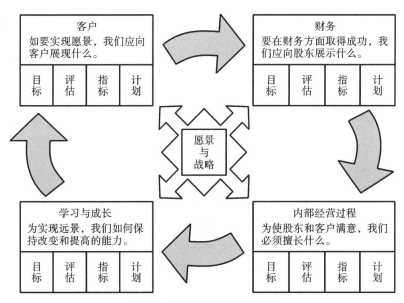

图 5.1　平衡计分卡的基本框架

平衡计分卡的四个方面是相互联系的,有内在的因果联系,这种内在的因果关系如图5.2所示。

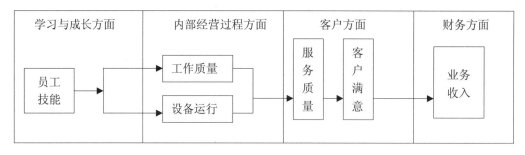

图5.2 平衡计分卡四个方面的内在联系

（二）特点

平衡计分卡综合平衡了影响企业成功的关键因素,实现了对企业全面平衡的业绩监控,其特点具体表现在以下几个方面。

（1）平衡计分卡实现了企业内部评价和外部评价的平衡。

（2）平衡计分卡实现了企业成果评价指标和驱动因素指标的平衡。

（3）平衡计分卡实现了客观评价和主观评价的平衡。

（4）平衡计分卡实现了企业短期评价和企业长期评价的平衡。

（5）平衡计分卡实现了财务指标和非财务指标的平衡。

总之,平衡计分卡是评价企业绩效的一种全面的管理工具,它实现了以企业战略为核心,综合平衡各项企业成功的关键因素,是企业业绩评价的革命性创新。

# 任务二　第2年末产品盈利性点评

【引例】

有这样一个故事。两个乡下人外出打工,一个准备去上海,一个准备去北京。两人在候车厅等车时,听等车的人议论说,上海人精明,外地人问路都收费;北京人质朴,见吃不上饭的人,不仅给馒头,还送旧衣服。说者无心,听者有意。准备去上海的人心想,还是北京好,挣不到钱也饿不死,幸亏车还没到,不然真掉进了火坑;去北京的人心想,还是上海好,给人带路都能挣钱,还有什么不能挣钱的？我幸亏还没上车,不然真失去了一次致富的机会。旁人的议论让两人都改变了初衷。说来也巧,两人在退票处偶遇了,互相交谈后,交换了车票,然后各奔东西。去北京的人发现，北京果然好。他初到北京的一个月，什么都没干，竟然没有饿着。不仅银行大厅里的太空水可以白喝，而且大商场里欢迎品尝的点心也可以白吃，捡破烂卖钱还能寄点钱回家。去上海的人发现，上海果然是一个遍地黄金的城市。只要愿意干活，什么都可以赚钱；带路可以赚钱，看厕所可以赚钱，弄盆凉水让洗脸居然也可以赚钱。后来，去上海的人敏锐地观察到，上海人特别喜欢养花，他脑子一转，有了个做无本生意的想法。第二天一早，他在郊区装了10包泥土，冠以"花盆土"的名义，以一块钱一包的价格兜售，居然被一抢而空。当天他在城郊间往返六次，净赚了50元钱。这50元钱，是他掘得的第一桶金，这激励起了他的创业雄心和信心。他开始研究各种土壤，研究哪种花卉适宜在哪种土壤中生长。渐渐地，他的"花盆土"名气越来越大，生意越来越好。不久后，他在大上海拥有了一间门面，过上了衣食无忧的日子。但此人并没有满足，而是在不断寻觅商机。在长年的走街串巷中，他又有了一个新的发现，当时的清洗公司只负责洗楼的外墙而忽略了招牌的清洗，结果好多商店楼面亮丽但招牌污渍斑驳。他立即抓住这一商机，买了些人字梯、水桶和抹布，办起了一个小型清洗公司，专门负责擦洗招牌。由于抢占了市场的先机，公司迅速发展，最终他的公司拥有150多个员工，业务也由上海延伸到杭州、南京等周边城市。若干年后，他坐火车去北京考察清洗市场。在北京火车站，一个捡破烂的人把头伸进软卧车厢，向他要一只啤酒瓶。就在递空酒瓶时，两人都愣住了，因为5年前，两人曾交换过车票，那情景犹如发生在昨天。

**【知识准备与业务操作】**

盈利性是指企业获得利润的能力。企业经营管理的各个方面都必须围绕利润最大化这一中心运转。财务管理是企业经营管理的重要环节，财务部门人员的基本职责就是要使企业保持良好的支付能力以偿还到期债务、分配现金股利、增加非现金资产、满足付现费用、保证再生产的顺利进行。

根据市场预测分析产品的盈利性是企业重要的预算工作。

## 工作任务1：小组讨论，各个岗位角色轮流发言

这一年的经营真不容易，钱不好赚啊！分析原因如下。

总经理：分析竞争形式，广告费要合理。广告费少了竞争排名靠后，选不到好订单；多了增加开支，减少盈利。

营销总监：很想多选几个订单，优先选单价高、数量多的订单。但是完不成订单就要被罚款，所以生产总监和财务总监的配合很重要。还要争取研发P2产品，为下一年销售做准备。

生产总监：好好算算现有生产线第2年一共可以生产多少个产品？根据营销总监的选单情况购买生产线，如果要增加产量，需要买自动线、柔性线还是手工线？买几条？准确计算一年的产能太重要了！首先保证今年交清订单，多余的产品今年卖不掉明年卖。跟财务总监密切沟通配合，提前准备买生产线的钱，告诉采购总监提前准备原材料。

采购总监：根据营销总监的选单情况预算出一年的原材料数量和品种，根据生产总监生产线购买进度，及时供应原料，不因错订、迟订、漏订原料而空置生产线。通知财务总监准备购买原料的现金。

财务总监：钱不够花啊，需要贷款！计算出一年里营销总监选单的销售收入、广告费支出、生产总监购买生产线和上线生产开支、采购总监的原料采购开支、财务部门基本开支等，预算出第2年的资金，在保证现金不断流的前提下贷款。资产负债表左右不平衡，要从财务、销售、生产、采购的运营登记表里找问题。每个部门都要准确、及时登记运营数据。

## 工作任务2：如何做好市场预测

### 一、预测的功能

（一）可作为（新）产品发展的方针

根据企业的长期销售预测，可以了解目前产品究竟在寿命周期的哪一阶段。

（二）可作为应引进哪一种新生产技术的依据

生产技术是用来满足市场需求的，只有进行充分的市场预测，研发的生产技术才会紧跟潮流。

（三）可作为生产计划及采购计划的依据

根据短期销售预测的资料，可以编制销售计划，而根据销售计划也可拟订年度或每月的生产计划。从某种产品年度或每月的生产计划以及各种物料的购备时间，可以从容地拟订采购计划。

（四）可作为资金计划、增资扩厂计划及人事计划的参考

如果销售预测显示销路不久将大增，则应早日拟订资金计划，开辟新财源，准备扩充设备，增加生产量。

（五）作为定价政策的依据

根据销售预测和市场占有率的大小，企业可决定何种定价政策较为有利，并采取对企业较有利的定价政策。

（六）可拟定存量水准

如果企业不注重销货预测，则工厂有时会生产过多，而有时会生产过少。

## （七）预测进行步骤

下列七个步骤应循序进行。

（1）确定预测的目标。其目的在于把握整个预测工作的重心。

（2）搜集资料。搜集与预测对象直接及间接有关的资料。

（3）资料的研判及调整。研判所获资料是否能符合预测所需，若不能符合，则有两种方法加以解决，一种是另搜集适合问题的资料，另一种是适当加以调整。

（4）资料趋势的分析。例如将其绘成历史曲线，或研究其长期趋势等，以明了资料变化的一般特性。

（5）选择预测方法。常用预测方法分为三大类：①定性预测法。它是由预测者根据已有的历史资料和现实资料，依靠个人判断和综合分析能力，对市场未来的变化趋势做出判断。②时间序列分析法。它是以历史的时间序列数据为基础，运用一定的数学方法，来预测市场未来的发展变化趋势。③相关分析法。它通过分析市场变化的原因，找出原因和结果之间的联系方法，并据此预测市场未来的发展变化趋势。

（6）未来数字的预测。运用科学的数学方法建立预测模型，预测市场现象未来的发展变化趋势。

（7）可能事态假设的检定。即众多方面事实与统计方法假设检定，以及检定预测结果是否正确。

## 二、预测的方法

现仅列出企业最常用的几种预测方法，以供利用及参考。

### （一）德尔菲法

德尔菲是古希腊神话中的神谕之地，城中有一座神殿，据传能够预卜未来。第二次世界大战之后，美国兰德公司提出一种向专家进行函询的预测法，称之为德尔菲法。它既可以避免由于专家会议面对面讨论带来的缺陷，又可以避免个人一次性通信的局限。在收到专家的回信后，将他们的意见分类统计、归纳，不带任何倾向地将结果反馈给各位专家，供他们作进一步的分析判断，提出新的估计。如此多次往返，意见渐趋接近，得到较好的预测结果。其缺点是信件往返和整理都需要时间，所以相当费时。

### （二）订货法

订货法是企业通过散发订货单或召开订货会等广泛预订货的方法来预测市场对某种产品需求情况的一种预测方法。在汇总订货结果时，企业应当根据自己以往的销售情况，对订货量进行必要的修正。为了获得较好的订单返还率，通常对预订货的客户给予一定的优惠。

### （三）意见收集法

**1. 高级主管的意见**

这种方法首先由高级主管根据国内外经济动向和整个市场的大小加以预测，然后估计企业的产品在整个市场中的占有率。

### 2. 推销人员、代理商与经销商的意见

由于企业里的推销人员、代理商与经销商最接近顾客，所以此种预测很接近市场状况，更由于此方法简单，不须具备熟练的技术，所以也是中小企业乐意采用的方法之一。此种预测方法虽然有很大的好处，但也有很危险的一面。

### （四）假设成长率一定的预测法

这种销售预测的公式如下。

$$明年的销售额 = 今年销售额 \times （今年销售额 / 去年销售额）$$

在未来的市场营运情况变化不大的企业里，这种预测方法很有效。若未来的市场变化不定，则应再采取其他预测方法，以相互借鉴。

## 三、预测和经营计划

经营者的意志必须把预测反映到经营计划上，这种预测才是有意义的。不论是长期计划或短期计划，在拟订计划之前，企业皆应妥善考虑各种有关的动向预测。所以，为了使预测充分发挥作用，预测和经营计划之间，应该密切配合。

在市场竞争中，采取"人无我有"的经营原则，就能顺利地开辟原先潜在的市场。顾客购买这种新产品大多会较踊跃，免受别家企业竞争的威胁。但如反之采取"人多我有"的方法，也就是市场上哪种产品畅销热门，就步人后尘，生产哪种产品。由于大家都去生产这种热门货，而市场有限，因而获利不会太大，并且这种产品很可能会在市场上因生产过剩而严重积压，或因畅销周期已过而滞销，造成严重亏损。

# 任务三  第 3 年末科学管理点评

## 【引例】

有个年轻人决定凭自己的智慧赚钱，就跟着别人一起来到山上，开山卖石头。

当别人把石块砸成石子，运到路边卖给附近建筑房屋的人时，这个年轻人却直接把石块运到码头，卖给了杭州的花鸟商人。因为他觉得这里的石头奇形怪状，卖重量不如卖造型。

三年之后，卖怪石的年轻人，成了村里第一座漂亮瓦房的主人。

当地的鸭梨汁浓肉脆，香甜无比。每到秋天，漫山遍野的鸭梨就会引来四面八方的客商。

鸭梨生意带来了小康日子，村民们欢呼雀跃。这时，那个卖怪石的年轻人却卖

掉了果树，开始种柳。因为他发现，来这儿的客商不愁挑不到好梨，只愁买不到装梨的筐。

五年后，他成了村子里第一个在城里买商品房的人。

再后来，一条铁路从这儿贯穿南北。小小的山庄更加开放了。乡亲们由单一的种梨卖梨起步，开始发展果品加工和市场开发。

就在乡亲们开始集资办厂的时候，那个年轻人却在他的地头砌了一道三米高、百米长的墙。

这道墙面朝铁路，背依翠柳，两旁是一望无际的万亩梨园。坐火车经过这里的人，在欣赏盛开的梨花时，会看到四个醒目的大字：可口可乐。

据说这是五百里山川中唯一的广告。那道墙的主人仅凭此则广告，每年就有四万元的额外收入。20世纪90年代末，日本某著名公司的老板来华考察。当他坐火车经过那个小山庄的时候，听到了年轻人的故事，马上被他惊人的商业智慧所震惊，当即决定下车寻找此人。当日本老板找到这个年轻人时，他却正在自己店门口与对门的店主吵架。原来，他店里的西装标价800元一套，对门就把同样的西装标价750元；他标750元，对门就标700元。一个月下来，他仅批发出8套，而对门的客户却越来越多，一下子批发出了800套。

日本老板看到这情形，顿时失望不已。但当他弄清真相后，又惊喜万分，当即决定以百万年薪聘请他。原来，对面的那家店也是他开的。

**【知识准备与业务操作】**

美国古典管理学家泰勒把科学管理概括为：科学，不是单凭经验办事；协调，是要和别人合作，不是个人主义；以最大限度的产出，取代有限的产出，每人都发挥最大的工作效率，获得最大的成功，就是用高效率的生产方式代替低成本的生产方式，以加强劳动力成本控制。工作主要是通过时间和动作研究及工作分析来达到目标。

ERP管理系统是现代企业管理的运行模式。它是一个在全公司范围内应用的、高度集成的系统，覆盖了客户、项目、库存和采购供应等管理工作，通过优化企业资源达到资源效益最大化。

## 工作任务1：小组讨论，各个岗位角色轮流发言

总经理：第3年的市场扩大了，订单增多了，每个订单的数量和价格差别较大，选择复杂了，竞争才真正开始。我们必须调查分析竞争对手，合理分配、慎重投放广告。各部门的协作沟通紧密，绝不能破产。

营销总监：产能预算很重要，争取在每个市场选取数量多、单价高的订单。竞争大，选单要有备选方案。千万不能交不了订单，违约罚款。

生产总监：准确计算今年的产能，生产线购买、转产、变卖都要合理计算，并将结果报告给营销总监作为选单参考。努力提高产能，营销总监选单一定要保证现有产品优先卖掉，尽早收回现金。继续扩建生产线，财务现金要准备充足，采购及时购进原料，绝不浪费产能。

采购总监：我要预订几种原料？每种原料数量的计算方法不一样。要提前与生产总监确认原料数量和品种，提前通知财务总监准备现金购买原料。

财务总监：这一年花钱越来越多，现金需求突飞猛进，投广告、买生产线、采购原料、还贷款等，贷款已经远远不够，营销总监及时卖产品收回现金，现金不断流才可以保证顺利生产。

## 工作任务2：总结点评

第3年市场复杂，竞争开始变得激烈。企业投放广告费以前，一定要进行市场调研——巡盘。通过巡盘了解竞争对手的生产线、原料预订、现金储备、贷款、产品研发、市场开拓等情况，研究竞争对策，制定全年的营销方案。营销总监要合理分配广告费，准备两套以上的选单计划，财务总监预算一年的资金，生产总监预测产品数量和品种，采购总监推算原料的数量和品种。

"三表"分析：本年利润来源——销售收入大幅增加，综合费用中广告费和维修费也相应增加，同时扩建生产线、购买原料、支付利息等项目开支也在增加，年度净利润增加趋势明显。如果想要盈利更多，就要科学管理——协调生产与运营，重视广告投放和营销选单。只要运营正常，资产负债表中所有者权益一般会增加，与其他企业拉开差距。权益想要增加更多，就要多选单、选好单，但千万不能算错产能，违约罚款，否则影响下一年的经营。

## 工作任务3：科学管理（国有企业的科学管理）在中国的现实意义

20世纪初，美国古典管理学家弗雷德里克·温斯洛·泰勒提出了科学管理理论，管理学理论研究由经验管理理论阶段进入了科学管理理论阶段。近百年来，科学管理思想仍然在世界范围内发挥着巨大的作用。在中国，随着改革开放的不断深入，科学管理理论逐渐被广泛运用到企业的改革建设中，并日益发挥出重要作用。下面结合中国国有企业的实际，谈谈科学管理在中国的现实意义。

作为关系国民经济命脉的国有大中型企业，其效益的高低和制度的健全与否对整个国民经济的发展都具有重大意义。针对我国国有企业因政府长期大力扶持，导致企业缺乏竞争力与创新精神等问题，国家已经有了三次较大的改革调整，从企业经营承包制，到现代企业制度，再到现代产权制度。三十年艰辛改革与建设，国有资产保值增值责任实现了层层落实，国有企业改革的动力和发展的活力得到激活，经济效益和运行质量有了显著提高，国有经济总量进一步增加，国有企业竞争力进一步增强。但是，目前国有企业在管理方面仍然存在着比较严重的问题。例如，在企业权力分配和人力资源管理方面就存在着很明显的不合理因素，如何解决这些问题是国有企业提高经济效益，进行制度改革的重要课题。那么，目前国有企业在管理上究竟存在着哪些问题呢？

一、"产权不清"致使企业决策的不科学

受到国家和有关主管部门的政策性限制，决策者的利益与他所决策的企业的利润没有长远关系，造成决策者管理主人翁意识淡薄。同时企业中大部分决策者是由政府直接任命的，不讲科学管理规则，企业管理决策采取领导"拍板式"权威决策，民主决策被严重亵渎，这样常常会因为一个错误的决策使整个企业面临绝境。

二、"关系"管理模式长期存在，缺乏明确的衡量标准和完善的报酬体系

在大多数国有企业里，一个人权力的大小取决于他与其他人的关系。这也是由于多年来的国有资产管理体制导致的，可将之称为"关系"管理模式。同时，由于企业中缺乏明确的衡量标准和完善的报酬体系，再加上复杂的关系网的存在，每个人获取的真正报酬直接取决于其权力。在这种情况下，管理者所重视的是权力的攫取，掌握与控制信息就成了维护其控制权的主要手段，对企业利益关注甚少。由此导致下级与上级在管理方面存在信息不对称的问题，导致管理效率极低。这也就很好地解释了为何政府要把加大"反腐倡廉，纠正不正之风"的力度放在国企改革的突出位置，实在是问题严重性所致。

三、管理职位选秀论资排辈，形成升职"黑洞"

国企管理岗位选拔大多采取资深职位制，即在选择管理人员时，大多依据其在企业的工作年限与经验，使得大量的技术专家升到管理岗位上以后不能胜任管理工作，年轻而具管理能力的人才又不能得到提升，造成人力资源的极大浪费，形成升职"黑洞"。

四、管理以物为主，"人本"管理观念淡薄

国有企业在管理理念上突出"物本"观念，强调对设备、厂房、资金、物料等的管理，而忽视"人本"观念。企业对员工的管理，多为自上而下的命令式管理，通过下达指令，组织安排好生产，让员工按其指令操作，这种缺乏"人性化"的管理模式导致国企人才流失现象严重，很难吸引优秀人才。

五、"孤立"管理，缺少全面系统的管理方式

国有企业的管理多是针对孤立的问题，缺乏对整个企业各部门和各环节的全面系统分析，"头痛医头，脚痛医脚"，这样必然导致管理体制条块分割，难以形成企业凝聚力，致使管理效率低下。

以上五点是笔者认为的目前国有企业在管理上存在的问题，如何解决这些问题，笔者也

有自己的看法与观点。

近几年来，随着对私人企业和中小型民族企业的改革调整，国外各种各样的最新管理理念、管理思想和管理工具也逐渐充斥国内市场，这些新兴的管理思想粉墨登场后，又迅速退出了人们的视野，真正能沉淀下来的东西微乎其微。究其原因，应该是我国特殊的国情所致，尤其是对关系国民经济命脉的国有大中型企业来说，管理改革更是不能轻易追风。

那么，究竟怎样的管理思想才是真正适合中国国有企业的呢？笔者认为，从西方的经济发展史以及工商管理发展史便可略晓一二。一百年前，西方也曾经历过管理混乱、效率低下的发展阶段，一百年后的今天它们却拥有了最先进的管理理念。如何做到的？是一场革命，一场科学管理的革命，西方工业社会管理水平的飞越正是从泰勒、法约尔、韦伯的"科学管理"开始的，没有科学管理的革命，就没有现代的工商文明。因此，科学管理始终是管理科学的核心和基础，它就像是一块基石，支撑着整个管理学的发展创新。

中国国有企业管理体制的改革建设正是需要运用科学管理的基本原理，结合中国的具体实际，来实现国有企业经济效益的提高与内部组织机构的完善。

首先，针对国企普遍存在的"产权不明，政企不分"的现象，国家应该建立"归属清晰、权责明确、保护严格、流转顺畅"的现代产权制度，产权清晰与否从根本上决定了管理是否科学。同时，企业的管理者与决策者应该用科学的管理方法代替经验管理，剔除领导"拍板式"的权威式决策，发扬企业员工参与的民主式决策，努力做出科学的决策方案，为实现企业生产的标准化、制度化、程序化、可操作化打好前阵。对企业日常工作应该做到职能分工明确，责任明晰，权责统一，以实现企业的高效协调运作。

其次，国企内部应该建立一套完整的业绩衡量标准以及完备的奖惩制度，并配置专门的机构来保证实施评估，实现业绩考评的制度化、标准化。另外，由于"关系"模式的长期存在，管理者更多地注重自己权力的把握而看轻企业的利益，甚至不惜牺牲企业利益来满足自己的私利。针对这种现象，企业要强化监督能力，充分发挥工会、董事会等的民主监督功能，依法对领导者进行监督，以避免领导者滥用权力。

再次，国企内的各种职位应该按照权责合一的等级原则组织起来，形成一个梯形指挥体系。在这样的机制下，企业干部升迁制度应该本着公平、公正、公开的原则进行，根据职位的需求和专家的意见，并通过正式考试或教育培训来选定，做到人人各尽其能，最大限度地激发企业活力。只有公平、公正、公开的升迁制度才能刺激领导者与员工的工作热情，使之树立主人翁精神，为企业的发展做出更多贡献。

然后，国企在人事管理上要强调"人本"理念，重视人性化管理，目前存在的"物本"管理，将人作为生产工具的一种，忽略了人作为社会人的需求，容易造成人才流失和员工素质的普遍低下，最终不利于企业的长远发展。倡导"人本管理"就是要增加人文关怀，关心员工，给员工充分的人身自由，努力创造良好的工作环境，为员工的继续学习深造提供更多机会，增强员工对企业的认同感、归属感。

最后，国企领导者应该站在企业整体和长远利益的高度来发现和分析问题，不能搞"孤立"管理，一叶障目。管理要遵循系统原理，将企业看作一个各部门、各环节之间相互联系、相互影响而共同构成的功能整体。运用联系的观点来对待组织中出现的问题，才能从根本上解决问题，实现企业组织管理的全面协调发展。

当然，国有企业的科学管理是一个庞大的系统，绝非几千字能说彻底的。由于国有企业在性质和经营目的上的特殊性，国企改革曾在一段时间内困难重重，由此也造成了企业管理落后、经营不善。目前，我国的国有企业的改革也将企业的管理理念改革提上了议程，科学管理作为现代管理学的基石，引导着国企管理向合理化、科学化发展，正在或即将在国企改革中发挥重大的作用。

# 任务四　第 4 年末全面预算管理点评

## 【引例】

有这样的一个故事，傻媳妇在和面，不停地喊道："妈，水多了！"婆婆正在缝被子，回喊："加面！"傻媳妇又喊："妈，面多了！"婆婆又喊："加水！"最后，傻媳妇喊："妈，面盆装不下了！"婆婆喊："蠢货，要不是我把自己缝进被子里，我非揍你不可！"听了这个故事，你一定会哈哈大笑。这对婆媳彼此都对自己手中的家务活采取盲目的态度，没有认真考虑过如何做才能更好地实现各自的目标。然而，企业又何尝不是经常出现这样的问题呢？当资源紧张时，或许企业能很好地把握住资源的分配比例，而当资源多的时候，做到及时合理地分配绝非易事。因此，在企业的经营过程中，要实行严格的预算管理制度。通过预算的编制、执行与控制，达到企业资源的最优化配置，使企业的发展与所拥有的资源以及企业的经营环境保持动态平衡，从而发挥资源的价值创造功能，将未来的一切"掌握在手中"，使经营风险和财务风险得到有效的控制。

## 【知识准备与业务操作】

预算管理是指企业在战略目标的指导下，对未来的经营活动和相应财务结果进行充分而全面的预测和筹划，并通过对执行过程的监控，将实际完成情况与预算目标不断对照和分析，从而及时指导经营活动的改善和调整，以帮助管理者更加有效地管理企业和最大限度地实现战略目标。

常言道，"凡事预则立，不预则废"。全面预算管理已经成为现代化企业不可或缺的重要管理模式。它通过业务、资金、信息、人才的整合，明确适度的分权授权，战略驱动的业绩评价等，来实现企业的资源合理配置并真实地反映企业的实际需要，进而对作业协同、战略贯彻、经营现状与价值增长等方面的最终决策提供支持。

## 工作任务1：小组讨论，各个岗位角色轮流发言

总经理：这一年的订单更多，变化更大，市场竞争更加激烈。分析竞争对手，合理规划广告费，最低目标不破产。

营销总监：争取不选到有账期的订单，早点收回现金很重要，不能算错产品数量和品种，不能违约。优先销售无账期的订单。

生产总监：认真按照营销的选单组织生产，优先生产无账期的订单，绝不能产生生产错误，产品生产不足。争取实现产能最大化。

采购总监：和生产总监密切配合，原料供应及时，不空置生产线。

财务总监：花钱越来越多，有账期的订单直接影响资金周转，贷款有限。我的小算盘要精打细算，预算好一年的资金，将钱花在刀刃上，不能出现现金断流。

## 工作任务2：总结点评

残酷的竞争刚刚开始，认真巡盘，记录准确的信息，知己知彼，百战不殆。为了争取单价高、数量多的订单，广告费的投放势必增加。订单增加，产能也要最大化，生产、买原料花钱更多，财务要有足够的现金才能支撑企业正常运营。如果等到钱不够了才想办法，企业将面临破产，所以全面的预算管理成为本年度的重点。财务部要与生产、采购一起罗列本年每一笔开支，进行资金预算，必须推算到下一年广告投放以后、还贷以前。运营中不仅要预算还要控制分析，要考虑最坏的可能。企业不一定因为亏损而倒闭，但会因为现金断流而死亡。

"三表"分析：本年销售订单增加，销售收入增加，同时广告、生产、采购费用也增加，维修费、利息、折旧等支出最大化，金额也基本固定。除非现金断流、破产或者违约，年度净利润一般都会增长，有的企业增加了所得税，所有者权益也会增加。各企业权益的增幅差异大，权益差距越来越大。

## 工作任务3：如何有效推进全面预算管理

全面预算管理是一种现代企业的管理模式，它通过业务资源、财务资源、信息资源、人

才资源的整合实现资源的有效配置、作业的高度协调、战略的有效贯彻、经营的持续改善和价值的不断提升。本文通过阐述全面预算管理的概念、体系及作用,论述了如何有效推进全面预算管理。

全面预算管理作为一种现代化管理方法,已被广泛运用,对促进企业管理的作用得到了普遍认同。2002年4月,财政部印发了《关于企业实行财务预算管理的指导意见》,提出了有关企业应当实行财务预算管理制度的规定。目前在实务中,大部分企业的预算管理仅局限于财务预算管理,与全面预算管理存在较大差距。为此需要明确全面预算管理的概念、体系及作用,并有效地推进全面预算管理。

### 一、全面预算管理的概念

全面预算管理是利用预算对组织内部各部门、各单位的各种财务及非财务资源进行分配、考核、控制,以便有效地组织和协调企业的生产经营活动,完成既定的经营目标。它是企业实施的集计划、控制为一体的,全员、全过程、全方位的系统预算管理过程,其"全面性"主要包括以下三个方面的含义。

#### (一)全员性

全员性强调全员参与,而非只是财务人员、经理人员参与,要求业务人员、非业务人员,包括公司负责人、生产车间以及部门负责人、各岗位员工、财务人员等所有人员参与。

#### (二)全过程

全过程指企业的经营管理活动无论事前、事中还是事后,都要纳入预算管理中来,强调过程控制和结果控制的均衡性。

#### (三)全方位

全方位是指一切生产经营活动必须全部纳入预算管理,包括销售、研发、采购、生产、质量控制、物流、财务、行政、人力资源等,强调的是整体性的概念,同时认为企业所有部门的主管人员都有机会参与有关预算管理的决策。

### 二、全面预算管理体系

全面预算管理的预算体系包括企业业务预算、资本预算和财务预算,既能反映预算期内企业的日常经济活动,也能反映企业预算期内的资本性投资活动。

业务预算是反映预算期内企业可能形成现金收付的生产经营活动的预算,主要包括营业收入预算、生产成本预算、期间费用预算、物资采购预算等。

资本预算是企业在预算期内进行资本性投资活动的预算,主要包括权益性资本投资预算、固定资产投资预算和债券投资预算等。

财务预算是反映一定时期内企业资金取得和投放、各项收入和支出、企业经营成果及其分配等资金运动的预算,主要包括预计利润表、现金预算表、预计资产负债表等。可见,财务预算既是全面预算的组成部分,又是全面预算的概括。

### 三、全面预算管理的作用

全面预算管理是企业战略目标的具体化，是协调各部门的重要手段，是控制日常经济活动的工具，可以优化人力资源和财务资源配置，是企业进行业绩考核与评价的标准。它具有规划未来、沟通协调、强化控制、资源配置、绩效考核等诸多功能，正如著名管理学家戴维·奥利所说的，全面预算管理是能把企业的所有关键问题融合于一个体系之中的管理控制方法之一。

尽管全面预算管理功能十分强大，但它仍属于企业内部控制的范畴，有基本的管理边界，是企业管理的工具和方法之一，不能够替代其他管理手段。任何详尽的全面预算都不能替代其他管理，也不可能改正管理层决策失败所导致的错误。所以，我们必须清晰地认识全面预算的功能，决不能依赖全面预算管理来解决企业的一切问题。

### 四、如何推进全面预算管理

#### （一）树立全面预算管理基本观念

企业的一切都需要"人"来完成，首先要更新观念，因为人员的素质的提高是必须做的，全面预算关键在于"全面"二字，任何一个环节、任何一个员工的懈怠，都会影响企业总体目标的实现。有效的预算管理体系要求每一位员工具有高度的责任感，按照年度生产计划及工作安排，将下达预算指标细分到每季、每月、每周，从横向（各车间、各班组）和纵向（责任人、实施人、监督人）将各项预算指标落实到内部各车间（室）、各环节和各岗位，保证预算目标的实现。因此，一个成功的预算通常会成为预算执行人的个人预算，当员工认同预算，他们就会为预算目标努力，并将预算视为一种帮助他们提高工作业绩的计划和协调手段，而不仅仅是控制他们的工具，这样才能为企业带来预期的收益。

#### （二）明确预算管理的组织机构

预算管理的组织机构是全面预算管理的基础和保证。组织机构的设置，包括各预算机构的设置、各机构的职能、责任单位的划分、企业相关部门的职责等。企业应成立预算管理委员会，由单位负责人任委员会主任，由主管领导及各部门主管任委员会委员，作为企业实施预算管理的最高机构。预算管理委员会下设预算管理办公室，日常办事机构设在财务部，由财务部负责人任预算管理办公室主任，成员由财务部相关工作人员及各部预算管理员组成，具体负责预算相关事务。各部门应根据预算管理工作需要指定1~2名专职或兼职预算员，作为本部门预算管理工作的联系人，负责组织、管理和协调本部门预算管理工作。

#### （三）健全预算管理的流程和制度

首先，要明确企业战略目标。全面预算管理的出发点和立足点是企业战略目标，预算体现的是企业战略意图，其实质是根据战略来配置资源，因此，明确的战略目标是全面预算的基础和前提。

其次，要完善预算管理制度。全面预算管理要真正落实并发挥效益，必须有一套适合企业自身的管理制度。完善的预算管理制度为全面预算管理的实施提供了制度上的保证。对预算编制的原则、方法，各部门职责，审核流程，预算的分解、调整、执行、支付、考核等做出科学、明确的详细规定，完善了各项制度和程序。

再次，要确定各项费用的开支标准。各项费用开支标准是企业确定预算指标的基本依据之一，企业要制定先进、合理的费用开支标准，比如企业对各种原材料、工具、燃料动力的消耗，以及劳动工时、设备利用、物资储备、定额流动资金占用、费用开支等，都要制定先进、合理的定额，并定期进行检查、分析、考核和修订。

最后，要运用科学的预算考评制度。根据年初预算与年终预算执行结果的差异水平对各预算责任部门的执行情况进行评价，评价结果作为各部门负责人年度工作业绩考核的重要依据。要建立健全预算考核组织体系，强化考核运行机制。围绕预算责任目标，建立严格的考核制度，不断充实完善考核内容。预算目标与员工收入紧密挂钩，奖惩兑现，突出激励。

（四）有序实施全面预算管理

全面预算管理的实现，对企业各方面的要求较高，不可能一蹴而就、急于求成。如一些企业的全面预算缺乏必要的信息化手段作为支持，预算管理陷于烦琐的计算与统计中，而预算执行结果仍不理想；一些企业虽然实行了预算管理，但由于预算编制方法缺乏科学性与灵活性，造成预算与实际脱节、形同虚设；从准备阶段到成熟阶段，在预算的编制方法、预算调整幅度、预算外审批、部门以及科目之间的调整、预算考核等方面存在刚性，同科目预算不允许季度间进行预算调整，除非走正常的预算调整流程。季度内同科目预算可以允许月度间调整，部分相关费用科目可以允许科目间调整，但对于公司准备加强控制的费用，可以规定不允许月度和科目间调整。对于由专业部门把关且费用落实到具体发生部门导致成本较高、与其收益不相配的预算，财务部可以采取总量控制的方法，由专业部门进行具体控制和调配，财务只审核总量是否在预算内。对于一切导致支出的行为，部门经理和财务部都需结合部门预算进行审核。预算执行过程中应明确预算差异的考核范围和考核力度，每个或每类预算差异的可接受波动程度范围内不与绩效考核的结果挂钩。预算的有关数据是关键业绩考核指标的数据来源和基本参照，预算的执行情况纳入绩效考核管理体系。

（1）从点做起，由点到面，个体完善，再向集团推进。

（2）从简单的业务起步，先易后难，不断总结，逐步拓展管理范围。

（3）从核心部分做起，抓大放小，有的放矢，建立全面预算管理框架。

（4）从粗放式向精细化迈进，分阶段实现全面预算管理。

总之，实施全面预算管理能够提升企业核心竞争能力，推行全面预算管理势在必行，但同时它又是一个实施难度很大的管理方法，因此需要我们积极、稳妥、有效、有序推进。

# 任务五　第5年末优化内部业务流程点评

【引例】

一千多年前,一座深山里面住着一位举世闻名的剑神,剑法威震大江南北,打遍天下无敌手,很多向往剑法的人纷纷慕名而来,都想拜他为师。但是这位剑神很有个性,为人非常严肃,对自己要求十分严格,对徒弟就更不用说了,想要拜他为师更是"难于上青天"。那些所谓的"粉丝"个个尽兴而来、扫兴而归。

有一天,有两兄弟怀着对剑法的热衷,一起千里迢迢来到深山拜剑神为师,剑神却不肯见他们。一天过去了,剑神还是不肯见这两兄弟,两天、三天……一转眼,十天过去了,剑神被这两兄弟的诚意打动了,两兄弟也终于见到剑神的庐山真面目。剑神用他自己独特的方法考验两兄弟,都顺利地过关了。但剑神只收一位徒弟,两兄弟自小父母双亡,相依为命,不管谁胜利都无所谓。剑神觉得他俩的能力势均力敌,很难抉择,于是叫他俩留下来观察几天。剑神特意让他们分开住,一个在山的东南边,一个在山的西北面。喝的水都是从山下挑上去的。几天过去了,哥哥不见弟弟下来挑水,就跟剑神说:"弟弟这几天都没有下来挑水,会不会出什么事?我想上去看看他。"于是跟剑神急忙赶到弟弟住的那座山。看到弟弟根本不像几天滴水不沾的人,哥哥很好奇地问:"弟弟,你几天没下山,喝的水从哪里来的啊?"弟弟一边笑着一边用手指向远处。原来是一口井,里面的水清澈透底,剑神一看就知道其中之道,笑着说:"弟弟对取水的流程进行了优化啊,简化了取水的途径,提高了取水效率,可以做到足不出户就有水喝,不错,真的不错,现在正式收你为徒。"两兄弟紧紧抱在一起,喜极而泣。

由于山上没有水,取水在常人看来是一件很简单的事情,花大量的人力、物力去山下取水。但如果山上有水,那么就可以不用做这些无用功。在取水的流程中,从取桶到将水倒入水缸中的不增值活动都去除了。因此,做事情要讲究方法,从流程上着手,通过优化流程提高工作效率。

想要偷懒,想要成功,就必须有一个合理的流程。

【知识准备与业务操作】

业务流程优化指通过不断发展、完善、优化业务流程,从而保持企业竞争优势的策略。

包括对现有工作流程的梳理、完善和改进的过程，从本质上反思业务流程，彻底重新设计流程，以便在当今衡量绩效的关键点（如质量、成本、速度、服务）上取得突破性的改变。

业务流程优化是指从根本上对原来的业务流程重新进行设计，把直线职能型的结构转变成平行的网络结构，优化管理资源和市场资源配置，实现组织结构的扁平化、信息化和网络化，从结构层次上提高企业管理系统的效率和柔性。

## 工作任务1：小组讨论，各个岗位角色轮流发言

总经理：市场订单变化大，竞争越来越残酷。广告费必须提高，资金压力大。各部门预算应准确，必须多沟通多提醒。保证在不破产的前提下，多卖产品。

营销总监：产能大了，选单也必须跟上，首先考虑选数量多、价格高、账期短的订单。如果现金吃紧，就不敢选太多订单，违约太可怕！

生产总监：产能已经最大了，能为营销总监选单提供准确的产品数量和品种，开足马力，全线生产，原料足，交单就没问题。

采购总监：根据生产总监和营销总监的产品品种预算原料品种。保证不迟订、漏订、错订。

财务总监：资金压力山大，贷款也全部用完，经常在破产边缘徘徊。预算资金太重要，大家别乱花钱！

## 工作任务2：总结点评

本年度市场订单越来越复杂，订单里产品数量、价格差别更大，广告费投入更多，排名竞争白热化。资金充足的企业广告投放无压力，选单有优势，进入良性循环；资金紧张的企业进入恶性循环，广告费投放少，排名靠后，只能选有账期、账期长的订单，现金不能及时收回，没有现金支撑生产、还贷，直至破产。如果企业生产线还不足三分之二，竞争力不足，势必破产，所以产能尽可能达到最大。

"三表"分析：销售收入继续增加，广告费也大幅增加，其他费用和开支基本稳定，没有太大增幅。所以年度净利润会明显增加。企业之间所有者权益差距更大。排名靠前的企业如果不出意外，应该会成为最后的赢家。破产的企业增多，处在破产边缘的企业很难支撑到下一年度。

## 工作任务3：企业业务流程再造

### 一、背景

当今时代，世界经济正在从工业经济向知识经济转变。知识经济（knowledge based economy）的两个重要特征就是信息化和全球化。要实现信息化和全球化，就必须依靠完善的网络和数据库。随着电信技术和计算机技术的飞速发展，现代MIS（management information system，管理信息系统）从地域上划分已逐渐由局域范围走向广域范围。从而，各个企业都面临着巨大的挑战和机遇。相对我国的信息化发展而言，国外已经处于相对领先水平，BPR（business process reengineering，业务流程再造）的广泛应用优化了企业的业务流程，提高了流程绩效，提高对顾客的反应速度，提升了顾客服务价值，成为企业信息化建设的重要组成部分。

#### （一）国外实施现状

企业流程再造实践在全世界的发展势头非常迅猛，并形成了一种主流趋势。一些部门调查得出的结论是，75%～80%的美国大公司已经开始流程再造，今后几年会进一步致力于此项工作。由于企业流程再造需要运用各种信息技术，需要企业领导者对企业发展前景有一个明确的目标、对企业的素质有一个整体的把握、对各种管理模式有充分的了解，还要对全体员工有深入的培训和相当数量的费用。因此，实行业务流程再造的企业都是有一定经济实力，并志在二次创业、三次创业的企业。

#### （二）国内实施现状

在我国，业务流程再造也是企业界非常流行的话题。联想、海尔、海信等著名企业已成功地完成了业务流程再造，实现了绩效的改进。一些中小企业也都进入了业务流程再造的筹划阶段。

### 二、业务流程再造的内涵

业务流程再造（BRP）是以信息技术为基础，从根本上改变原有的工作流程，对其进行再设计，以"流程导向"代替原有的"职能导向"，更好地实现企业目标的方法性程序。

BRP是一种以改进、变革、创新为特征的理念，它突破了传统的劳动分工理论的思想体系，为企业管理提出了一个全新的思路，同时还能彻底检验限制企业竞争效率和效能的企业流程和组织架构。

BPR的目标是重新设计主旨经营流程，使新流程的增值内容最大化，其他方面内容最小化，由此获得经营绩效的跃进。这种做法有普遍实用性，它既适用于一个单独的流程，也适用于整个组织。

BPR的基本内涵是以企业长期发展战略为出发点，以服务顾客的价值增值流程的再设计为中心,强调打破传统的职能部门界限,提倡组织改进、员工授权、顾客导向及正确应用信息技术,建立合理有效的业务流程,最终达到企业在动态状况下适应加剧的竞争和变化的环境为目的的一系列管理活动。其实质是在对企业原有流程进行分析的基础上,对原有流程的重大改进和创新,目的是获得更好的经营绩效。

### 三、业务流程再造工程的整体框架和步骤

（一）总工程及其组成部分

BPR 的整体步骤包括五个必不可少的阶段。

（1）构思与项目启动阶段：营造再造的环境与氛围。

（2）设计 BPR 的核心阶段：分析、诊断与重新设计流程。

（3）实行 BPR 设计阶段：重构组织、流程重建。

（4）BPR 试点与全面推广阶段：BPR 的实施。

（5）全面推广对 BPR 的监测评估与实现其战略的阶段。

（二）五大阶段的相互关系

从总体上讲,业务流程再造必须按顺序完成五个步骤。这五个步骤实际上代表了 BPR 工程的五个阶段及其相关的主要工作。第一阶段是推广 BPR 的必要准备；第二阶段要完成设计 BPR 的核心任务；第三阶段着手配置 BPR 的必要条件；第四阶段是 BPR 设计全面实施的阶段；第五阶段是 BPR 收到实际绩效的阶段。

具体的实施过程中,情况是极其复杂的,因此并不一定非要按此顺序进行,在各个阶段中发生的活动甚至可以同时进行,有些活动可以交叉进行。

（三）营造变革的气氛与环境

这是 BPR 总工程的初始阶段,即启动阶段。这阶段的主要任务是为启动 BPR 总工程做一些必要的准备。其中最主要的工作是营造气氛,目的是使企业全体员工和领导层对企业现有的运行状态有危机意识,并时刻关注企业周围竞争环境的变化。而应对变革的气氛关键在于领导。

企业高层领导在这个阶段需要做好如下工作。

1. 树立企业愿景目标

这一工作通常需要高层领导如首席执行官来负责。企业愿景目标一般包括将提供的产品或服务、顾客对产品和服务的需求方向、企业流程如何产生产品和服务、建立怎样的供应链系统来保证生产顺利进行、建立什么样的客户关系等。

2. 企业变革要争取高层管理者的支持

实施 BPR 项目不一定都是高层领导者、管理者发起,但 BPR 的成功必须得到高层管理者的大力支持。至于获得哪些领导者的支持取决于再造流程的规模和范围。

3. 制订再造计划和开展必要的培训工作

再造计划要安排合理,保证整个过程衔接紧密、通畅,要根据企业实际情况来安排进展

计划。有些程序或技术对于员工来说难度过大就要及时进行培训，确保BPR项目顺利进行。

4. 找出核心流程

找出核心流程很重要，是后面进行流程再造的主要参照框架。

5. 建立再造团队

再造团队是一个具有共同目标的由不同专长的人组成的小组。具有高度自治、分工协作的特点。一般由4～12人组成。

6. 沟通企业变革信息

主要是再造团队与董事会、企业的其他成员沟通远景目标、再造计划安排；在员工内也要进行必要的宣传，让企业所有人都对BPR有所了解，比如未来愿景、企业和员工在变革中获得的好处、为何进行变革、本企业应成为什么样的企业等。

（四）流程重建，重构组织

从顺序上说，流程重建、重构组织是BPR总工程的第三部，它是在分析、诊断和重新设计企业BPR之后，为实施BPR总工程所要准备的客观条件。流程重建，是指BPR设计的现实展开；重构组织，则是指从企业的人力资源、技术资源和技能到重新构架新技术基础的工作。

搞好环境主要是做好人力资源和技术基础的评估，而完成这些任务的关键，是应用变化管理技术，确保新流程的重新建立。为此，建立信息技术平台和信息系统，以及提高企业员工操作和应用技术的能力和水平，就成为细致而艰巨的工作了。

特别要认识到，重建再造团队是重构组织的重大变革。

对人力资源的评估意味着要重建再造团队，而重建再造团队则要求人们放弃以前的组织结构和行为方式，以一种全新的理念和行为展现BPR流程。由于企业流程再造是对企业流程的重新设计和彻底改造，所以它一旦成功就能为企业带来巨大的绩效。

**四、业务流程再造与企业信息化的相互关系**

（一）BPR的实施必须以企业信息化为条件

从企业业务流程的内容及对业务流程情况的描述、识别、判断及再造的全部过程看，BPR既是企业信息化的一种表现形式，又是企业信息化的结果。从实际情况来看，在企业的各种业务流程中，有些流程是必须进行信息化的，必须应用信息技术才能彻底完成流程再造，才能带来绩效的巨大改进。例如，意大利的班尼顿服装公司，将传统流程中的先染布后制衣的作业顺序调整为先制衣后染布，最终带来了绩效的巨大改进，公司产品上市周期大大缩短，从而获得很大成果。BPR也是企业信息化必须实施的领域。企业的价值很大程度上是由流程创造出来的，要提升价值首先要优化流程，而优化流程就必须实行信息化。二者相辅相成、相互依存，是企业在竞争中取胜的不可或缺的统一体。

（二）BPR的实施促进了企业信息化的进程

更多的企业在流程再造中进行了企业信息化。即便是班尼顿公司，在流程再造后还是要应用信息系统才能使再造的成果持续扩大。由此可见，在信息化高速发展的今天，企业是离不开信息系统的，BPR 更依赖于企业信息系统的不断完善和信息技术在企业中的普及。信息系统在流程再造中具有决定性的作用，也是企业在日益积累的市场竞争中取胜的关键因素。因此，BPR 必须与信息化共同发展。

# 任务六　第 6 年末信息化管理点评

## 【引例】

这里是上海城乡接合部九亭镇新华都超市的一个角落，农夫山泉的矿泉水静静地摆放在这里。来自农夫山泉的业务员每天例行公事地来到这里，拍摄 10 张照片：水怎么摆放、位置有什么变化、高度如何……这样的点每个业务员一天要跑 15 个。按照规定，下班之前 150 张照片就被传回了杭州总部。每个业务员，每天产生的数据量约为 10 M，这似乎并不是个大数字。

农夫山泉在全国有将近 10000 个业务员，这样每天的数据就有约 100 G，每月约为 3 TB。当这些图片如雪片般进入农夫山泉在杭州的机房时，这家公司的 CEO 胡健就会有这么一种感觉：守着一座金山，却不知道从哪里挖下第一锹。

胡健想知道的问题包括：怎样摆放水堆更能促进销售？什么年龄的消费者在水堆前停留更久，他们一次购买的量多大？气温的变化让购买行为发生了哪些改变？竞争对手的新包装对销售产生了怎样的影响？不少问题目前也可以回答，但这样的回答更多是基于经验和数据。

从 2008 年开始，业务员拍摄的照片就这么被收集起来。如果按照数据的属性来分类："图片"属于典型的非关系型数据，还包括视频、音频等。要系统地对非关系型数据进行分析是胡健设想的下一步计划，这是农夫山泉在"大数据时代"必须实施的步骤。如果超市、金融公司与农夫山泉有某种渠道来分享信息，如果类似图像、视频和音频资料可以系统分析，如果顾客的位置有更多的方式可以被监测到，那么摊开在胡健面前的就是一幅基于顾客消费行为的画卷，而描绘画卷的是一组组复杂的"0、1、1、0"。

关于运输的数据场景到底有多重要呢？将自己定位成"大自然搬运工"的农夫山泉，在全国有十多个水源地。农夫山泉把水灌装、配送、上架，一瓶饮用水的成本中有 3 毛钱花在了运输上。在农夫山泉内部，有着"搬上搬下，银子哗哗"的说法。如何根据不同的变量因素来控制自己的物流成本，成为问题的核心。

基于上述场景，SAP 团队和农夫山泉团队开始了场景开发，他们将很多数据纳入进来，如高速公路的收费、道路等级、天气、配送中心辐射半径、季节性变化、不同市场的售价、不同渠道的费用、各地的人力成本，甚至突发性的需求（例如某城市召开一次大型运动会）等。

在没有数据实时支撑时，农夫山泉在物流领域花了很多冤枉钱。例如，某种产品（350 mL 饮用水），在某个城市的销量预测不到位时，公司以往通常的做法是通过大区间的调运，来弥补终端货源的不足。"华北往华南运，运到半道的时候，发现华东实际有富余，从华东调运更便宜。但很快发现对华南的预测有偏差，华北短缺更为严重，华东开始往华北运。此时如果太湖突发一次污染事件，很可能华东又出现短缺。"

这种无头苍蝇的状况让农夫山泉头疼不已。在采购、仓储、配送这条线上，农夫山泉特别希望大数据能够解决三个顽症：首先是解决生产和销售的不平衡，准确获知该产多少、送多少；其次，能够让 400 家办事处、30 个配送中心纳入体系中来，形成一个动态网状结构，而非简单的树状结构；最后，能够让退货、残次品等问题与生产基地实时连接起来。

也就是说，销售的最前端成为一个个神经末梢，它的任何一个痛点，在大脑这里都能快速感知到。

"日常运营中，我们会产生销售、市场费用、物流、生产、财务等数据，这些数据都是通过工具定时抽取到 SAP BW 或 Oracle DM，再通过 Business Object 展现。"胡健表示，这个"展现"的过程长达 24 小时，也就是说，在 24 小时后，物流、资金流和信息流才能汇聚到一起，彼此关联形成一份有价值的统计报告。当农夫山泉的每月数据积累达到 3 TB 时，这样的速度导致农夫山泉每个月财务结算都要推迟一天。更重要的是，胡健等农夫山泉的决策者们只能依靠数据来验证以往的决策是否正确，或者对已出现的问题作出纠正，仍无法预测未来。

有了强大的数据分析能力做支持后，农夫山泉近年以 30%～40% 的年增长率，在饮用水方面快速超越了原先的三甲：娃哈哈、乐百氏和可口可乐。根据国家统计局公布的数据，饮用水领域的市场份额，农夫山泉、康师傅、娃哈哈、可口可乐的冰露，分别为 34.8%、16.1%、14.3%、4.7%，农夫山泉几乎是另外三家之和。下一步，胡健希望那些业务员搜集来的图像、视频资料可以被利用起来。

【知识准备与业务操作】

信息化管理是以信息化带动工业化，实现企业管理现代化的过程，它是将现代信息技术与先进的管理理念相融合，转变企业生产方式、经营方式、业务流程、传统管理方式和组织方式，重新整合企业内外部资源，提高企业效率和效益、增强企业竞争力的过程。

信息化是指培养、发展以计算机为主的智能化工具为代表的新生产力，并使之造福于社会的历史过程。智能化工具又称信息化的生产工具，它一般必须具备信息获取、信息传递、信息处理、信息再生、信息利用的功能。与智能化工具相适应的生产力，称为信息化生产力。

企业信息化管理的精髓是信息集成，其核心要素是数据平台的建设和数据的深度挖掘，通过信息管理系统把企业的设计、采购、生产、制造、财务、营销、经营、管理等各个环节集成起来，共享信息和资源，同时利用现代的技术手段来寻找自己的潜在客户，有效地支撑企业的决策系统，达到降低库存、提高生产效能和质量、快速应变的目的，从而增强企业的市场竞争力。

## 工作任务1：小组讨论，各个岗位角色轮流发言

总经理：总经理是决策者，很重要，企业成败的关键在于"决策"，犯错误可能带来重大损失。总经理要组织团队沟通协作，督促各部门准确地进行预算，规划越长远，取胜越有把握，预算最好做到第3年，还要有备选方案。我要胆大心细，要有风险意识、开拓精神。与竞争对手博弈，善于临场应变，绝不死板，"变化才是硬道理"。

营销总监：发挥产能优势，多卖产品多挣钱，但是也不能乱选单，选太多，生产没跟上，损失更大。

生产总监：产能不足直接导致收入减少，生产出错直接死掉，必须与营销总监、采购总监、财务总监密切配合，沟通及时，顺利完成生产任务。

采购总监：原料必须提前与生产协调，争取不出现错误。

财务总监：现金很重要，贷款靠不住，只有靠生产和销售，精打细算是学问。能省的费用一定要节约，一切工作为增加利润和所有者权益服务。

## 工作任务2：总结点评

最后一年，竞争最激烈，但是也有明显的倾向。那些团队协作好、善于分析竞争对手、规划预算合理、广告投放多的企业盈利多，同时资金充足，越来越有优势，进入良性循环。反之，有的企业只能维持经营，甚至等待破产。选单差距已经拉大，生产能力差距也拉大。优势企业考虑的是节约更多费用，获取最大利润。劣势企业考虑的是如何保证现金不断流，生存下去。

"三表"分析：有能力生产的企业销售收入最大化，各项费用开支增幅不多，基本稳定。为了增加年度净利润，财务和生产部门判断变卖哪些生产线能节省维修费、折旧费。所有者权益确定为最终的比赛成绩，企业竞争排名敲定。

通过6年运营，大家是否都感受到，企业成败的关键在于正确的决策，决策的依据来源

于整体信息化管理，ERP（企业资源计划）就是这样一套科学的体系。企业资源——信息、资金、人员、物资，缺一不可。没有 ERP，企业内部就会管理混乱，业务互相脱节，经营运作困难，管理效率低下。信息化管理首先是信息的集成，是企业物流、信息流、资金流的集成，最终提升企业竞争力。合理规划资源，首先分析信息资源，包括竞争对手、市场订单、广告排名。营销根据市场预测和广告排名状况选择订单，财务根据市场信息进行资金预算，生产根据市场信息组织生产，采购根据市场信息准备材料。企业的每个部门必须团结协作、密切配合才能实现更多盈利。

## 工作任务 3：了解 ERP

### 一、ERP 的概念

ERP 是英文 Enterprise Resources Planning 的英文缩写，即企业资源计划，它是一种体现企业管理思想、依托信息化软件产品的综合管理系统。

下面通过一个经典例子来说明什么是 ERP。

有一天中午，丈夫在外面给家里边打电话说："老婆，晚上我想带几个同事回家吃饭，可以吗？"（订货意向）

妻子："当然可以，来几个人，几点来，想吃什么菜？"（需求交流）

丈夫："6 个人，我们 7 点左右回来，准备些酒、烤鸭、番茄炒蛋、凉菜、蛋花汤等等，你看可以吗？"（提出详细需求）

妻子："没问题，我会准备好的。"（确认客户订单）

妻子记录下需要做的菜单（MPS 计划），具体要准备的东西，包括鸭、酒、番茄、鸡蛋、调料等（BOM 物料清单），发现需要 1 只烤鸭，5 瓶酒，10 个鸡蛋……（BOM 展开），炒蛋需要 6 个鸡蛋，蛋花汤需要 4 个鸡蛋（供给物料）。

打开冰箱一看（库房），只剩下 2 个鸡蛋（缺料）。

来到自由市场，妻子："请问鸡蛋怎么卖？"（采购询价）

小贩："1 个 1.3 元，半打 6 元，1 打 11 元。"

妻子："我只需要 8 个，但这次买 1 打。"（经济批量采购）

妻子："这有 1 个坏的，换 1 个。"（验收、退料、换料）

回到家中，准备洗采、切菜、炒菜……（工艺线路），厨房中有燃气灶、微波炉、电饭煲……（工作中心）。妻子发现拔鸭毛最费时间（瓶颈工序，关键工艺路线），用微波炉自己做烤鸭可能来不及（产能不足），于是到楼下的餐厅里买现成的（产品委外）。

下午 4 点，儿子的电话："妈妈，晚上几个同学想来家里吃饭，你帮忙准备一下。"（紧急订单）

"好的，你们想吃什么，爸爸晚上也有客人，你愿意和他们一起吃吗？"

"菜你看着办吧，但一定要有番茄炒鸡蛋，我们不和大人一起吃，6点半左右回来。"（不能并单处理）

"好的，肯定让你们满意。"（订单确定）

鸡蛋又不够了，打电话叫小贩送来。（紧急采购）

6点半，一切准备就绪，可烤鸭还没送来，急忙打电话询问："我是李太太，怎么订的烤鸭还不送来？"（采购委外单跟催）

"不好意思，送货的人已经走了，可能是堵车吧，马上就会到的。"

门铃响了。"李太太，这是您要的烤鸭。请在单上签字。"（验收、入库、转应付账款）

6点45分，女儿的电话："妈妈，我想现在带几个朋友回家吃饭可以吗？"（又是紧急订购意向，要求现货）

"不行呀，女儿，今天妈妈已经需要准备两桌饭了，时间实在是来不及，真的非常抱歉，下次早点说，一定给你们准备好。"（这就是ERP的使用局限，要有稳定的外部环境，要有一个起码的提前期）

送走了所有客人，疲惫的妻子坐在沙发上对丈夫说："亲爱的，现在咱们家请客的频率非常高，应该要买些厨房用品了（设备采购），最好能再雇个小保姆（连人力资源系统也有接口了）。

丈夫："家里你做主，需要什么你就去办吧。"（通过审核）

妻子："还有，最近家里花销太大，用你的私房钱来补贴一下，好吗？"（最后就是应收货款的催要）

## 二、实施ERP的原因

（一）交易或者流程处理繁杂

大量单据、联次、报表，人工转抄、计算、汇总，每个环节的数据均需重复录入和处理。

（二）反应迟缓、环节众多

处理流程长、关联单位多，审批层级高，似乎只有总经理才能决定所有事情。订单—计划调度—生产—仓库—采购……

（三）数据采集不系统、不全面、经常少漏

目前的管理以满足订单为主，客户收货了就算完成，是否反映到生产、统计、仓库、财务等各个环节，要看情况。

（四）决策不科学甚至根本不对

因为缺乏数据支撑，还有很多根本无法量化的因素，使决策依据不足，多是根据经验和估计来决策，容易出现失误。

## 三、实施ERP的效益

据美国生产与库存管理学会（APICS）统计，每使用一个ERP系统，平均可以为企业带来如下经济效益。

（1）库存下降 30%～50%。这是人们说得最多的效益，因为它可使一般用户的库存投资减少 1.4～1.5 倍，库存周转率提高 50%。

（2）延期交货减少 80%。当库存减少并稳定的时侯，用户服务的水平提高了，使用 ERP 的企业准时交货率平均提高 55%，误期率平均降低 35%，这就使销售部门的信誉大大提高。

（3）采购提前期缩短 50%。采购人员有了及时准确的生产计划信息，就能集中精力进行价值分析，货源选择，研究谈判策略，了解生产问题，缩短采购时间和节省采购费用。

（4）停工待料减少 60%。由于零件需求的透明度提高，计划也作了改进，能够做到及时与准确，零件也能以更合理的速度准时到达，因此，生产线上的停工待料现象将会大大减少。

（5）制造成本降低 12%。由于库存费用下降，劳力的节约，采购费用节省等一系列人、财、物的效应，必然会引起生产成本的降低。

（6）管理水平提高，管理人员减少 10%，生产能力提高 10%～15%。近年来 ERP 市场的飞速成长也显示出了它的巨大发展潜力。

## 工作任务 4：如何实施 ERP（以国美为例）

**参考资料：国美 ERP 实施案例分析——ERP 之家**

### 一、实施背景

在日益激烈的竞争环境中，企业销售时对市场的需求和变化能否做出更快的回应，决定着其生存的空间与活力。国美公司领导于 2003 年花巨资请武汉某软件有限公司为国美量身定做了适合本企业的 ERP 系统，以更好地应对市场和对手的挑战。

经过一年的建设和改进，国美公司于 2004 年 6 月 1 日正式开始使用某供应链系统。然而随着市场对企业的反应速度要求越来越高，国美高层对彻底改造信息系统的迫切性越来越强。

2009 年，经过两年马拉松式的选型工作，国美最终决定上线 SAP 最新版本的系统。不仅如此，国美将在业务、财务、物流、售后、人力资源、客户关系管理、全面预算等方面的系统升级作为第一阶段的攻坚任务。

2010 年，国美宣布启动 ERP Leader 领航者工程，由集团总裁亲任总指挥，并从全国各业务体系精选 500 人，特别组成一个实施团队，共同打造这套国内最领先的"高效神经系统"。经过长时间的科学论证，国美首先选择在河南、河北两分部进行试点。

与之前选型花了两年的时间相比，整个新 ERP 系统从蓝图设计、需求整理再到系统实践竟然只用了 16 个月的时间，打破了全套 ERP 建设至少需要 25 个月的常规。

2011 年，经过前后 16 个月的奋战，国美新 ERP 系统成功完成全面上线工作，一次性实现了新旧系统的彻底切换。

**二、国美的 ERP 系统构成**

新国美集团 ERP 系统采用分布式管理模式，49 个一级分部，181 个二级分部，900 多家门店全部统一使用一套 ERP 系统。透明、开放、共享是国美新 ERP 系统的最大特点。

国美此次上线的 ERP 系统命名为导航者 ERP 信息系统，采用了 SAP（企业管理解决方案的软件名称），是目前业内最高版本的 ERP 解决方案 ECC6.0。

国美的应用系统中心设在国美北京总部，由这个系统进行统一的货物采购、营销、库存情况、配送、售后服务、技术支持、客户服务、集团财务、领导查询等功能；全国下设 7 个分部，每个分部负责若干门店的采购、销售、财务及客户服务等业务；每个门店及相关的配送中心则通过各自系统进行销售、统计、调货、配送等过程。这样，形成国美北京总部、7 个分部、全国所有专卖店的三层网络构建体系，数据和信息的采集、流通便捷而且及时。

国美 ERP 系统构建了真正的联合供应体，实现订单协同、库存协同、收入及结算协同、促销协同、商品推广协同、促销员管理协同、市场信息协同和服务协同八大供应链协同。

在订单协同方面，通过 ERP 系统的补货数据，国美可以每周向供应商发布准确的订单。通过订单协同，国美力求将渠道的缺货率控制在 5% 以内，存货率提高为 15%～20%。

在库存协同方面，国美每月向供应商提供一次精细化到地区的库存分拆数据，可针对需求双方共同协作处理的问题做出解释。国美在中国零售企业内首次实现了全国库存共享，再加上自动补货系统的应用，确保了有货率接近 100%。

系统设定了库存共享，一方面确保即时反馈数据，提前补货以确保有货率；另一方面，系统显示库存有余量，方能执行销售产品的过程，确保终端门店促销员对于消费者的销售承诺更加具备客观依据。

在收入及结算协同方面，对于到账期的款项或代销需结算的款项，供应商通过登录 ERP 系统进行相应的账目核对，核对无误后开具发票。国美收到发票，确保账目一致后予以结算，这样可以节省双方的人力和费用，并有效地保持账目一致。

在促销协同方面，国美每月开展一次大型促销对接会，这样能够协同国美及供应商旗下的各分公司，回顾前一两个月的合作情况，找出成绩和不足。另外，国美组织每周一次的小型对接会，跟踪促销执行结果，并根据各地促销节奏和促销计划的不同，对月计划做出微调或增加投入，ERP 系统还可以完整准确地管理供应商的赠品。

在商品推广协同方面，国美定期与供应商一起确认后期的新品，以产品群的形式进行推广，确定产品的供货价格、阶段销量、双方下属分公司执行的一致性。在促销员管理协同方面，通过国美 ERP 系统，可以向供应商提供全国每个促销员精准的绩效，国美也可以对促销员的业绩作出准确的评价。

在市场信息协同方面，国美每月向供应商提供一次体系内部的销售数据、销售占比情况等信息。同时，供应商将整体销售量、整体出货量等数据提供给国美，双方通过信息共享找出不足和今后合作可提升的空间。

在服务协同方面，国美每月通过 ERP 系统，了解供应商产品的质量问题、客数、到货及时性等相关维度，取得服务上的协同效应。另外，ERP 系统还能管理每次促销活动设置在每个型号产品上的优惠政策，随系统自动进行相关结算，确保消费者能够明白消费，切实享受到国美提供的优惠政策。

在消费者购买产品后，国美 ERP 系统会在门店终端操作界面弹出时间窗，直观显示近期送货、安装的整体状况，结合整体运行情况，支持消费者自主选择送货、安装时间，做到充分配合消费者，在消费者方便的时间进行产品送装。此外，ERP 系统的产品信息同时共享到国美呼叫中心，呼叫中心可视系统反映的实际情况直接跟进处理部分售后服务问题，以提升消费者对售后服务的满意度。

新系统中添加了 CRM 模块，即客户分析模块，实现了对 5000 万会员数据的全面梳理，形成了行业规模领先的会员管理数据库，也构建了行业领先的数据收集、分析平台，以实现个性化的服务与点对点的营销。该流程可以更好地把握、分析消费者需求，并将需求分析共享给上游供应商。在准确数据需求的驱动下，制造商的设计、生产、物流、分销、服务等也更加有针对性，从而加速了运营周转，解放更多生产力，因此可以节省更多的成本，大幅提升消费者的消费体验，从而增强消费者对国美的忠诚度，这对国美长期、可持续发展有巨大的帮助。

### 三、ERP 系统对国美的效用

新 ERP 系统的成功上线，将全面确保国美的领先优势，并将积极推进国美快速、稳健、精细化的发展步伐，实现"物资流、资金流、信息流、服务流"的四流合一，充分体现了"集中管理、分散经营、库存共用（资金共用、人员共用）、统一配送，规范服务、统一核算"，实现资源优化、低成本扩张的企业发展战略；管理上由事后反应变成了事前控制和过程控制，最大化地优化了资源、降低了成本，为消费者提供更加低价的商品及更优质的服务。

（一）提高了经营效率

由于 ERP 系统实现了物流、资金流、信息流的高度集成，消除了生产经营过程中的许多无效的环节，并且使用计算机和网络来处理和传输数据和信息，使经营效率得到很大的提高。国美在实施了 ERP 管理软件后，实现了产品数据化管理，每项商品进入公司后都统一定义唯一的商品 ERP 代码，商品的各种信息、数据和文档在系统中，业务员可以方便地查询操作什么商品需要进多少货，配送人员可以随时了解何时需要到何地送货安装，减少了庞大的纸面数据管理和统计工作量，并进一步加强了企业管理系统与 CAD 系统的集成，提高了企业的系统集成度和整体效率。

（二）规范了企业的各项管理

引进的 ERP 系统定义了其标准流程，如采购、仓库、销售、生产和财务流程等等。公司各部门使用 ERP 系统必须严格按照其流程工作。公司员工按其 ERP 代码权限工作，避免公司内部各部门职能交叉混淆，管理重复。另外，通过 ERP 的规范管理，实现了企业的人员、财务、业务与管理间的集成，并能支持企业经营过程的重组，也使 ERP 的功能可以扩展到办公自动化和业务流程控制方面。

（三）消除商品冗余库存

ERP 系统中的"综合业务—库存商品查询"使得公司各级领导和业务员能随时掌握库存和销售的进货数量及时间，这样库存得到了最佳的控制，国美也达到了"最优库存"的境界，产生了巨大的效益。无效管理环节的去除、劳动生产率的提高、库存的降低，带来了流动资金周转率的提高，国美 ERP 的实施使该企业的流动资金周转率提高了近 150%。

（四）能缩短数据统计周期

ERP 的数据真正实现实时更新，使管理人员能随时和及时得到各类生产经营数据，使绝大部分问题可以在"事中"得到发现和处理。

（五）实现了公司与客户管理的进一步整合

ERP 通过综合业务、售后管理等面向市场和顾客，通过基于知识的市场预测、订单处理与资源调度，基于约束调度功能等进一步提高企业在竞争市场环境下更强的优化能力；并进一步与客户关系管理结合，实现市场、销售、服务的一体化，使公司能集成客户的前台服务与 ERP 后台处理过程，为客户提供个性化服务，从而提升顾客满意度。

（六）使公司与商品生产厂商实现进一步整合，建立更密切的业务伙伴协作关系

ERP 面向协同商务，支持企业与贸易共同体的业务伙伴、客户之间的协作，支持数字化的业务交互过程；ERP 供应链管理功能进一步加强，并通过电子商务进行企业供需协作。ERP 系统支持企业面向全球化市场环境，建立制造商、供应商与本公司（经销商）间基于价值链共享的新伙伴关系，并使企业在协同商务中做到过程优化、计划准确、管理协调。

## 四、成功原因

（一）人才的培训

一个堪称家电航母的大型企业，要进行 ERP 的改革，面临的最大阻力就是人力资源的调配。

为了解决"人"的问题，2012 年 5 月，国美与天津南开大学管理学院合作成立了国美管理学院，对其各地中层管理干部进行分批培训。不仅如此，国美还调动了遍布全国的 1685 家门店的约 20 万名员工集体参与此次升级，通过全员参与升级工程，国美也充分征集了一线员工的意见与操作技巧，斥资数亿元从全国各地抽调大量精英进行 ERP 系统的开发与人员培训工作，并由他们组成 ERP 项目组，协助国美全国各地分部的上线工作。国美岗位培训模式如图 5.3 所示。

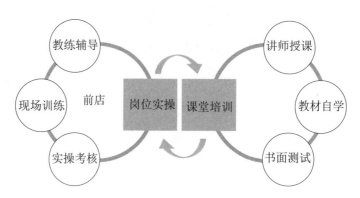

图5.3 国美岗位培训的模式

（二）领导层的执行力

新 ERP 的上线和执行，面临着企业外部社会和企业内部员工的双重压力，其顺利执行依赖于领导层高度的执行力。令人欣慰的是，ERP 系统得到了集团高层领导的全力支持。ERP 系统建设项目不仅被定为集团的战略项目，而且由国美电器总裁亲自带队指挥，高级副总裁担任 ERP 项目实施负责人，而且在系统整体成功上线后仍然由高级副总裁负责持续推进项目的优化。有了国美"一把手"以及其他高层领导的亲自督战，国美快速掀起了一场全员参与的、被命名为"领航者工程"的 ERP 升级，重重艰难险阻似乎都变得容易起来。

（三）数据的转移

在新 ERP 系统对原有系统的更替切换过程中，首当其冲的是庞大的"数据转移"工程，国美充分调动了各个系统、部门的工作代表，聚集在天津进行充分论证、预演，前后参与到系统建设的员工有数万之众，创造了零售业 ERP 信息系统建设中的一大奇迹。

# 项目六　创业者电子沙盘系统——教师端

## 任务一　系统安装

### 一、产品程序安装

双击点开产品安装光盘或拷贝出来的安装包，双击程序"新道新创业者沙盘系统安装程序"，弹出如图6.1所示的对话框。

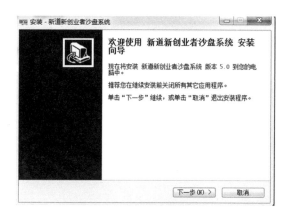

图6.1　步骤图1

点击"下一步"，出现如图6.2所示的对话框，选择"我同意此协议"。

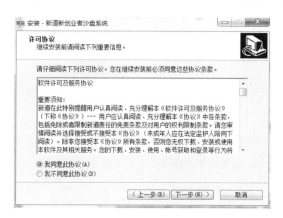

图6.2　步骤图2

再点击"下一步",显示文件安装路径的对话框,如图6.3所示。可选择默认路径或修改成其他路径,新建路径中最好不要有中文字符,以免引起不必要的错误提示。

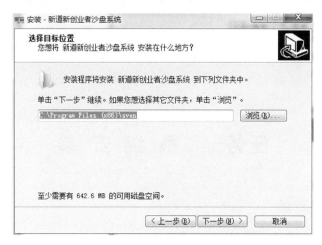

图6.3 步骤图3

按照提示,再次点击"下一步",出现如图6.4所示的对话框。

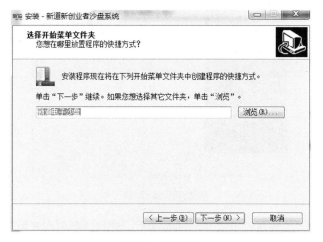

图6.4 步骤图4

继续点击"下一步",出现如图6.5所示的对话框,为方便操作,选择"创建桌面快捷方式"。

点击"下一步",出现如图6.6所示的对话框,确认程序安装信息,然后点击"安装"。

出现如图6.7所示的安装进度显示,等待安装进度条结束。

安装进程结束后,出现如图6.8所示的对话框,勾选"运行新道新创业者沙盘系统",点击"完成",产品安装完毕。如果此时没有插入加密锁,就会出现如图6.9所示的对话框提示,表示程序无法正常运行,请插入加密锁。

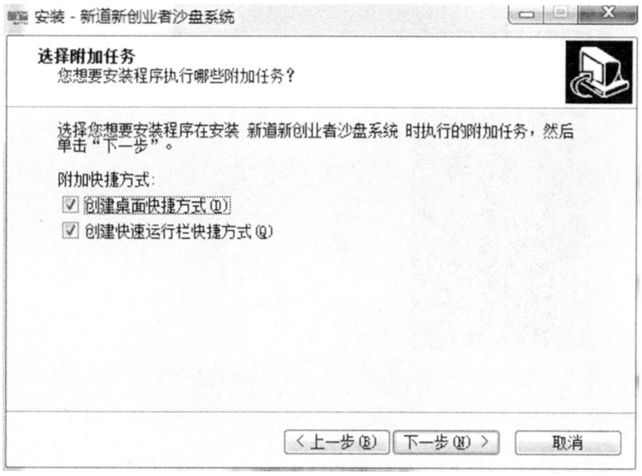


图6.5　步骤图5

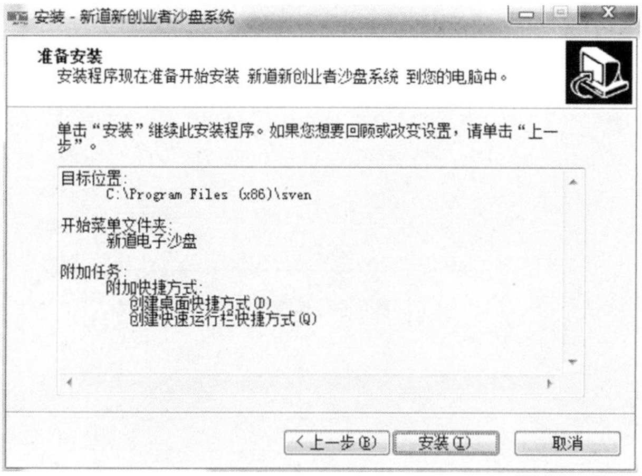


图6.6　步骤图6

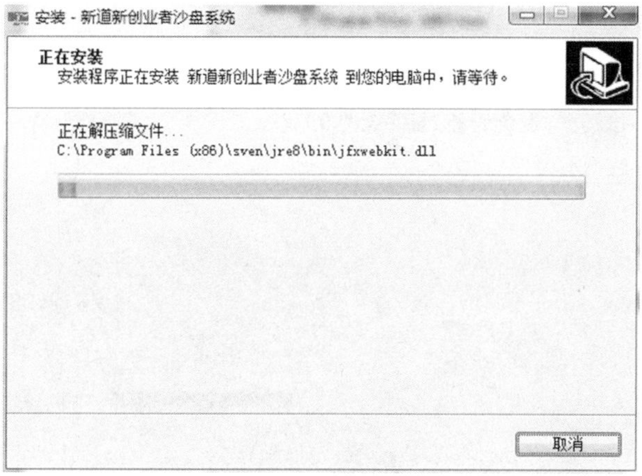


图6.7　步骤图7

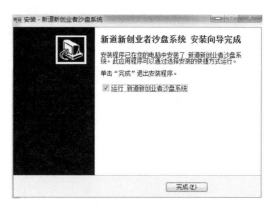

图6.8　步骤图8

图6.9　步骤图9

## 二、系统启动

安装完成后，在桌面上会显示出运行程序的快捷方式。

在插入加密锁并保证当前网络环境可连接外网的情况下点击快捷方式，弹出启动服务的对话框，如图6.10所示。

图6.10　系统启动对话框

## （一）导入规则方案与导入订单方案

导入方案功能需在启动系统服务后才能使用。

系统中已默认导入了部分订单方案和规则方案，系统默认有 3 套规则方案以及配套的订单方案，如果需要新的方案，请点击"导入规则方案""导入订单方案"按钮进行操作，如图 6.11 所示。界面会弹出选择文件的窗口，如果窗口看不到方案文件，请把文件类型选成所有文件，如图 6.12 所示，就会显示出来。

图6.11　导入方案界面截图

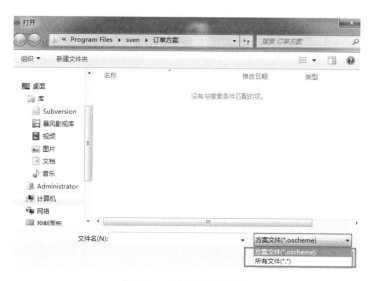

图6.12　导入方案文件窗口

点击"导出规则方案""导出订单方案"按钮，如图 6.13 所示，可以将产品系统中已有方案导出，帮助教师在丢失了方案原稿的情况下及时找回并保存。

图6.13　导出方案界面截图

## （二）端口设置

为了和运行环境中已有系统端口不发生冲突，系统提供端口设置功能，一般选择默认端口即可，如图6.14所示。

图6.14　端口设置对话框

## （三）启动系统

点击"启动系统"，会弹出对话框"自动运行服务"，在显示出数据库已经启动好的信息后，如"信息：Server startup in 13453 ms"。

就可以在浏览器中输入 IP+端口，如127.0.0.1:8081，运行即可。浏览器版本需为 IE 8以上，如果用360浏览器，则需要选择极速模式，兼容模式一般不符合要求。

## （四）系统初始化

在启动服务后才可操作系统初始化按钮，此功能是清除系统中的规则方案和订单方案，保证系统数据库干净。

## （五）用户登录

在浏览器中正确访问产品地址后，在如图6.15所示用户登录界面中，"用户名"处输

图6.15　用户登录界面

入管理员账号"admin",初始密码"1",点击"用户登录",即可开始操作。管理员端创建教学班时也需要保证加密锁插入的状态。如果不能登录,可能原因是当前网络环境没有连接外网,获取不到管理员登录的许可,请联网后再试。

# 任务二 系统操作

## 一、系统管理员端

在用户登录页面输入用户名、密码,点击"用户登录"。用户名为"admin",初始密码为"1"。

登录后显示管理员端功能菜单包括"创建教学班""教师管理""权限管理""数据备份",如图6.16所示。

图6.16 管理员端功能菜单

### (一)创建教学班

"创建教学班"功能支持多班教学,共用一台服务器,并且可以控制教学班的开课状态——关闭或删除。关闭的教学班后教师仍可以查看历史数据,为院校教学统一管理提供便利。

创建教学班时要保证成功插入并安装了加密锁。

在管理员端点击"创建教学班"图标,弹出显示框,如图6.17所示。在"请输入教学班名称"后的编辑框内输入教学班名称,点击"创建"。

弹出提示框后,教学班创建成功。

建成后的教学班有四种状态,分别如下。

(1)"未初始化",表示教学班建成后还未使用,点击"关闭"将其变为"已关闭"状态,教学班无法再使用。

图6.17 创建教学班界面

（2）"正在进行"，表示教学班正在使用中，点击"暂停"变为"已暂停"状态。处于"暂停"状态的教学班，在学生端不能使用，点击"关闭"变为"已关闭"状态。

（3）"已暂停"，表示已在使用的教学班本次课程未完成，下次课程时间再次使用，点击"恢复"变为"正在进行"状态，学生端就可以继续使用了，点击"关闭"变为"已关闭"状态 。

（4）"已结束"，此状态表示教学班已经完成教学计划，且已经处于"关闭"状态，在此点击"删除"后，可以将教学班的所有信息完全清除。

（二）教师管理

"老师管理"功能支持创建多个教师，支持多个教师管理多个教学班的多对多的管理模式。

管理员端点击"老师管理"图标，弹出显示框，如图6.18所示。

图6.18 老师管理界面

将鼠标移动到角色"系统管理员"前面的编辑框，输入新密码，然后点击"修改密码"，密码就修改成功了。

将鼠标分别移动到上方的"用户名""密码"后的编辑框内，输入新增的用户名和密码，点击"添加用户"，添加教师成功。

（三）权限管理

管理员端点击"权限管理"菜单，弹出显示框。选择"教师""教学班"，点击"确定"，显示框下方就出现该老师负责的教学班名称列表，如图6.19所示。

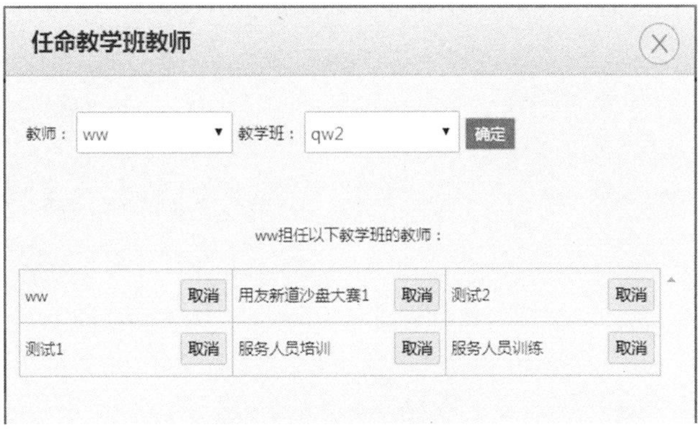

图6.19　权限管理界面

"权限管理"用于关联教师和教学班，一个教师可以关联多个教学班，也可以点击"取消"撤销关联。

（四）数据备份

"数据备份"用于多个教学班一次性备份，利于保存同期开课的教学班信息。

管理员端点击"数据备份"菜单，弹出显示框。"数据文件备份"后有默认的文件名，可以点击进行编辑。点击备份文件，新文件在"手动备份还原"下方显示，如图6.20所示。

图6.20　数据备份界面

点击"项目反选"可以选择或取消全部文件。勾选某一个文件，点击"删除文件"，该文件被删除。点击"文件还原"可以还原该备份文件。

## 二、教师端

（一）初始化设置

初始化设置用于每个教学班的规则初始化，灵活选择实训规则和市场订单。

在教师端点击"用户登录"后，进入初始化设置界面，如图6.21所示。未初始化的教学班状态不同，且操作栏有"教学班初始化"按钮。点击这个按钮，弹出参数显示框。

图6.21 初始化设置界面

在客户端也可以通过"订单上传""规则上传"功能上传订单、规则到服务器。

在编辑框内编辑"用户名前缀""队数"等信息，选择"订单方案""规则方案"，设置参数表中各信息，点击"确定"，如图6.22所示，弹出提示框，初始化成功。

图6.22 教学班初始化界面

选择要管理的教学班，点击教学班名称，可以进入教学班，如图6.23所示。订单规则可以通过点击"预览"按钮来预览。

图6.23 选择教学班界面

显示教师端主页面，如图6.24所示。

图6.24　教师端主页面

## （二）查询每组经营信息

点击主页面上方学生组号，如a1001。主页面中间区域显示该组各项经营信息，包括公司资料、库存采购信息、研发认证信息、财务信息、厂房信息、生产信息等，如图6.25所示。

图6.25　学生组经营信息界面

### 1. 公司资料

点击学生组号后，默认显示公司资料页签，如图6.26所示。

图6.26　默认显示界面

（1）还原本年。

点击公司资料下"还原本年"按钮，弹出提示框，如图6.27所示，点击"确定"，会将该学生组的经营信息回退到当年年初重新开始经营。

图6.27　是否还原本年提示框

（2）还原本季。

点击公司资料下"还原本季"按钮，弹出提示框，如图6.28所示，点击"确定"，会将该学生组的经营信息回退到当季季初重新开始经营。

图6.28　是否还原本季提示框

（3）修改密码。

点击公司资料下"修改密码"按钮，弹出提示框，如图6.29所示，在"新密码"后面的编辑框内输入修改后的密码，点击"确认"，即完成修改。

图6.29　修改密码提示框

（4）追加资本。

点击公司资料下"追加资本"按钮，弹出提示框，如图6.30所示，在"注入金额"后编辑框内输入要增加的金额数字，选择"注资类别"为"特别贷款"或"股东注资"，点击"确认"，即完成用户融资。

项目六 创业者电子沙盘系统——教师端

图6.30 用户融资提示框

（5）修改状态。

点击公司资料下"修改状态"，弹出提示框，如图6.31所示，显示该用户的当前经营状态，点击"拟修改状态"后面的下拉框，选择"未运营""正在运营"或"破产"，点击"确认"，即完成用户经营状态修改。

图6.31 修改状态提示框

（6）综合财务。

点击公司资料下"综合财务"，弹出显示框，如图6.32所示，可以查阅该学生组当年经营的综合财务信息项。

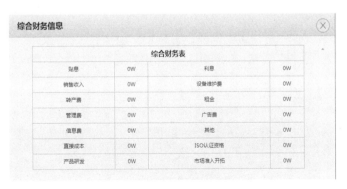

图6.32 综合财务信息显示框

（7）综合费用。

点击公司资料下"综合费用表"，弹出显示框，如图6.33所示，可以显示查阅该学生组每年经营的综合费用表。

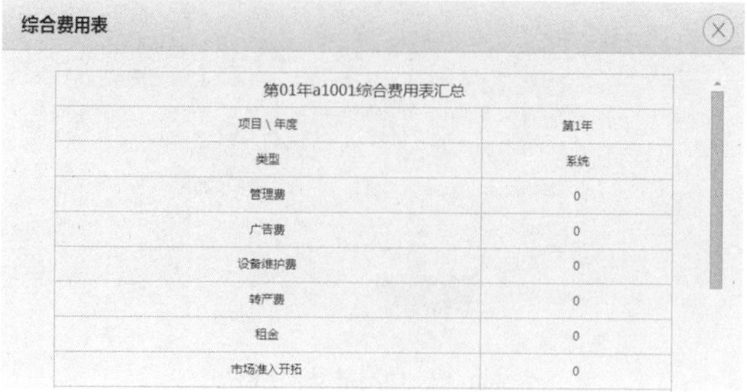

综合费用表

| 第01年a1001综合费用表汇总 | |
|---|---|
| 项目 \ 年度 | 第1年 |
| 类型 | 系统 |
| 管理费 | 0 |
| 广告费 | 0 |
| 设备维护费 | 0 |
| 转产费 | 0 |
| 租金 | 0 |
| 市场准入开拓 | 0 |

图6.33　综合费用表显示框

（8）利润表。

点击公司资料下“利润表”，弹出显示框，如图 6.34 所示，可以查阅该学生组每年经营的利润表。

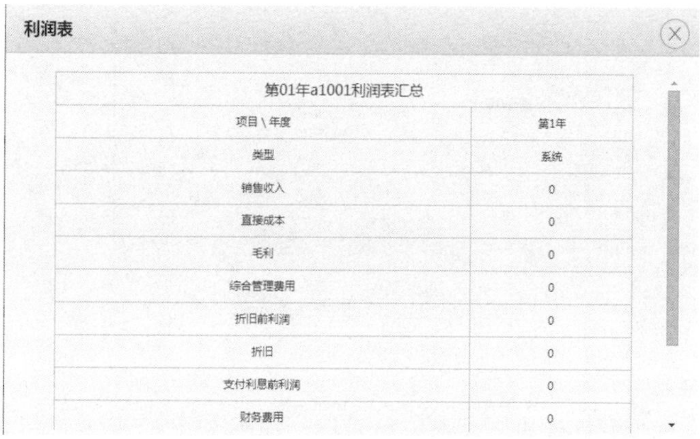

利润表

| 第01年a1001利润表汇总 | |
|---|---|
| 项目 \ 年度 | 第1年 |
| 类型 | 系统 |
| 销售收入 | 0 |
| 直接成本 | 0 |
| 毛利 | 0 |
| 综合管理费用 | 0 |
| 折旧前利润 | 0 |
| 折旧 | 0 |
| 支付利息前利润 | 0 |
| 财务费用 | 0 |

图6.34　利润表显示框

（9）资产负债表。

点击公司资料下“资产负债表”，弹出显示框，如图 6.35 所示，可以查阅该学生组每年经营的资产负债表。

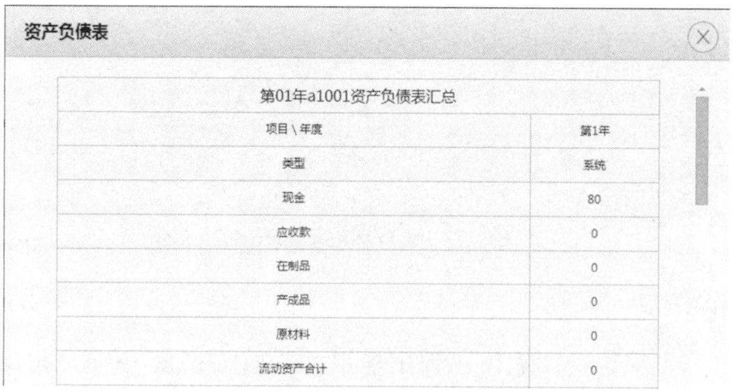

资产负债表

| 第01年a1001资产负债表汇总 | |
|---|---|
| 项目 \ 年度 | 第1年 |
| 类型 | 系统 |
| 现金 | 80 |
| 应收款 | 0 |
| 在制品 | 0 |
| 产成品 | 0 |
| 原材料 | 0 |
| 流动资产合计 | 0 |

图6.35　资产负债表显示框

（10）现金流量表。

点击公司资料下“现金流量表”，弹出显示框，如图 6.36 所示，可以查阅该学生组每年经营的现金流量表。

**用户现金流量表**

a801现金流量表

| ID | 动作 | 资金 | 剩余 | 时间 | 备注 |
|---|---|---|---|---|---|
| 1 | 紧急采购 | -9W | 7376W | 第2年第4季 | 紧急采购支付 |
| 2 | 初始化资本金 | 8000W | 8000W | 第1年第1季 | |
| 3 | 长贷 | 14W | 8014W | 第1年第1季 | 长贷 |
| 4 | 长贷 | 14W | 8028W | 第1年第1季 | 长贷 |
| 5 | 厂房购买 | -30W | 7998W | 第1年第1季 | 花费30W购买大厂房(6919) |
| 6 | 厂房租用 | -4W | 7994W | 第1年第1季 | 花费4W租用大厂房(6925) |
| 7 | 厂房购买 | -30W | 7964W | 第1年第1季 | 花费30W购买大厂房(6932) |
| 8 | 新建生产线 | -5W | 7959W | 第1年第1季 | 新建自动线(6956),花费5W |
| 9 | 新建生产线 | -5W | 7954W | 第1年第1季 | 新建自动线(6961),花费5W |
| 10 | 新建生产线 | -5W | 7949W | 第1年第1季 | 新建自动线(6965),花费5W |

图6.36　用户现金流量表显示框

（11）订单列表。

点击公司资料下“订单列表”，弹出显示框，如图 6.37 所示，可以查阅该学生组每年的市场订单，以及订单的完成状态和完成时间。

**订单列表**

a801订单列表

| 订单编号 | 市场 | 产品 | 数量 | 总价 | 状态 | 得单年份 | 交货期 | 帐期 | ISO | 交货时间 |
|---|---|---|---|---|---|---|---|---|---|---|
| 8-0024 | 本地 | P2 | 4 | 26W | 已交货 | 第2年 | 4季 | 1季 | - | 第2年第4季 |
| 8-0031 | 本地 | P3 | 2 | 20W | 已交货 | 第2年 | 4季 | 2季 | - | 第2年第4季 |
| 8-0025 | 本地 | P2 | 3 | 19W | 已交货 | 第2年 | 4季 | 2季 | - | 第2年第4季 |
| 8-0038 | 本地 | P4 | 1 | 13W | 已交货 | 第2年 | 4季 | 2季 | - | 第2年第4季 |
| 8-0032 | 本地 | P3 | 2 | 20W | 已交货 | 第2年 | 4季 | 2季 | - | 第2年第4季 |
| 8-0074 | 区域 | P4 | 2 | 22W | 已交货 | 第2年 | 4季 | 3季 | - | 第2年第4季 |
| 8-0065 | 区域 | P3 | 3 | 27W | 已交货 | 第2年 | 4季 | 3季 | - | 第2年第4季 |

图6.37　订单列表显示框

（12）导出 excel。

点击公司资料下“导出 excel”，弹出下载显示框，用于将该学生组的各项经营信息导出成 excel 格式查阅保存，默认文件名为“组号 + 时间”，如图 6.38 所示。

导出后，点开可查询各项经营表格，如图 6.39 所示。

图6.38 信息导出显示框

| | 年度 | 第1年 | 第1年 | 第2年 | 第2年 | 第3年 | 第3年 | 第4年 | 第4年 |
|---|---|---|---|---|---|---|---|---|---|
| 综合费用表 | 类型 | 系统 | 用户 | 系统 | 用户 | 系统 | 用户 | 系统 | 用户 |
| | 管理费 | 4 | 4 | 4 | 4 | 4 | 0 | 4 | 0 |
| | 广告费 | 0 | 0 | 18 | 18 | 27 | 0 | 99 | 0 |
| | 设备维护费 | 18 | 18 | 22 | 22 | 24 | 0 | 24 | 0 |
| | 转产费 | 0 | 0 | 2 | 2 | 0 | 0 | 0 | 0 |
| | 租金 | 4 | 4 | 4 | 4 | 4 | 0 | 4 | 0 |
| | 市场准入开拓 | 5 | 5 | 3 | 3 | 2 | 0 | 0 | 0 |
| | 产品研发 | 13 | 13 | 1 | 1 | 0 | 0 | 0 | 0 |
| | ISO认证资格 | 3 | 3 | 3 | 3 | 0 | 0 | 0 | 0 |
| | 信息费 | 0 | 0 | 9 | 22 | 4 | 0 | 73 | 0 |
| | 其他 | | | | | | | | |
| | 合计 | 47 | 47 | 66 | 79 | 65 | 0 | 204 | 0 |
| 利润表 | 年度 | 第1年 | | | | | | | |
| | 类型 | 系统 | | | | | | | |
| | 销售收入 | 0 | | | | | | | |
| | 直接成本 | 0 | | | | | | | |
| | 毛利 | 0 | | | | | | | |
| | 综合管理费用 | 47 | | | | | | | |
| | 折旧前利润 | -47 | | | | | | | |
| | 折旧 | 0 | | | | | | | |
| | 支付利息前利润 | -47 | | | | | | | |
| | 财务费用 | 0 | | | | | | | |
| | 税前利润 | -47 | | | | | | | |
| | 所得税 | 0 | | | | | | | |
| | 净利润 | -47 | | | | | | | |

图6.39 excel经营信息表

2. 库存采购信息

点击学生组号下的"库存采购信息"页签,显示该学生组的原料订购、原料库存、产品库存信息,如图 6.40 所示。

| 原料订购 | | | | 原料库存 | | | 产品库存 | | |
|---|---|---|---|---|---|---|---|---|---|
| 名称 | 数量 | 剩余时间 | 订购时间 | 名称 | 数量 | 购买价格 | 名称 | 数量 | 直接成本 |
| 无经营数据 | | | | R4 | 4 | 1W | P3 | 7 | 4W |
| | | | | R2 | 27 | 1W | P2 | 2 | 3W |
| | | | | R3 | 11 | 1W | P4 | 10 | 5W |
| | | | | R1 | 34 | 1W | | | |

图6.40 库存采购信息界面

## 3. 研发认证信息

点击学生组号下的"研发认证信息"页签，显示该学生组的市场开拓、产品研发、ISO认证信息，如图6.41所示。

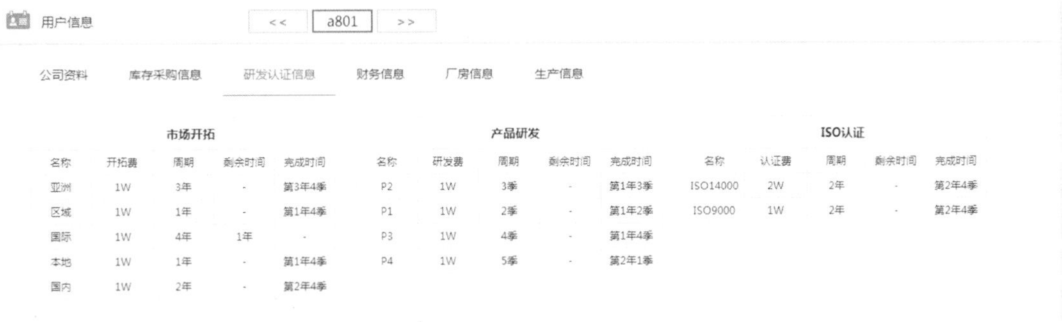

图6.41 研发认证信息界面

## 4. 财务信息

点击学生组号下的"财务信息"页签，显示该学生组的应收款、长期贷款、短期贷款、特别贷款信息，如图6.42所示。

图6.42 财务信息界面

## 5. 厂房信息

点击学生组号下的"厂房信息"页签，显示该学生组的厂房信息，如图6.43所示。

图6.43 厂房信息界面

## 6. 生产信息

点击学生组号下的"生产信息"页签，显示该学生组的生产线信息，如图6.44所示。

图6.44 生产信息界面

### (三)选单管理

点击主页面下方的菜单"选单管理"。管理每组学生选取市场订单的过程。当所有学生组未投放广告时,以及结束订货会时,页面提示框显示订货会已结束或未有投广告用户,如图6.45所示。

图6.45 订货会已结束或未有投广告用户提示

当教学班里有部分学生组完成广告投放时,页面显示每组投放广告时间,如图6.46所示。

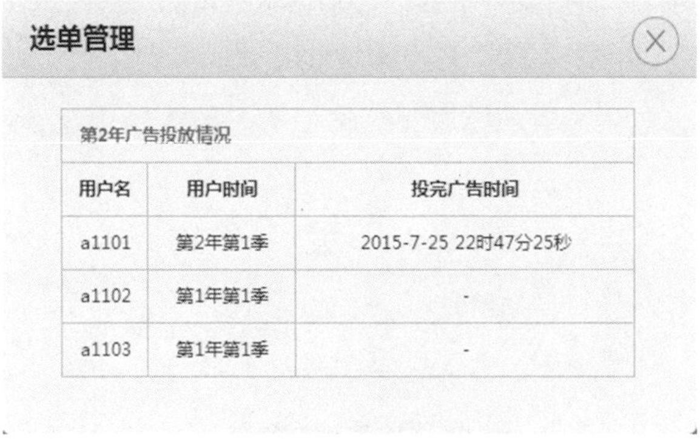

图6.46 广告投放时间提示

当教学班里所有学生组完成广告投放时,弹出框显示准备开始选单页面,如图6.47所示。

点击"开始选单",弹出提示框,订货会正式开始,如图6.48所示。

图6.47 开始选单页面

图6.48 订货会正式开始提示框

点击"确定",跳转到订货会选单管理页面,如图6.49所示。

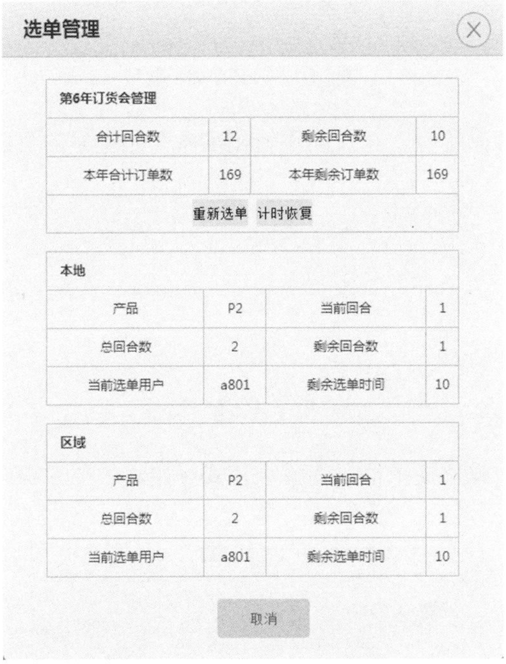

图6.49 订货会选单管理页面

页面对话框中显示选单过程记录,包括选单时间、剩余回合、剩余单数等信息。

点击"重新选单",订货会重新开始。点击"计时暂停"/"计时恢复",可以操作是否暂停订货会选单。

当选单全部结束后,页面弹出提示框,本年订货会结束,如图6.50所示。

图6.50　订货会结束提示框

## （四）竞单管理

点击主页面下方的菜单"竞单管理"。

当该经营年没有竞单会，会弹出提示框，如图 6.51 所示。

图6.51　无竞单提示框

当进行到设有竞单会的年份时，页面跳转到准备开始竞单的页面，如图 6.52 所示。

图6.52　开始竞单页面

点击"开始竞单"，弹出提示框，竞单会正式开始，如图 6.53 所示。

图6.53　竞单会正式开始提示框

点击"确定"，页面跳转到竞单会管理页面。点击"重新竞单"，竞单会重新开始。点击"计时恢复"/"暂停"会暂停竞单过程，如图 6.54 所示。

竞单结束时会弹出提示框，提示竞单会已结束，如图 6.55 所示。

图6.54 竞单会管理页面

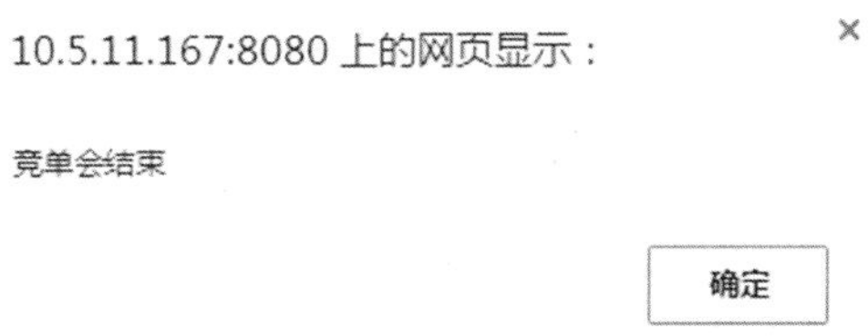

图6.55 竞单会结束提示框

（五）组间交易

点击主页面下方的菜单"组间交易"，弹出显示框，如图6.56所示。点击"选择出货方"和"选择进货方"的下拉框，选择买卖的双方组号，选择要交易的产品，在下方编辑框内输入交易数量以及交易总价，点击"确认"交易，即完成了此次组间交易。组间交易必须在两

图6.56 组间交易显示框

个学生组经营到某一共同系统时间点时才能操作。

### （六）排行榜单

点击主页面下方"排行榜单"菜单，弹出显示框，如图6.57所示。在"当前修正"后的编辑框输入老师的加分或减分，点击"确定"保存修正分。此功能用来查询学生组经营的最后成绩排名。

图6.57　排行榜单显示框

### （七）公共信息

点击主页面下方"公共信息"菜单，弹出显示框，如图6.58所示。在"年份"后的下拉框里选择要查询的年份，点击"确认信息"。

图6.58　公共信息显示框

点击"确认信息"后，页面跳转到每组的经营结果信息，如图6.59所示。

在显示框中央，显示各组的本年经营利润以及权益列表。在下方显示本年的销售额市场冠军。

点击"综合费用表"，页面跳转显示各组的综合费用对比表，如图6.60所示。

点击"利润表"，页面跳转显示各组的利润对比表，如图6.61所示。

点击"资产负债表"，页面跳转显示各组的资产负债对比表，如图6.62所示。

图6.59 每组经营结果信息显示框

图6.60 综合费用表显示框

图6.61 利润表显示框

**资产负债表**

| 资产负债表 | | | |
|---|---|---|---|
| 项目／用户 | a1101 | a1102 | a1103 |
| 现金 | 68 | 80 | 80 |
| 应收款 | 0 | 0 | 0 |
| 在制品 | 0 | 0 | 0 |
| 产成品 | 0 | 0 | 0 |
| 原材料 | 0 | 0 | 0 |
| 流动资产合计 | 68 | 0 | 0 |
| 土地和建筑 | 0 | 0 | 0 |
| 机器与设备 | 0 | 0 | 0 |

图6.62　资产负债表显示框

点击“下一年广告投放”，显示下一年初各组的广告投资额。该统计数据分别以不同组投放广告和不同市场各组投放广告对比的方式展现，可供选择。如图 6.63 和图 6.64 两种格式所示。

格式 1

**第2年初广告投放情况**

格式一　格式二

| 第2年初a1101广告投放情况 | | | | | |
|---|---|---|---|---|---|
| 产品名称 | 本地 | 区域 | 国内 | 亚洲 | 国际 |
| P1 | 0 | 0 | 0 | 0 | 0 |
| P2 | 5 | 5 | 0 | 0 | 0 |
| P3 | 0 | 0 | 0 | 0 | 0 |
| P4 | 0 | 0 | 0 | 0 | 0 |

| 第2年初a1102广告投放情况 | | | | | |
|---|---|---|---|---|---|
| 产品名称 | 本地 | 区域 | 国内 | 亚洲 | 国际 |
| P1 | - | - | - | - | - |
| P2 | - | - | - | - | - |
| P3 | - | - | - | - | - |
| P4 | - | - | - | - | - |

图6.63　不同组广告投放对比

格式 2

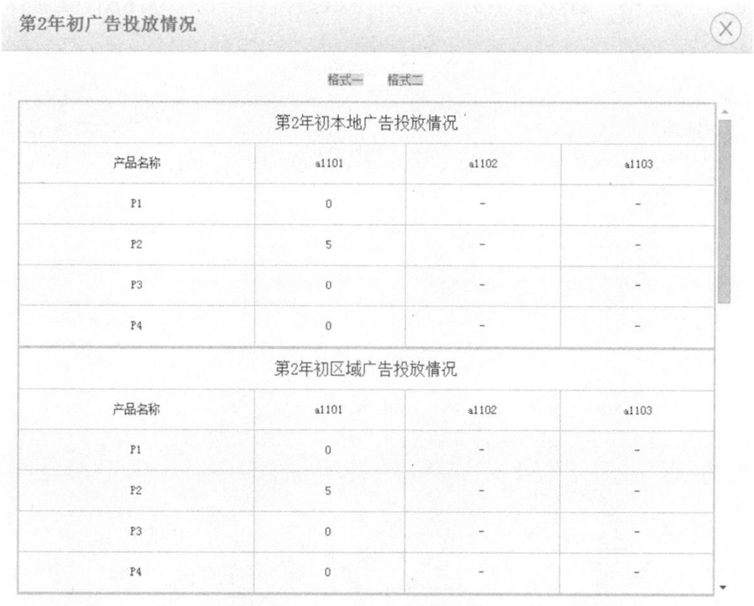


| 第2年初本地广告投放情况 | | | |
|---|---|---|---|
| 产品名称 | a1101 | a1102 | a1103 |
| P1 | 0 | - | - |
| P2 | 5 | - | - |
| P3 | 0 | - | - |
| P4 | 0 | - | - |

| 第2年初区域广告投放情况 | | | |
|---|---|---|---|
| 产品名称 | a1101 | a1102 | a1103 |
| P1 | 0 | - | - |
| P2 | 5 | - | - |
| P3 | 0 | - | - |
| P4 | 0 | - | - |

图6.64　不同市场广告投放对比

点击“导出 excel”，可以将各组的对比信息以 excel 的形式下载保存查阅，如图 6.65 所示。

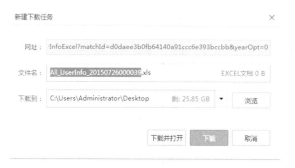

图6.65　下载和保存excel格式对比信息

导出 excel 表后，打开表格可查阅广告投放信息，如图 6.66 所示。

| a1101广告投放情况 | | | | | |
|---|---|---|---|---|---|
| 产品 | 本地 | 区域 | 国内 | 亚洲 | 国际 |
| P1 | 0 | 0 | 0 | 0 | 0 |
| P2 | 5 | 5 | 0 | 0 | 0 |
| P3 | 0 | 0 | 0 | 0 | 0 |
| P4 | 0 | 0 | 0 | 0 | 0 |



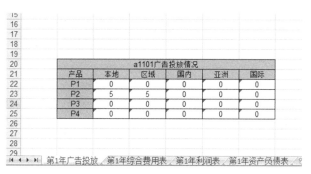

图6.66　excel广告投放对比表

## （八）订单详情

点击主页面下方菜单“订单详情”，页面显示该教学班所有年份的市场订单明细，如图 6. 67 所示。

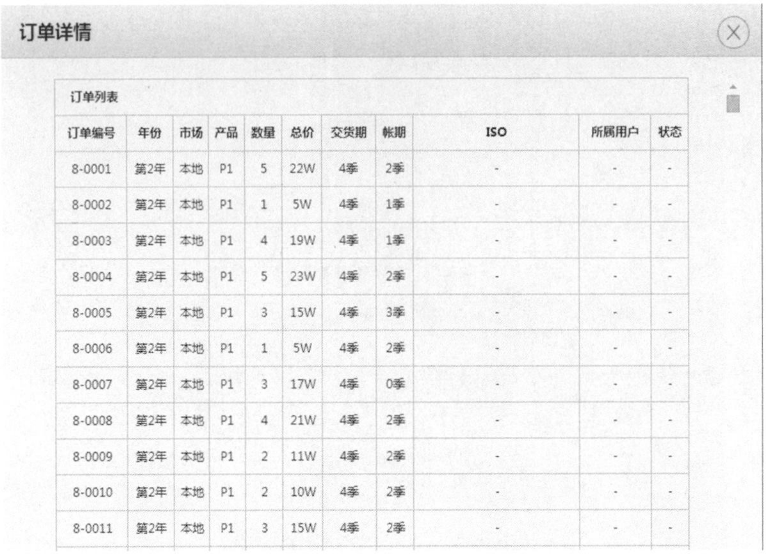

订单详情

订单列表

| 订单编号 | 年份 | 市场 | 产品 | 数量 | 总价 | 交货期 | 帐期 | ISO | 所属用户 | 状态 |
|---|---|---|---|---|---|---|---|---|---|---|
| 8-0001 | 第2年 | 本地 | P1 | 5 | 22W | 4季 | 2季 | - | - | - |
| 8-0002 | 第2年 | 本地 | P1 | 1 | 5W | 4季 | 1季 | - | - | - |
| 8-0003 | 第2年 | 本地 | P1 | 4 | 19W | 4季 | 1季 | - | - | - |
| 8-0004 | 第2年 | 本地 | P1 | 5 | 23W | 4季 | 2季 | - | - | - |
| 8-0005 | 第2年 | 本地 | P1 | 3 | 15W | 4季 | 3季 | - | - | - |
| 8-0006 | 第2年 | 本地 | P1 | 1 | 5W | 4季 | 2季 | - | - | - |
| 8-0007 | 第2年 | 本地 | P1 | 3 | 17W | 4季 | 0季 | - | - | - |
| 8-0008 | 第2年 | 本地 | P1 | 4 | 21W | 4季 | 2季 | - | - | - |
| 8-0009 | 第2年 | 本地 | P1 | 2 | 11W | 4季 | 2季 | - | - | - |
| 8-0010 | 第2年 | 本地 | P1 | 2 | 10W | 4季 | 2季 | - | - | - |
| 8-0011 | 第2年 | 本地 | P1 | 3 | 15W | 4季 | 2季 | - | - | - |

图6.67　订单详情显示框

## （九）系统参数

点击主页面下方菜单“系统参数”，页面显示框显示该教学班初始化的参数设置，选择可修改的参数，在后面的下拉框或编辑框内修改，即可对经营参数进行修改。点击“确认”保存修改结果。其中，初始现金不可修改，如图 6. 68 所示。

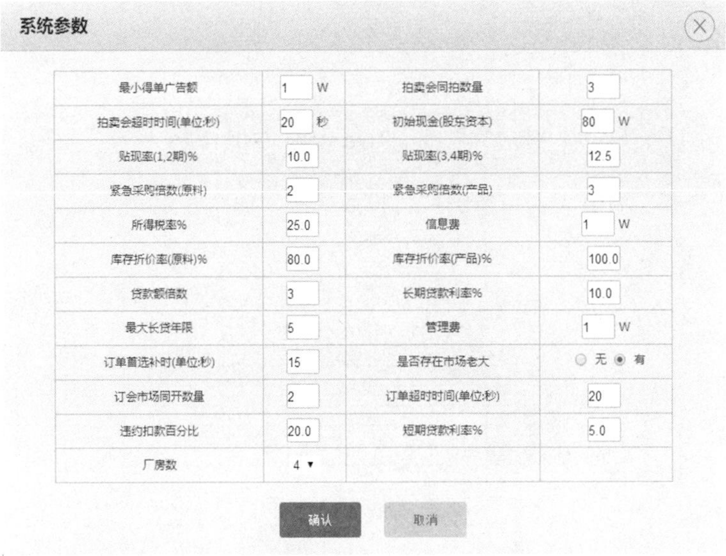

系统参数

| | | | |
|---|---|---|---|
| 最小得单广告额 | 1 W | 拍卖会同拍数量 | 3 |
| 拍卖会超时时间(单位:秒) | 20 秒 | 初始现金(股东资本) | 80 W |
| 贴现率(1,2期)% | 10.0 | 贴现率(3,4期)% | 12.5 |
| 紧急采购倍数(原料) | 2 | 紧急采购倍数(产品) | 3 |
| 所得税率% | 25.0 | 信息费 | 1 W |
| 库存折价率(原料)% | 80.0 | 库存折价率(产品)% | 100.0 |
| 贷款额倍数 | 3 | 长期贷款利率% | 10.0 |
| 最大长贷年限 | 5 | 管理费 | 1 W |
| 订单首选补时(单位:秒) | 15 | 是否存在市场老大 | ○ 无 ◉ 有 |
| 订会市场同开数量 | 2 | 订单超时时间(单位:秒) | 20 |
| 违约扣款百分比 | 20.0 | 短期贷款利率% | 5.0 |
| 厂房数 | 4 ▾ | | |

确认　取消

图6.68　系统参数修改

（十）一键导出

点击"一键导出"，即会将当前所有企业的资料打包，以excel形式导出。

（十一）公告信息

点击主页面右上方的菜单"公告信息"，显示聊天对话框，如图6.69所示。先选择发送消息的对象，某组或者全体，在编辑框内输入文字或表格，发送消息给学生端。当系统有默认设置的消息需要发布时，会直接在聊天框中弹出。

另外，为了方便教师在每年结束时发送报表等信息，也方便学生保存，在聊天对话框的教师端增加了"下发公告文件"的按钮，包括下发财务报表、应收款及贷款、广告投放信息等。该操作仅支持从当年结束到参加下一年订货会前的时段，其他时间教师下发公告，学生端无法收到。

图6.69　聊天对话框

注：下发公告可以下发"企业报表""广告投放""企业贷款和应收款""一键下载"（所有企业间谍信息）。

（十二）规则说明

点击主页面右上方的菜单"规则说明"，弹出显示框，如图6.70所示，可以查阅本场企业模拟经营的运营规则。该规则与初始化设置的系统参数一致，可根据参数设置不同而变动。

（十三）市场预测

点击主页面右上方的菜单"市场预测"，弹出显示框，如图6.71所示，可以查阅此次企业模拟经营的市场预测信息，包含每个市场的需求数量值和市场均价。

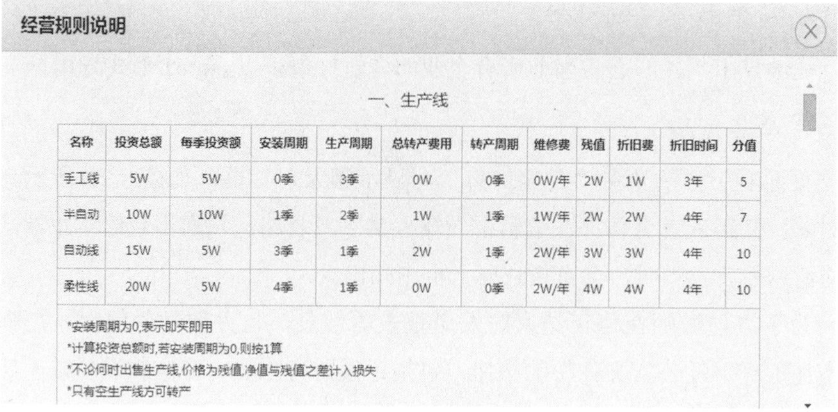

经营规则说明

一、生产线

| 名称 | 投资总额 | 每季投资额 | 安装周期 | 生产周期 | 总转产费用 | 转产周期 | 维修费 | 残值 | 折旧费 | 折旧时间 | 分值 |
|---|---|---|---|---|---|---|---|---|---|---|---|
| 手工线 | 5W | 5W | 0季 | 3季 | 0W | 0季 | 0W/年 | 2W | 1W | 3年 | 5 |
| 半自动 | 10W | 10W | 1季 | 2季 | 1W | 1季 | 1W/年 | 2W | 2W | 4年 | 7 |
| 自动线 | 15W | 5W | 3季 | 1季 | 2W | 1季 | 2W/年 | 3W | 3W | 4年 | 10 |
| 柔性线 | 20W | 5W | 4季 | 1季 | 0W | 0季 | 2W/年 | 4W | 4W | 4年 | 10 |

*安装周期为0,表示即买即用

*计算投资总额时,若安装周期为0,则按1算

*不论何时出售生产线,价格为残值,净值与残值之差计入损失

*只有空生产线方可转产

图6.70 经营规则说明显示框

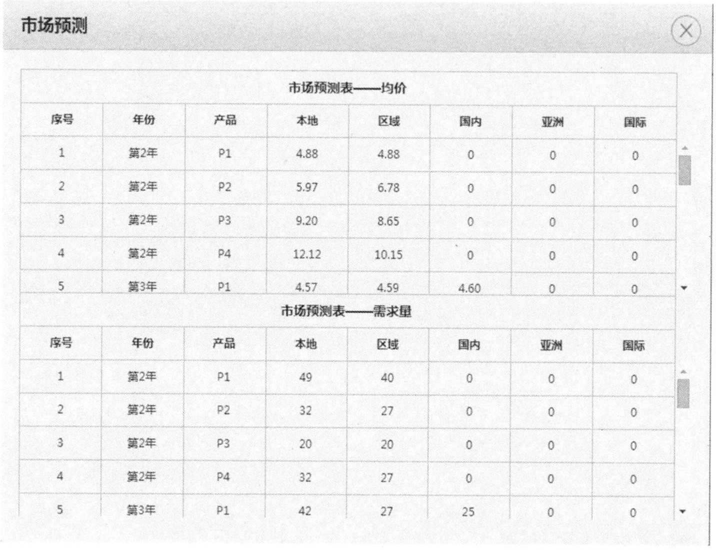

市场预测

市场预测表——均价

| 序号 | 年份 | 产品 | 本地 | 区域 | 国内 | 亚洲 | 国际 |
|---|---|---|---|---|---|---|---|
| 1 | 第2年 | P1 | 4.88 | 4.88 | 0 | 0 | 0 |
| 2 | 第2年 | P2 | 5.97 | 6.78 | 0 | 0 | 0 |
| 3 | 第2年 | P3 | 9.20 | 8.65 | 0 | 0 | 0 |
| 4 | 第2年 | P4 | 12.12 | 10.15 | 0 | 0 | 0 |
| 5 | 第3年 | P1 | 4.57 | 4.59 | 4.60 | 0 | 0 |

市场预测表——需求量

| 序号 | 年份 | 产品 | 本地 | 区域 | 国内 | 亚洲 | 国际 |
|---|---|---|---|---|---|---|---|
| 1 | 第2年 | P1 | 49 | 40 | 0 | 0 | 0 |
| 2 | 第2年 | P2 | 32 | 27 | 0 | 0 | 0 |
| 3 | 第2年 | P3 | 20 | 20 | 0 | 0 | 0 |
| 4 | 第2年 | P4 | 32 | 27 | 0 | 0 | 0 |
| 5 | 第3年 | P1 | 42 | 27 | 25 | 0 | 0 |

图6.71 市场预测显示框

# 任务三 方案制作工具操作说明

## 一、规则方案工具

从产品安装光盘中将“规则方案制作工具”及msvcr120.dll、SeenTao.dll、VMProtectSDK32.dll插件文件拷贝到准备安装的目录下，保证加密锁插入并正常运行，双击

"规则方案制作工具"。打开登录页面,如图 6.72 所示。点击"规则工具",跳转到操作页面,如图 6.73 所示。

图6.72　规则工具登录页面

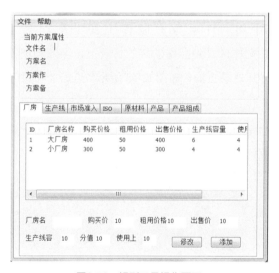

图6.73　规则工具操作页面

点击"文件—新建方案",弹出"创建新方案"对话框,可以在此编辑文件名称、方案名称、作者、备注等信息,如图 6.74 所示。

在操作页面上分别选择厂房、生产线、市场准入、ISO、原材料、产品、产品组成等页签进行规则编辑。例如,选择"厂房",可以进行如下编辑:①选中一条厂房数据,该厂房信息显示在下方,可以修改"购买价格""租用价格"等字段值,确认后点击"修改",上方页签内即更新数据信息。②若想再添加厂房种类,不选中任一条已有数据,直接编辑下方各项字段信息,但厂房名称不可以重复,完成后点击"添加",新数据建立。

图6.74 创建新方案对话框

各页签完成修订后,点击对话框左上角"文件—保存",弹出提示框提示"保存成功",且在安装目录下生成了一个文件夹"规则方案",即规则文件所在。其他页签的修改/添加方法类似。

## 二、订单方案工具

从产品安装光盘中将"订单方案制作工具"及msvcr120.dll、SeenTao.dll、VMProtectSDK32.dll插件文件拷贝到准备安装的目录下,保证加密锁插入并正常运行,双击"订单方案制作工具"。打开登录页面,如图6.75所示。点击"规则工具",跳转到操作页面,如图6.76所示。

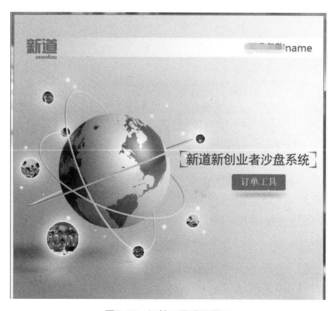

图6.75 订单工具登录页面

项目六　创业者电子沙盘系统——教师端

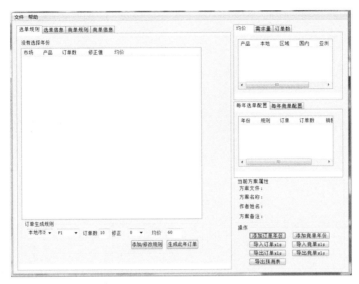

图6.76　订单工具操作页面

点击左上角"文件—新建",编辑文件名称、方案名称、作者、备注等信息。

(一)添加订单

点击右下角"添加订单年份",弹出年份选择框,如图6.77所示。

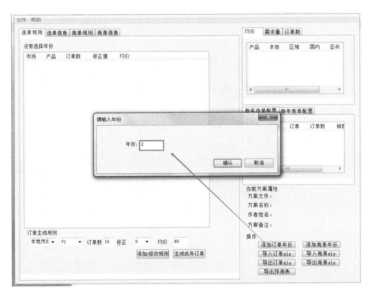

图6.77　订单年份选择

点击"确认"后,在订单工具操作页面右边"每年选单配置"就增加了该年的数据,选中该年数据,在操作页面左下方可以看到对于该年订单生成的规则字段。编辑字段信息,点击"添加/修改规则",该年的选单规则就产生了,如图6.78所示。

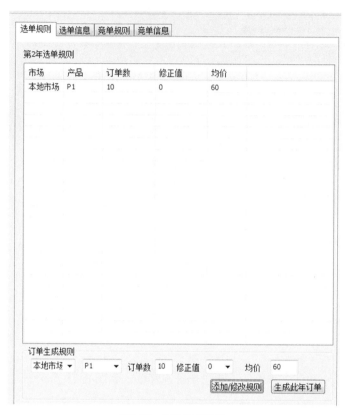

图6.78 产生选单规则

依此建立订单规则,点击生成的选单规则,页面右边弹出市场相关参数设置对话框,如图 6.79 所示。可以对订单的数量、交货期等字段做出相应的权重选择,同类权重相加为 100,这样解决了以往订单不合理、废单等情况。编辑后可以在下方选择应用范围,本市场或本规则等。

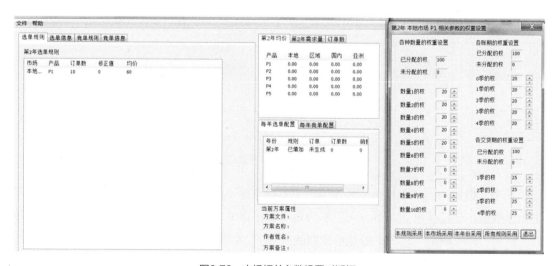

图6.79 市场相关参数设置对话框

当规则定义好后，点击操作页面下方的“生成此年订单”，自动跳转到第二个页签显示选单详细信息，如图 6.80 所示。

| 序号 | 订单号 | 市场 | 产品 | 数量 | 总价 | 账期 | 交货期 | ISO |
|---|---|---|---|---|---|---|---|---|
| 1 | S211_01 | 本地 | P1 | 5 | 283 | 1季 | 4季 | 无 |
| 2 | S211_02 | 本地 | P1 | 2 | 125 | 2季 | 4季 | 无 |
| 3 | S211_03 | 本地 | P1 | 3 | 181 | 0季 | 1季 | 无 |
| 4 | S211_04 | 本地 | P1 | 2 | 136 | 2季 | 2季 | 无 |
| 5 | S211_05 | 本地 | P1 | 1 | 51 | 3季 | 1季 | 无 |
| 6 | S211_06 | 本地 | P1 | 2 | 120 | 2季 | 2季 | 无 |
| 7 | S211_07 | 本地 | P1 | 3 | 195 | 2季 | 4季 | 无 |
| 8 | S211_08 | 本地 | P1 | 4 | 254 | 4季 | 4季 | 无 |
| 9 | S211_09 | 本地 | P1 | 4 | 229 | 1季 | 3季 | 无 |
| 10 | S211_10 | 本地 | P1 | 5 | 318 | 3季 | 2季 | 无 |

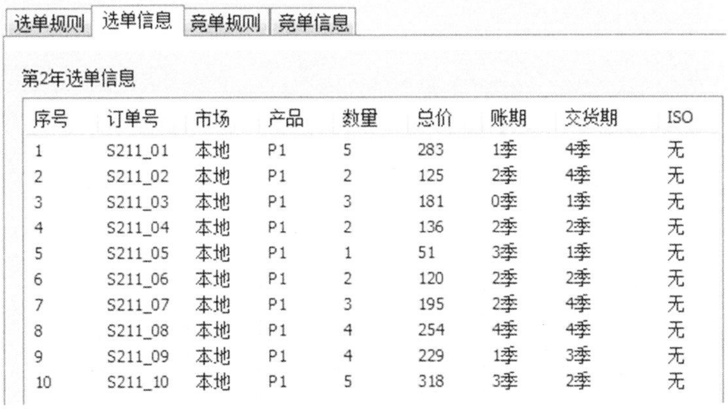

图6.80　详细选单信息

在操作页面的右上部分也可以看到根据这样的选择规则生成的市场预测。

### （二）添加竞单

点击右下角“添加竞单年份”，弹出年份选择框，如图 6.81 所示。

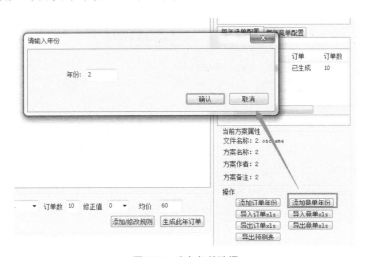

图6.81　竞争年份选择

点击“确认”后，操作页面右边“每年竞单配置”就增加了该年数据，选中该年数据，在操作页面左下方可以看到对于该年订单生成的规则字段。编辑字段信息，点击“添加 / 修改规则”，该年的竞单规则就产生了，如图 6.82 所示。

依此建立订单规则，点击生成的竞单规则，当规则定义好后，点击操作页面下方的“生成此年竞单”，自动跳转到第四个页签显示竞单详细信息，如图 6.83 所示。

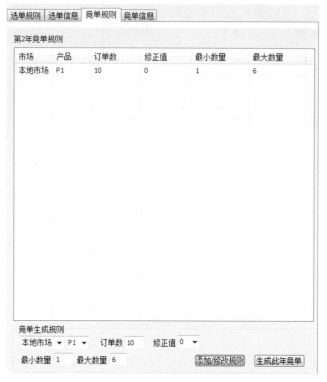

图6.82　产生竞单规则

| 序号 | 订单号 | 市场 | 产品 | 数量 | ISO |
|---|---|---|---|---|---|
| 1 | A211_01 | 本地 | P1 | 4 | 无 |
| 2 | A211_02 | 本地 | P1 | 1 | 无 |
| 3 | A211_03 | 本地 | P1 | 5 | 无 |
| 4 | A211_04 | 本地 | P1 | 4 | 无 |
| 5 | A211_05 | 本地 | P1 | 3 | 无 |
| 6 | A211_06 | 本地 | P1 | 4 | 无 |
| 7 | A211_07 | 本地 | P1 | 2 | 无 |
| 8 | A211_08 | 本地 | P1 | 4 | 无 |
| 9 | A211_09 | 本地 | P1 | 1 | 无 |
| 10 | A211_10 | 本地 | P1 | 4 | 无 |

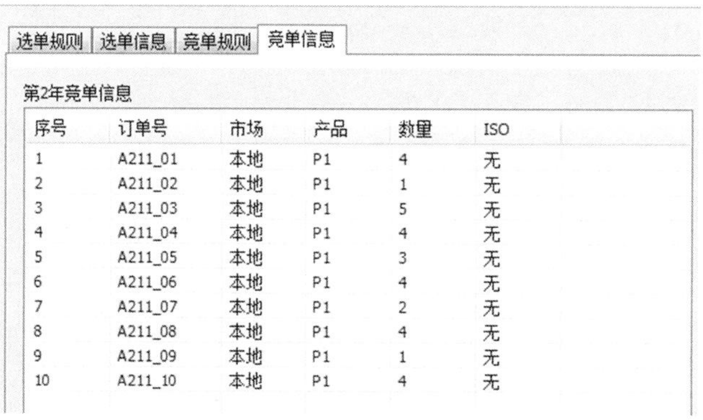

图6.83　详细竞单信息

在操作页面的右上部分也可以看到根据这样的选择规则生成的市场预测。

当选单和竞单方案制作完成后，点击操作页面左上角“文件—保存”，也可以选择右下角“导出方案”、“导出市场预测”等操作。

# 项目七　创业者电子沙盘系统——学生端

## 任务一　全年运营流程说明

### 一、年度运营总流程

新创业者模拟运营企业经营 6 个年度,每个年度分设 4 个季度运行。全年总体运营流程如图 7.1 所示。

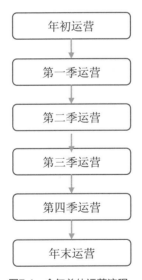

图7.1　全年总体运营流程

### 二、年初运营流程

年初企业运营过程包括年度规划、投放广告、支付广告费、支付所得税、参加订货会、长期贷款等。具体运营流程如图 7.2 所示。

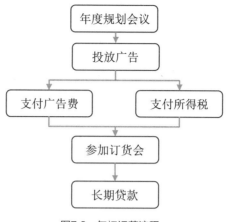

图7.2 年初运营流程

## 三、每季度内运营流程

每季度的运营流程如图 7.3 所示。

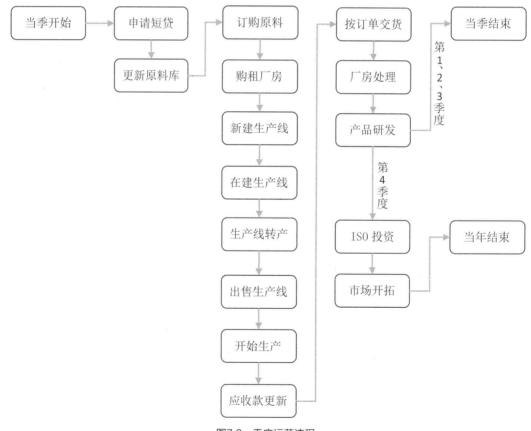

图7.3 季度运营流程

## 四、年末操作流程

年末运营操作主要包含填写报表和投放广告。填写报表主要包含三方面内容,如图7.4所示。

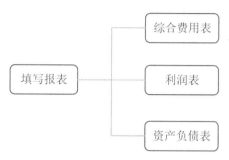

图7.4 填写报表的主要内容

## 五、流程外运营操作

除上述运营操作外,企业随时可进行以下运营操作,包括贴现、紧急采购、出售库存、厂房贴现、订单信息、间谍等。

(注:为保证企业按规则经营,系统限制了各组企业在参加竞单会过程中进行紧急采购和间谍操作。)

# 任务二 操 作 说 明

## 一、年初运营操作

### (一)年度规划会议

年度规划会议在每运营年度开始时召开,软件中无须操作。年度规划会议一般由团队的CEO主持召开,会同团队中的采购、生产、销售等部门负责人一起进行全年的市场预测分析、广告投放、订单选取、产能扩张、产能安排、材料订购、订单交货、产品研发、市场开拓、筹资管理和现金控制等方面的分析和决策规划,最终完成全年运营的财务预算。

### (二)支付广告费和支付所得税

点击"当年结束",系统时间切换到下一年年初,需要投放广告,确认投放后系统会自动扣除所投放的广告费和上年应交的所得税。

## （三）参加订货会

点击主页面下方操作区中菜单“参加订货会”，弹出“订货会就绪”对话框或“参加订货会”对话框，如图 7.5 和图 7.6 所示。当其他企业存在未完成广告投放操作时，当前组显示图 7.5，当所有企业均已经完成广告投放，且教师 / 裁判已经启动订货会时，系统会显示图 7.6。

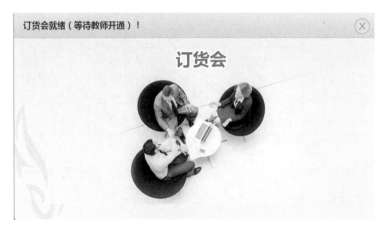

图7.5　订货会就绪

| ID | 用户 | 产品广告 | 市场广告 | 销售额 | 次数 |
|---|---|---|---|---|---|
| 1 | 101 | 15 | 15 | 0 | 8 |

| 编号 | 总价 | 单价 | 数量 | 交货期 | 账期 | ISO | 操作 |
|---|---|---|---|---|---|---|---|
| S211_01 | 21 | 5.25 | 4 | 4 | 2 | - | 选中 |
| S211_02 | 6 | 6.00 | 1 | 4 | 1 | - | 选中 |
| S211_03 | 19 | 4.75 | 4 | 4 | 0 | - | 选中 |
| S211_04 | 6 | 6.00 | 1 | 4 | 0 | - | 选中 |
| S211_05 | 10 | 5.00 | 2 | 4 | 2 | - | 选中 |
| S211_06 | 10 | 5.00 | 2 | 4 | 1 | - | 选中 |
| S211_07 | 15 | 5.00 | 3 | 4 | 0 | - | 选中 |
| S211_08 | 10 | 5.00 | 2 | 4 | 0 | - | 选中 |

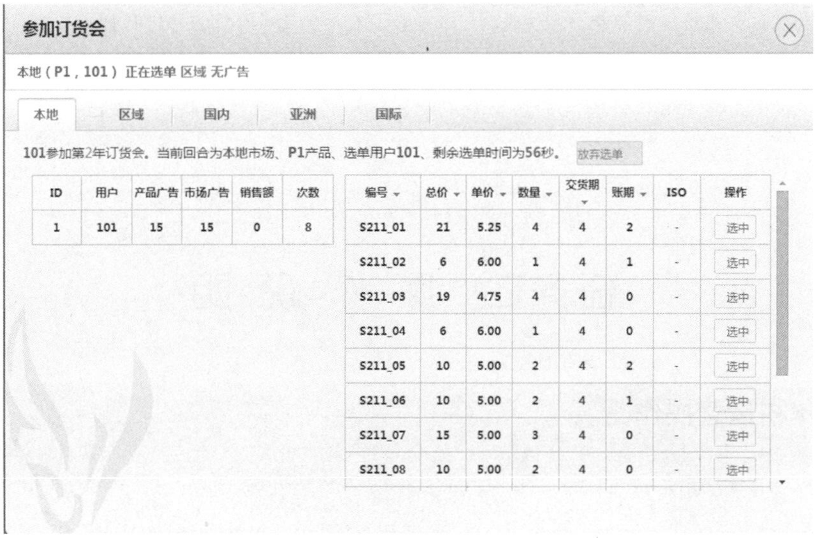

图7.6　参加订货会

说明：

当系统显示图 7.6 对话框时，系统会提示正在进行选单的市场（显示为红色）、选单用户和剩余选单时间，企业选单时特别要关注上述信息。

对话框左边显示某市场的选单顺序，右边显示该市场的订单列表。未轮到当前用户选单时，右边操作列无法点击。当轮到当前用户选单时，操作显示“选中”按钮，点击“选中”，成功选单。当选单倒计时结束后用户无法选单。

选单时要特别注意有两个市场在同时进行选单的情况，此时很容易漏选市场订单。

全部市场选单结束后，订货会结束。

（四）长期贷款

点击主页面下方操作区中菜单"申请长贷"，弹出"申请长贷"对话框，如图7.7所示。对话框中显示本企业当前时间可以贷款的最大额度，点击"需贷款年限"下拉框，选择贷款年限，在"需贷款额"录入框内输入贷款金额，点击"确认"，即申请长贷成功。

图7.7 申请长贷对话框

说明：

需贷款年限，系统预设有1年、2年、3年、4年和5年，最大贷款额度系统设定为上年末企业所有者权益的N倍，N具体为多少，由教师/裁判在参数设置中设定。需贷款额由企业在年度规划会议中根据企业运营规划确定，但不得超过最大贷款额度。长期贷款为分期付息，到期一次还本。年利率由教师/裁判在参数设置中设定。

例如，若长期贷款年利率设定为10%，贷款额度设定为上年末所有者权益的3倍，企业上年末所有者权益总额为80W，则本年度贷款上限为240W（=80W×3）。假定企业之前没有贷款，则本次贷款最大额度为本年度贷款上限，即为240W。若企业之前已经存在100W的贷款，则本次贷款最大额度为本年度贷款上限减去已贷金额，即为140W。若企业第1年初贷入了100W，期限5年，则系统会在第2、3、4、5、6年初每年自动扣除长贷利息10W（=100W×10%），并在第6年初自动偿还贷款本金100W。

## 二、每季度运营操作

（一）当季开始

点击"当季开始"按钮，系统会弹出"当季开始"对话框，如图7.8所示，该操作完成后才能进入季度内的各项操作。

图7.8 当季开始

说明:

当季开始操作时,系统会自动完成短期贷款的更新,偿还短期借款本息,检测更新生产/完工入库情况(若已完工,则完工产品会自动进入产品库,可通过查询库存信息了解入库情况),以及检测生产线完工/转产完工情况。

(二)申请短贷

点击主页面下方操作区中菜单"申请短贷",弹出"申请短贷"对话框,如图7.9所示。在"需贷款额"后输入金额,点击"确认"即短贷成功。

图7.9 申请短贷

说明:

短贷期限默认为1年,到期一次性还本付息,贷款年利率由教师/裁判在参数设置中设定,短贷申请时不得超过"申请短贷"对话框中的"最大贷款额度"。

例如,企业短期贷款年利率为5%,若企业在第1年第1季度贷入20W,那么企业需在第2年第1季度偿还该笔短贷的本金20W和利息1W(=20×5%)。

(三)更新原料库

点击主页面下方操作区中菜单"更新原料库",弹出"更新原料"对话框,如图7.10所示,提示当前应入库原料需支付的现金。确认金额无误后,点击"确认",系统扣除现金并增加原料库存。

图7.10　更新原料

说明：

企业经营沙盘模拟运营中，原材料一般分为R1、R2、R3、R4四种，它们的采购价由系统设定，一般每1个原材料价格均为1W。其中R1、R2原材料是在订购1个季度后支付，R3、R4原材料是在订购2个季度后支付。

例如，假定每种原材料每个采购价均为1W，若某企业在第1季度订购了R1、R2、R3、R4各1个，第2季度又订购了R1、R2、R3、R4各2个，则第2季度更新原料操作时，需支付的材料采购款为2W（即第1季度订购的R1和R2材料款），第3季度更新原料操作时，需支付的材料采购款为6W（即第1季度订购的R3、R4材料款和第2季度订购的R1、R2材料款）。分析过程如图7.11所示。

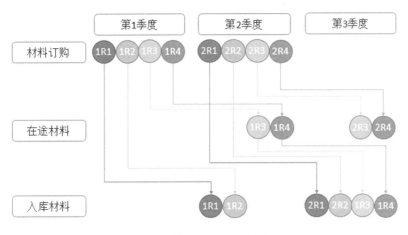

图7.11　更新原料库过程

（四）订购原料

点击主页面下方操作区中菜单"订购原料"，弹出"订购原料"对话框，如图7.12所示，显示原料名称、价格以及运货周期信息，在数量一列输入需订购的原料量值，点击"确认"即可。

图7.12 订购原料

说明：

企业原材料一般分为R1、R2、R3、R4四种，其中R1、R2原材料需提前1个季度订购，在1个季度后支付材料款并入库，R3、R4原材料需提前2个季度订购，在2个季度后支付材料款并入库。材料订购数量由后期生产需要来决定，订购多了会造成现金占用，订购少了则不能满足生产需要，会造成生产线停产，甚至不能按期完成产品交货，导致产品订单违约。

例如，若企业第2季度需要领用5R1、4R2，第3季度需要领用3R1、4R2、5R3、4R4，第4季度需要领用4R1、6R2、4R3、5R4，则企业第1季度需要订购的原材料为5R1,4R2,5R3,4R4，第2季度需订购的原材料为3R1、4R2、4R3、5R4。分析过程如图7.13所示。

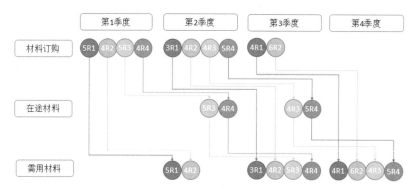

图7.13 订购原料过程

## （五）购租厂房

点击主页面下方操作区中菜单"购租厂房"，弹出"购租厂房"对话框，如图7.14所示，点击下拉框选择厂房类型，下拉框中提示每种厂房的购买价格、租用价格等。选择订购方式，"买"或"租"，点击"确认"即可。

图7.14 购租厂房

说明：

厂房类型根据需要选择大厂房或小厂房，订购方式可以根据需要选择买或租。厂房每季均可购入或租入。若选择购买，则需一次性支付购买价款，无后续费用；若选择租入，则需每年支付租金，租金支付时间为租入当时以及以后每年对应季度的季末。

例如，若企业在第1年第2季度选择购入1个大厂房，则系统会在购入时一次性扣除相应的购买款，以后不再产生相关扣款。若企业在第1年第2季度选择租入1个大厂房，则需在第1年第2季度租入时支付第1年租金，以后每年的租金由系统自动在第2季度季末支付。

（六）新建生产线

点击主页面下方操作区中菜单"新建生产线"，弹出"新建生产线"对话框，如图7.15所示。选择放置生产线的厂房，点击"类型"下拉框，选择要新建的生产线类型，下拉框中有生产线购买的价格信息，选择新建的生产线计划生产的产品类型，点击"确认"即可。新建多条生产线时，无须退出该界面，可重复操作。

图7.15 新建生产线

说明：

生产线一般包括手工线、半自动线、自动线和柔性线等，各种生产线的购买价格、折旧、残值、生产周期、转产周期、建造周期详见规则说明。

例如，若规则规定，手工线买价5W、建造期0Q，半自动线买价10W、建造期1Q，自动线买价15W、建造期3Q，柔性线买价20W、建造期4Q。企业如果在第1年第1季度同时建造上述生产线，则第1季度新建生产线时需支付25W（手工线5W、半自动线10W、自动线5W、柔性线5W），第2季度在建生产线时需支付10W（自动线5W、柔性线5W），第3季度在建生产线时需支付10W（自动线5W、柔性线5W），第4季度在建生产时需支付5W（柔性线5W）。建造过程如表7.1所示。

### 表7.1 生产线建造过程表

| 类 型 | 第1年1季 | 第1年2季 | 第1年3季 | 第1年4季 | 第2年1季 | 总投资额 |
| --- | --- | --- | --- | --- | --- | --- |
| 手工线 | 5W 建成 | | | | | 5W |
| 半自动线 | 10W 在建 | 建成 | | | | 10W |
| 自动线 | 5W 在建 | 5W 在建 | 5W 在建 | 建成 | | 15W |
| 柔性线 | 5W 在建 | 5W 在建 | 5W 在建 | 5W 在建 | 建成 | 20W |
| 当季投资总额 | 25W | 10W | 10W | 5W | | |

（七）在建生产线

点击主页面下方操作区中菜单"在建生产线"，弹出"在建生产线"对话框，如图7.16所示。对话框中显示需要继续投资建设的生产线的信息，勾选决定继续投资的生产线，点击"确认"即可。

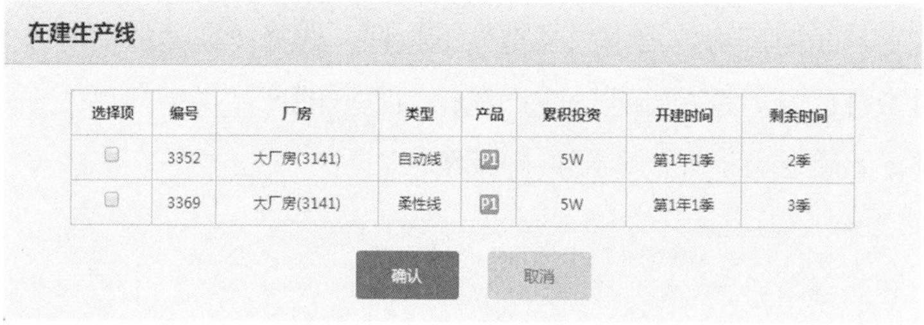

图7.16 在建生产线

说明：

只有处在建造期的生产线才会在此对话框中显示。该对话框中会提供处于建造期间的生产线的累计投资额、开建时间和剩余建造期。

（八）生产线转产

点击主页面下方操作区中菜单"生产线转产"，弹出"生产线转产"对话框，如图7.17所示。对话框中显示可以进行生产转产的生产线信息，勾选转产的生产线以及转线要生产的产品，点击"确认"即可。

图7.17 生产线转产

说明：

生产线建造时已经确定了生产的产品种类，但是在企业运营过程中，为使不同产品数量的订单按时交货，可能会对生产线生产的产品进行适当的转产操作，转产时要求该生产线处于待生产状态，否则不可进行转产操作。

转产时，不同生产线的转产费用和转产周期是有区别的，具体详见规则说明。当转产周期大于1Q时，在下一季度点击"生产线转产"，弹出的对话框中显示需要继续转产的生产线，勾选即继续投资转产，不选即中断转产。

例如，假定规则规定手工线转产周期为0Q、转产费用0W。若某手工线原定生产P1产品，现在需要转产为P2产品，则转产时要求该手工线上没有在产品方能转产，且转产当季即可上线生产新的P2产品，无须支付转产费用。

假定规则规定半自动线转产周期为1Q，转产费用1W。若某半自动线原定生产P1产品，现在需要转产为P2产品，则转产时要求该半自动线上没有在产品方能转产，且需进行1个季度的"生产线转产"操作后，方能上线生产新的P2产品，且需支付相应的转产费用1W。

（九）出售生产线

点击主页面下方操作区中菜单"出售生产线"，弹出"出售生产线"对话框，如图7.18所示。对话框中显示可以进行出售的生产线信息。勾选要出售的生产线，点击"确认"即可。

图7.18 出售生产线

说明：

生产线出售的前提是该生产线是空置的，即没有在生产产品。出售时按残值收取现金，按净值（生产线的原值减去累计折旧后的余额）与残值之间的差额作为企业损失。即已提足折旧的生产线不会产生出售损失，未提足折旧的生产线必然产生出售损失。

例如，假定规则确定半自动线建设期为1Q、原值为10W、净残值2W、使用年限4年，若某企业第1年第1季度开建一条半自动线，则该生产线系第1年第2季度建成，只要该生产线处于待生产状态即可进行出售。

若建成后当年将其出售，则会收到2W现金，同时产生8W损失（（原值10W－累计折旧0W）－净残值2W），若第2年将其出售，则会收到2W现金，同时产生6W损失（（原值10W－累计折旧2W）－净残值2W），以此类推。

（十）开始生产

点击主页面下方操作区中菜单"开始生产"，弹出"开始下一批生产"对话框，如图7.19所示。对话框中显示可以进行生产的生产线信息。勾选要投产的生产线，点击"确认"即可。

图7.19 开始下一批生产

说明：

开始下一批生产时保证相应的生产线空闲、产品研发完成、生产原料充足、投产用的现金足够，上述四个条件缺一不可。开始下一批生产操作时，系统会自动从原材料仓库领用相应的原材料，并从现金处扣除用于生产的人工费用。

例如，假定规则规定P1产品构成为1R1+1W，当前，想在某半自动线上上线生产P1产品，则要求该半自动线此时没有在产产品（因为一条生产线同时只能生产1个产品），且原材料仓库需有1个R1原材料，以及1W的现金余额用于支付产品生产的人工费。上线生产后，系统会自动从R1原材料库中领用1个R1，并从现金库中扣除1W的生产费用。

（十一）应收款更新

点击主页面下方操作区中菜单"应收款更新"，弹出"应收款更新"对话框，如图7.20

图7.20 应收款更新

所示,点击"确认"即可。

说明:

应收款更新操作实质上是将企业所有的应收款项减少1个收账期,它分为两种情况,一是针对本季度尚未到期的应收款,系统会自动将其收账期减少1个季度,二是针对本季度到期的应收款,系统会自动计算并在"收现金额"框内显示,点击"确认",系统会自动增加企业的现金。

例如,若某企业上季度末应收账款有如下两笔:一笔是账期为3Q、金额为20W的应收款,另一笔是账期为1Q、金额为30W的应收款。则本季度进行应收款更新时,系统会将账期为3Q、金额为20W的应收款更新为账期为2Q、金额为20W的应收款,同时系统会自动将账期为1Q、金额为30W的应收款收现。

(十二)按订单交货

点击主页面下方操作区中菜单"按订单交货",弹出"订单交货"对话框,如图7.21所示。点击每条订单后的"确认交货"即可。

| 订单编号 | 市场 | 产品 | 数量 | 总价 | 得单年份 | 交货期 | 账期 | ISO | 操作 |
|---|---|---|---|---|---|---|---|---|---|
| 8-0016 | 本地 | P2 | 3 | 16W | 第2年 | 4季 | 1季 | - | 确认交货 |
| 8-0017 | 本地 | P2 | 3 | 18W | 第2年 | 4季 | 2季 | - | 确认交货 |
| 8-0018 | 本地 | P2 | 3 | 18W | 第2年 | 4季 | 1季 | - | 确认交货 |
| 8-0056 | 区域 | P2 | 4 | 27W | 第2年 | 4季 | 3季 | - | 确认交货 |
| 8-0057 | 区域 | P2 | 5 | 35W | 第2年 | 4季 | 2季 | - | 确认交货 |
| 8-0058 | 区域 | P2 | 4 | 28W | 第2年 | 4季 | 1季 | - | 确认交货 |

图7.21 订单交货

说明:

订单交货对话框中会显示年初订货会上取得的所有产品订单,该订单会提供订单销售收入总价、某订单需交的产品种类和数量、交货期限、账期等信息。点击相应订单右边的"确认交货"按钮后,当相应产品库存充足时,提示交货成功,若库存不足时,弹出库存不足的提示框。订单交货后会收取相应的现金或产生相应的应收款。

例如，若企业获取的订单情况如图 7.21 中所示，则表示上述订单均要求在当年第 4 季度结束前交货，如果不能按时交货则取消该产品订单，且要支付相应的违约金（违约金比率由教师／裁判在系统参数中设置）。

若当前为当年的第 3 季度，库存 P2 产品有 3 个，则企业可选择 8-0016、8-0017、8-0018 三个订单中的一个进行交货，若企业选择 8-0018 订单交货，则交货后企业会产生账期为 1Q、金额为 18W 的应收款，该应收款可在下季度应收款更新中收回。同时，系统会从 P2 产品库中减少 3 个 P2 产品予以交货。

（十三）厂房处理

点击主页面下方操作区中菜单"厂房处理"，弹出"厂房处理"对话框，如图 7.22 所示。选择厂房的处理方式，系统会自动显示符合处理条件的厂房以供选择。勾选厂房，点击"确认"。

图7.22　厂房处理

说明：

厂房处理方式包括卖出（买转租）、退租、租转买三种。

卖出（买转租）操作针对原购入的厂房，实质上此操作包括两个环节，先卖出厂房，同时再将此厂房租回，卖出厂房将根据规则产生一定金额、一定账期的应收款（详见规则说明），租入厂房需支付对应的租金，这一操作无须厂房空置。

退租操作针对原租入的厂房，该操作要求厂房内无生产设备，若从上年支付租金时开始算租期未满 1 年的，则无须支付退租当年的租金，反之则需支付退租当年的租金。

租转买操作针对原租入的厂房，该操作实质上包括两个环节，先是退租，同时将该厂房买入。退租当年租金是否需要支付，参照"退租操作"说明，购买厂房时需支付相应的购买价款，该操作无须厂房空置。

例如，假定规则规定某大厂房购买价为 30W，租金 4W/ 年。

若企业欲将原购入的大厂房买转租，则会产生期限为 4Q、金额为 30W 的应收款，同时系统会在买转租时自动扣除当期厂房租金 4W。

若企业于上年第 2 季度租入一个大厂房，如果在本年度第 2 季度结束前退租，则系统无需支付第 2 个年度的厂房租金；如果在本年度第 2 季度结束后退租，则系统需扣除第 2 个年度的厂房租金 4W。此操作要求该厂房内无生产设备。

若企业欲租转买原租入的大厂房，则系统仍会在大厂房租入的对应季度扣除当年的租金，并且在租转买时支付大厂房的购买价款30W。

（十四）产品研发

点击主页面下方操作区中菜单"产品研发"，弹出"产品研发"对话框，如图7.23所示。勾选需要研发的产品，点击"确认"。

图7.23 产品研发

说明：

产品研发按照季度来投资，每个季度均可操作，中间可以中断投资，直至产品研发完成，产品研发成功后方能生产相应的产品。产品研发的规则详见规则说明。

例如，若规则规定P1、P2、P3、P4的研发规则如图7.23所示。则某企业在第1年第1季度开始同时研发上述4种产品，且中间不中断研发，则第1年第1季度需支付研发费用4W，第1季度无产品研发完成；第1年第2季度需支付研发费用4W，此时P1产品研发完成，第3季度即可生产P1产品；第1年第3季度需支付研发费用3W，此时P2产品研发完成，第4季度即可生产P2产品；第1年第4季度需支付研发费用2W，此时P3产品研发完成，第2年第1季度即可生产P3产品；第2年第1季度需支付研发费用1W，此时，P4产品研发完成，第2年第2季度即可生产P4产品。具体研发过程如表7.2所示。

表7.2 产品研发过程表

|  | 第1年<br>第1季度 | 第1年<br>第2季度 | 第1年<br>第3季度 | 第1年<br>第4季度 | 第2年<br>第1季度 | 第2年<br>第2季度 |
| --- | --- | --- | --- | --- | --- | --- |
| P1 | 1W | 1W | 研发完成 |  |  |  |
| P2 | 1W | 1W | 1W | 研发完成 |  |  |
| P3 | 1W | 1W | 1W | 1W | 研发完成 |  |
| P4 | 1W | 1W | 1W | 1W | 1W | 研发完成 |
| 当季投资总额 | 4W | 4W | 3W | 2W | 1W |  |

## （十五）ISO 投资

该操作只有每年第 4 季度才出现。点击主页面下方操作区中菜单"ISO 投资"，弹出"ISO 投资"对话框，如图 7.24 所示。勾选需要投资的 ISO 资质，点击"确认"即可。

图 7.24　ISO 投资

说明：

ISO 投资包括产品质量（ISO9000）认证投资和产品环保（ISO14000）认证投资。企业若想在订货会上选取带有 ISO 认证的订单，必须取得相应的 ISO 认证资格，否则不能选取该订单。ISO 投资每年进行一次，可中断投资，直至 ISO 投资完成。

例如，若企业在订单市场中想选择带有 ISO9000 的产品订单，则该企业必须已经完成 ISO9000 的投资，否则不能选择该订单。

假定 ISO 投资规则如图 7.24 所示，企业若在第 1 年同时开始投资 ISO9000 和 ISO14000，中间不中断投资，则第 1 年该企业需支付 ISO 投资额 3W（ISO9000 投资费用 1W+ISO14000 投资费用 2W），第 2 年该企业还需支付 ISO 投资额 3W，此时完成 ISO 投资，该企业方可在第 3 年的年度订货会中选取带有 ISO 资格要求的订单。

## （十六）市场开拓

该操作只有每年第 4 季度才出现。点击主页面下方操作区中菜单"市场开拓"，弹出"市场开拓"对话框，如图 7.25 所示。勾选需要研发的市场，点击"确认"即可。

图 7.25　市场开拓

说明：

企业经营沙盘中市场包括本地市场、区域市场、国内市场、亚洲市场和国际市场。市场开拓是企业进入相应市场投放广告、选取产品订单的前提。市场开拓相关规则详见规则说明。市场开拓每年第四季度末可操作一次，中间可中断投资。

例如，假定规则规定本地市场、区域市场、国内市场、亚洲市场和国际市场的开拓期分别为 0、1、2、3、4 年，开拓费用均为每年 1W。若企业从第 1 年末开始开拓所有市场，且中间不中断投资，则具体情况如下。

第 1 年需支付 5W（各类市场各 1W）市场开拓费用，且当即完成本地市场的开拓，即在第 2 年初的订货会上可对本地市场投放广告、选取订单。

第 2 年末需支付 3W（国内、亚洲、国际市场各 1W）市场开拓费用，且完成区域市场和国内市场的开拓，即在第 3 年初的订货会上可对本地市场、区域市场和国内市场投放广告、选取订单。

第 3 年末需支付 2W（亚洲、国际市场各 1W）市场开拓费用，且完成亚洲市场的开拓，即在第 4 年初的订货会上可对本地、区域、国内和亚洲投放广告、选取订单。

第 4 年末需支付 1W（国际市场 1W）市场开拓费用，且完成国际市场的开拓，即在第 5 年初的订货会上可对所有市场投放广告、选取订单。

（十七）当季（年）结束

该操作在每年 1～3 季度末显示"当季结束"，每年第 4 季度末显示"当年结束"。点击主页面下方操作区中菜单"当季结束"或"当年结束"，弹出"当季结束"或"当年结束"对话框，如图 7.26 和图 7.27 所示。核对当季（年）结束需要支付或更新的事项。确认无误后，点击"确定"即可。

说明：

当季结束时，系统会自动支付行政管理费、厂房续租租金，检查产品开发完成情况。

当年结束时，系统会自动支付行政管理费、厂房续租租金，检测产品开发、ISO 投资、市场开拓情况，自动支付设备维修费、计提当年折旧、扣除产品违约订单的罚款。

图7.26  当季结束

图7.27 当年结束

## 三、年末运营操作

### （一）填写报表

点击主页面下方操作区中菜单"填写报表"，弹出"填写报表"对话框，如图7.28所示。依次在综合费用表、利润表、资产负债表的编辑框内输入相应计算数值，三张表填写过程中都可点击"保存"，暂时保存数据。点击"提交"，即提交结果，系统计算数值是否正确并在教师端公告信息中显示判断结果。

图7.28 填写报表

综合费用表反映企业当期的费用情况,具体包括管理费用、广告费、设备维护费、厂房租金、市场开拓费、ISO认证费、产品研发费、信息费和其他等项目。其中,信息费是指企业为查看竞争对手的财务信息而支付的费用,具体由规则确定。

利润表反映企业当期的盈利情况,具体包括销售收入、直接成本、综合费用、折旧、财务费用、所得税等项目。其中,销售收入为当期按订单交货后取得的收入总额;直接成本为当期销售产品的总成本;综合费用根据"综合费用表"中的合计数填列;折旧系当期生产线折旧总额;财务费用为当期借款所产生的利息总额;所得税根据利润总额计算。

此外,下列项目系统自动计算,公式如下:

$$销售毛利 = 销售收入 - 直接成本$$

$$折旧前利润 = 销售毛利 - 综合费用$$

$$支付利息前利润 = 折旧前利润 - 折旧$$

$$税前利润 = 支付利息前利润 - 财务费用$$

$$净利润 = 税前利润 - 所得税$$

资产负债表反映企业当期财务状况,具体包括现金、应收款、在制品、产成品、原材料等流动资产,土地建筑物、机器设备和在建工程等固定资产,长期负债、短期负债、特别贷款、应交税金等负债,以及股东资本、利润留存、年度净利等所有者权益项目。

其中,相关项目填列方法如下。

(1)现金根据企业现金结存数填列。

(2)应收款根据应收款余额填列。

(3)在制品根据在产的产品成本填列。

(4)产成品根据结存在库的完工产品总成本填列。

(5)原材料根据结存在库的原材料总成本填列。

(6)土地建筑物根据购入的厂房总价值填列。

(7)机器设备根据企业拥有的已经建造完成的生产线的总净值填列。

(8)在建工程根据企业拥有的在建生产线的总价值填列。

(9)长期负债根据长期借款余额填列。

(10)短期负债根据短期借款余额填列。

(11)特别贷款根据后台特别贷款总额填列(一般不会遇到)。

(12)应交税金根据计算出的应缴纳的所得税金额填列。

(13)股东资本根据企业收到的股东注资总额填列。

(14)利润留存根据截至上年末至今企业的利润结存情况填列。

(15)年度利润根据本年度的利润表中的净利润填列。

### (二)投放广告

该操作在每年年初进行,点击主页面下方操作区中菜单"投放广告",弹出"投放广告"

对话框,如图 7.29 所示。录入各市场广告费,点击"确认"即可。

| 产品市场 | 本地 | 区域 | 国内 | 亚洲 | 国际 |
|---|---|---|---|---|---|
| P1 | 0 W | 0 W | 0 W | 0 W | 0 W |
| P2 | 5 W | 4 W | 0 W | 0 W | 0 W |
| P3 | 4 W | 3 W | 0 W | 0 W | 0 W |
| P4 | 5 W | 4 W | 0 W | 0 W | 0 W |

图7.29 投放广告

说明:

市场开拓完成,相应的市场显示为黑色字体,则可在该市场投放广告费。若市场显示为红色字体,则表示该市场尚未开拓完成,不可在该市场投放广告费。市场广告费的投放要根据市场的竞争激烈程度、企业自身的产能布置、发展战略、竞争对手的广告投放策略等多方面因素综合考虑。广告投放后,就可等待教师/裁判开启订货会,订货会开始的前提是所有的小组均完成广告投放,教师/裁判才会开启订货会。

## 四、流程外运营操作

### (一)贴现

此操作随时可进行,点击主页面下方操作区中菜单"贴现",弹出"贴现"对话框,如图 7.30 所示。对话框中显示可以贴现的应收款金额,选好贴现期,在"贴现额"一列输入要贴现的金额。点击"确定",系统根据不同贴现期扣除不同贴息,将贴现金额加入现金。

| 剩余账期 | 应收款 | 贴现额 |
|---|---|---|
| 1季 | 0W | 0 W |
| 2季 | 0W | 0 W |
| 剩余账期 | 应收款 | 贴现额 |
| 3季 | 0W | 0 W |
| 4季 | 0W | 0 W |

图7.30 贴现

说明：

贴现是指提前收回未到期的应收款，因为该应收款并非正常到期收回，所以贴现时需支付相应的贴现利息。贴现利息＝贴现金额×贴现率，贴现率由教师/裁判在系统参数中设定，相关规定详见规则说明。这一操作一般在企业短期存在现金短缺，且无法通过成本更低的正常贷款取得现金流时才考虑使用。

例如，假定某企业账期为1Q和2Q的应收款贴现率为10%，账期为3Q和4Q的应收款贴现率为12.5%，若在该期限内现将账期为2Q、金额为10W的应收款和账期为3Q、金额为20W应收款同时贴现，则：

贴现利息＝10×10%+20×12.5%=3.5≈4（W）（规则规定贴现利息一律向上取整）

实收金额＝10+20-4=26（W）。

贴现后收到的26W，当即增加企业现金，产生的贴现利息4W，作为财务费用入账。

（二）紧急采购

该操作随时可进行，点击主页面下方操作区中菜单"紧急采购"，弹出"紧急采购"对话框，如图7.31所示。显示当前企业的原料、产品的库存数量以及紧急采购价格，在"订购量"一列输入数值，点击"确定"即可。

图7.31 紧急采购

说明：

紧急采购是为了解决材料或产品临时短缺而出现的，企业原材料订购不足或产品未能按时生产出来，均可能造成产品订单不能按时交货，从而导致订单违约，失去该订单收入和支付违约损失。为避免该损失，企业可通过紧急采购少量的短缺原材料或产品，从而满足生产或交货的需要，促使产品订单按时交货，由此取得相应的销售利润。紧急采购价格一般比正常的采购价要高很多，具体由教师／裁判在参数设置中设定。操作时既可以紧急采购原材料，也可以紧急采购库存产品。

### （三）出售库存

该操作随时可进行，点击主页面下方操作区中菜单"出售库存"，弹出"出售库存"对话框，如图 7.32 所示。显示当前企业的原料、产品的库存数量以及出售价格，在"出售数量"一列输入数值，点击"确定"即可。

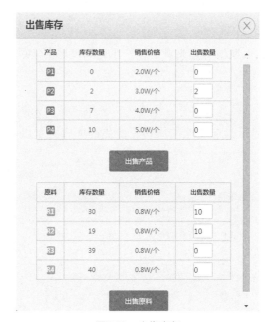

图7.32  出售库存

说明：

企业一般只有在资金极度短缺时才会考虑出售库存。库存出售一般会在成本的基础上打折销售，出售价由教师／裁判在参数设置中设定。

### （四）厂房贴现

该操作随时可进行,点击主页面下方操作区中菜单"厂房贴现",弹出"厂房贴现"对话框，如图 7.33 所示。对话框中显示可以贴现的厂房信息，选择某一条厂房，点击"确定贴现"。系统根据每类厂房的出售价格贴现，如果有生产线扣除该厂房的租金，保证厂房继续经营。

说明：

该操作实质上是将厂房卖出（买转租）产生的应收款直接贴现取得现金。它与厂房处理中的卖出（买转租）的区别就在于，卖出（买转租）操作时产生的应收款并未直接贴现，而厂房贴现则直接将卖出（买转租）产生的应收款同时贴现掉。

| 选择项 | 厂房 | 容量 | 剩余容量 |
|---|---|---|---|
| ◉ | 大厂房(6925) | 4 | 0 |
| ○ | 大厂房(6932) | 4 | 0 |

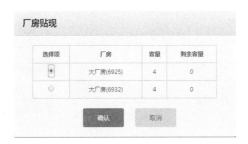

图7.33　厂房贴现

## （五）订单信息

此操作随时可进行，点击主页面下方操作区中菜单“订单信息”，弹出“订单信息”对话框，如图 7.34 所示。对话框中显示当前企业所有年份获得的订单，可以查询每条订单的完成时间、状态等信息。

| 订单编号 | 市场 | 产品 | 数量 | 总价 | 状态 | 得单年份 | 交货期 | 账期 | ISO | 交货时间 |
|---|---|---|---|---|---|---|---|---|---|---|
| 8-0024 | 本地 | P2 | 4 | 26W | 已交货 | 第2年 | 4季 | 1季 | - | 第2年第4季 |
| 8-0031 | 本地 | P3 | 2 | 20W | 已交货 | 第2年 | 4季 | 2季 | - | 第2年第4季 |
| 8-0025 | 本地 | P2 | 3 | 19W | 已交货 | 第2年 | 4季 | 2季 | - | 第2年第4季 |
| 8-0038 | 本地 | P4 | 1 | 13W | 已交货 | 第2年 | 4季 | 2季 | - | 第2年第4季 |
| 8-0032 | 本地 | P3 | 2 | 20W | 已交货 | 第2年 | 4季 | 2季 | - | 第2年第4季 |
| 8-0074 | 区域 | P4 | 2 | 22W | 已交货 | 第2年 | 4季 | 3季 | - | 第2年第4季 |
| 8-0065 | 区域 | P3 | 3 | 27W | 已交货 | 第2年 | 4季 | 3季 | - | 第2年第4季 |
| 8-0078 | 区域 | P4 | 2 | 22W | 已交货 | 第2年 | 4季 | 2季 | - | 第2年第4季 |

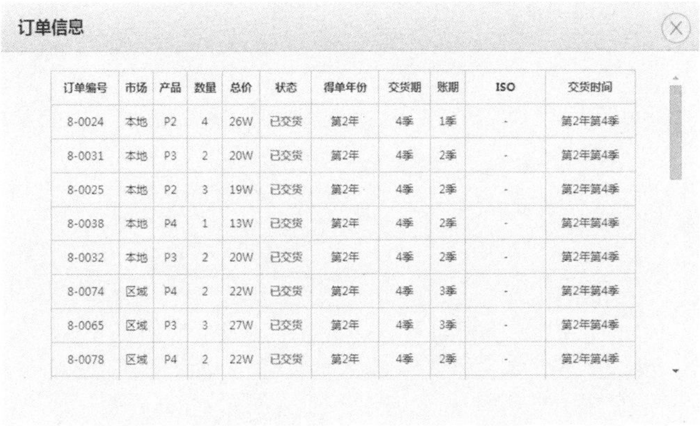

图7.34　订单信息

说明：

企业随时可点击“订单信息”查阅所取得的订单情况，从而确定生产安排、交货安排等情况。

## （六）间谍

点击主页面下方操作区中菜单“间谍”，弹出“间谍”对话框，如图 7.35 所示，确认下载即可。

说明：

间谍中可显示获得自己公司信息和其他组信息两种，自己公司的信息可免费获取，以 excel 形式查阅或保存企业经营数据。若要查看其他公司的信息，则需支付教师 / 裁判在参数设置中设定的间谍费，才能以 excel 形式查询其他企业任一组的数据。

（注：间谍不得使用第三方下载工具下载，如迅雷、旋风等。）

图7.35 间谍

# 项目八 经营策略运用

## 任务一 沙盘技巧

ERP沙盘模拟的技巧可以从市场、产品、广告、战略、资金和生产线6个角度介绍。

### 一、市场角度

本地市场，兵家开局必争之地。前3年P1、P2产品价格上涨，第4年之后价格下滑。前3年可以为后期积累大量的资金，缓解贷款高利息所带来的压力，中后期可以持续经营。积压产品对前期资金短缺发展非常不利，市场老大不是"1＝1"的关系，而是"1＝1＋1"的关系，一次广告争夺成功等于两次主动占据市场龙头。

区域市场，开发期短，市场需求量大，3年后价格明显下滑，可以在前3年赚取足够利润后第4年退出。

国内市场，该市场的成型时期与P3产品的开始期极其接近，也正是P2产品的成熟期，市场利润很大（相对P2与P3产品来说）。

亚洲市场，开发期长，P3产品的成熟期，有ISO认证要求，但是利润远远大于申请认证所花费的资金。此年可以放弃区域市场的争夺而转向亚洲市场。

国际市场，P2、P3、P4产品的价格一般，但是P1产品的价格极大限度地回升，要想争取此市场，至少要留1条P1生产线。

### 二、产品角度

P1产品，成本低，前期需求大。因为无须研制，所以前两年无疑就是P1产品的争夺战。主要销往本地、区域和国际3个市场。

P2产品，成本不高，需求量稳定，材料补充快，研制周期短，倘若第1年本地市场老大位置没争夺到，可以利用提前开拓P2产品来争取区域市场老大的位置。在第3年之后，可以由P2向P3转移继而争夺国内甚至亚洲市场老大的位置。

P3产品，利润高，研发成本高，可以作为后期压制对手的一把利剑，建议在第3年后主要生产 P3 产品来压制科技发展较慢的企业。可以说谁控制了 P3 市场谁就能控制国内与亚洲市场。

P4 产品，研发成本高，研发周期长，虽然说利润不菲，但是要求高，可销售时间不长，只有 2～3 年销售期，一般不建议研制 P4 产品。

## 三、广告角度

想把商品卖出去必须抢到订单，小打广告出少量产品所得毛利只能填补广告费与运营费用，但是贷款的利息会逐年扣除。为了保持自己的所有者权益，必须适量销售产品。

至于广告费的多少可以从多角度考虑。如果观察到对方放弃大量产品的生产而在拼命做研发的时候，广告费不宜过大；如果发现各企业都大量积货时，可以避其锋芒保单即可，也可以大胆压制，消耗对方的广告费，哪怕比第 2 名多投 5M，利润不在于所赚的毛利有多少，而在于与对手拉开的差距有多远，压制是一种保本且逼迫对手急躁犯错的战术。

## 四、战略角度

ERP 里有多种经济战略，合适灵活的战术往往是持续发展的灵魂，下面介绍几种常见战术。

（一）压制型

顾名思义，压制对手，从开场做起，最大限度地利用所有者权益贷款，封锁本地市场最大利润销售线，利用长期贷款和短期贷款大力发展生产与研发，给每一个市场都施加巨大压力，当对手喘不过气来也开始贷款时，利用他们的过渡期可以一举控制两个以上的市场，继续封锁销售路线，逼迫对手无法偿还高息而走向破产。此战术不可做任何保留，短长期双向贷款为的就是广告 + 科技 + 市场 + 生产线能最早成型，走此路线建议一定要争取第 1 和第 2 年的市场老大，巨额贷款的利息让人喘不过气来，无法控制市场取得最大销售量就等于自杀。

（二）跟随型

这种企业只有一个目的——不破产。等待机会，在竞争白热化后收拾残局，这样的企业一般不会破产，也不会拿到第一。首先在产能上要努力跟随领先者的节奏，同时内部努力降低成本，在每次新市场开辟时均采用低广告策略，规避风险，稳健经营，在前面的领先企业两败俱伤时立即占领市场。此策略的关键是：第一，在于一个"稳"字，即经营过程中一切按部就班，广告投入、产能扩大都是循序渐进，逐步实现，稳扎稳打；第二，要利用好时机，因为时机是稍纵即逝的，一定要仔细分析对手。

（三）保守型

前 4～5 年保住自己的所有者权益不下降，不贷款，小量生产，到最后一年全额贷款，开设多条生产线，购买厂房，把分数最大化。

## （四）忍辱负重型

这样的企业有多种分歧，有的在前期被压制，马上贷款转型，占据新开发的市场来翻盘；有的只研制 P1 产品，尽量省钱，在国际市场开放后一鼓作气垄断 P1 市场争取最大销售额；有的直接跳过 P2 产品的研制，从 P1 向 P3 转型，用新产品抢占新市场份额；更有甚者忍 3 年，后期纯用 P4 产品占取市场最大毛利来翻盘。这样的企业在前两年举动十分明显，不发展新产品但增加生产线，或者不抢市场份额而利用贷款增加生产线走高科技路线，此时便要时刻留意它们的发展，因为它们远比光明争夺市场的人更具威胁性，必须在它们爆发的那个时期控制住它们。

## 五、资金角度

资金是企业运行的血脉，在所有者权益下降时适时贷款，是一个企业发展的必要决策。

（1）如果企业在第 1 年的第一季度短期贷款，则要在第 2 年的第一季度还本付息。如果所有者权益允许，则还可续借短贷，但要支付利息。在企业能力允许的情况下，短期贷款也可提前还款，同时支付利息。

（2）企业要充分利用短期贷款的灵活性，根据企业资金的需要，分期贷款，这样可以减轻企业的还款压力。

（3）长期贷款或短期贷款在每次贷款时，都要先看贷款额度。

（4）申请贷款时，要注意一点，（长贷＋短贷）≤（所有者权益×3）。

长期贷款和短期贷款是分开算利息的，短期贷款的利息低，可是一个企业要有所突破，光靠短期贷款根本无法维持，最好的方法就是长短贷相结合。贴息可以缓解经济压力，贴息的代价就是所有者权益的下降。

## 六、生产线角度

想占取大面积市场份额必须能销售大量的产品，没有强大的产能根本无法与对手竞争，即使有订单也未必敢接，造成毁约更是得不偿失。

手工生产线灵活性强，但是生产效率低，同样一年 1M 的维护费用，但是生产效率远远不及其他生产线。但转产灵活与折旧费低是手工生产线的优势。

半自动生产线生产效率比手工生产线高，但是不及全自动与柔性线，转产周期限制了它的灵活胜，相对来说，是企业经营前两年比较实用的生产线。

全自动生产线生产效率是比较高的，折旧费用适中，即使生产效率最大化，也能让自身效益保持稳定。不足的是，灵活性差，转产周期长，因此不建议转产，可用到最后。停产半年所造成的损失远比转产后所取得的经济效益大。

柔性生产线是最灵活、生产效率最高的生产线。缺点是折旧率高，不建议多建设，准备一条转产备用即可。

为使效益最大化和所有者权益最优,全自动生产线是不二之选,因为折旧率直接和所有者权益挂钩,生产效率及分值和柔性线相等,实为竞争利器。

# 任务二  沙 盘 战 略

## 工作任务1：沙盘战略（一）

初次 ERP 沙盘模拟对抗后需要进行整合要素分析。从开源的角度考虑,为增加营业收入,要开拓新的市场,抢到更多的市场订单,那就要开发新的产品,满足新市场的需求,因此就要加快研发费用的投入。而若想干大事业,预计的花费就更多,那就要考虑节流的问题了,若收入还没拿回来,钱就如流水一样花出去,是不可行的。银行贷款、广告费、财务费用、维修费用这些可变的和不可变的投入要怎样计划呢？如果不去做整合分析,就会有许多错误的认识,下面是笔者总结的错误认识产生的原因。

### 一、产能领先制胜

若想产能领先别人,就要扩大生产能力,投资新的生产线。为了减少生产周期就会对原有手工生产线进行变卖,转向投资全自动或是柔性生产线。生产能力提高后,可以充分满足市场订单的需要,在会计年度顺利生产出需要的产品,实现销售收入的扩大。然而以产能控制市场,是多数经营者能够在第一时间想到的制胜方案,也就是说更多的参赛人员会意识到,争取资本增加的可靠方法是大量的市场订单,销售额的扩大会使自己的企业顺利扩大规模,最后胜出。但是虚拟的市场环境同现实的市场环境不一样,现实中消费者的购买量是有限的,想把产出变成实际的资金回笼还需开拓更多的市场。这样就造成投入与产出的矛盾,因为市场开拓是需要时间和费用的,过早扩大生产线,提高产能,如果不能顺利变现,就会造成库存的积压,从而增加整个企业的资金压力。而且,如果先期扩大生产线的资金来自银行的贷款,就会产生大量的财务费用,加上生产线的维修费用和生产线的折旧费用,将使企业很难盈利。考虑不周将使企业错失好的机会。

### 二、保权益胜出法

一般采取激进战略而失败的队员都认为,在企业的长贷问题上很难判断,按上面的分析,参赛队会对贷款和贴现产生疑问,特别是财务总监非常清楚每年的利息和长贷到期时,应对还本付息的压力是企业的一大难关。根据规则经营的虚拟企业同现实的企业一样，只要能满足贷款的要求，就会得到银行的贷款。但是银行是一个重视自身利益的商业伙伴，当企业将近破产，尽力去维持所有者权益时，银行不会考虑它未来的偿还能力；当企业已濒临绝境，银行也决不会相信企业能雄风再起而出手相助，相反还要企业偿还利息和到期的本金，一分也不能少。如果企业失去了偿还贷款的能力，银行就会向各商家和公众宣布企业破产，那么为减少企业的财务费用而保护所有者权益的方案也会在比赛中出现。然而，这样的企业让人感到是日薄西山、没有生机的。这样的企业要在竞争中胜出，则可能要等待各家突飞猛进的企业在冒进中"身受重伤"抓住机会，但这种可能性的发生纯粹是种偶然，等待在别人的失误中找机会的经营方案不能算作卓越的方案。反过来也可以这样看，在保权益时最好的做法是减少企业新产品的研发、新市场的开拓，避免以负债建设生产线。从企业发展的角度来说，这样的企业发展潜力不足，资金利用率很低，明显的后劲不足，禁不起对手的打压，其实风险更大。

### 三、先入为主的广告策略

企业要想占领先机，抢占市场老大，就要打广告，广告的投入在各个未曾交过手的商家之间是个博弈过程。在此最适合生存的决策不是先入为主，企业竞争者都会对利润丰厚的市场虎视眈眈，不容一家独大，因此企业发展过程中随时都会遇到拦路虎。刚开始靠大量投入广告开拓市场的企业，都很想降低下一年的广告投入，若此时产品开发和生产线投资不到位，过早引来更多竞争对手的攻击，也会在市场维护上大伤脑筋。

### 四、SWOT 分析法

#### （一）SWOT 分析模型简介

在现在的战略规划报告里，SWOT 分析是一个众所周知的工具。来自麦肯锡咨询公司的 SWOT 分析，包括分析企业的优势（strength）、劣势（weakness）、机会（opportunity）和威胁（threats）。因此，SWOT 分析实际上是对企业内外部条件及各方面内容进行综合和概括，进而分析组织的优劣势、面临的机会和威胁的一种方法。

通过 SWOT 分析，可以帮助企业把资源和行动聚集在自己的强项和有较多机会的地方。

#### （二）机会与威胁分析（OT）

随着经济、社会、科技等诸多方面的迅速发展，特别是世界经济全球化、一体化进程的加快，全球信息网络的建立和消费需求的多样化，企业所处的环境更为开放和动荡。这种变化几乎对所有企业都产生了深刻的影响。正因为如此，环境分析成为一种日益重要的企业职能。

环境发展趋势分为两大类：一类是环境威胁，另一类是环境机会。环境威胁指的是环境中的不利发展趋势所形成的挑战，如果不采取果断的战略行为，这种不利趋势将削弱企业的竞争地位。环境机会是指对企业发展富有吸引力的领域，在这一领域中，该公司将拥有竞争优势。对环境的分析也可以有不同的角度。比如，一种简明扼要的方法就是 PEST 分析，另外一种比较常见的方法就是波特的五力分析。

### （三）优势与劣势分析（SW）

识别环境中有吸引力的机会是一回事，拥有在机会中成功所必需的竞争能力是另一回事。每个企业都要定期检查自己的优势与劣势，这可通过"企业经营管理检核表"进行。企业或企业外的咨询机构都可利用这一方式检查企业的营销、财务、制造和组织能力。每一个能力要素都要按照特强、稍强、中等、稍弱和特弱划分等级。

当两个企业处在同一市场，或者说它们都有能力向同一顾客群体提供产品和服务时，如果其中一个企业有更高的赢利率或赢利潜力，那么，我们就认为这个企业比另外一个企业更具有竞争优势。换句话说，所谓竞争优势，是指一个企业超越其竞争对手的能力，这种能力有助于实现企业的主要目标——赢利。但值得注意的是，竞争优势并不一定完全体现在较高的赢利率上，因为有时企业更希望增加市场份额，或者多奖励管理人员或雇员。

竞争优势可以指消费者眼中一个企业或它的产品有别于其竞争对手的任何优越的东西，它可以是产品线的宽度、产品的大小、质量、可靠性、适用性、风格和形象，以及服务的态度等。虽然竞争优势实际上指的是一个企业比其竞争对手有较强的综合优势，但是明确企业究竟在哪一个方面具有优势更有意义，因为只有这样，才可以扬长避短，以实击虚。

由于企业是一个整体，而且竞争性优势来源十分广泛，所以，在做优劣势分析时必须从整个价值链的每个环节上，将企业与竞争对手做详细的对比。例如，产品是否新颖，制造工艺是否复杂，销售渠道是否畅通，以及价格是否具有竞争性等。如果一个企业在某一方面或几个方面的优势正是该行业企业应具备的关键成功要素，那么，该企业的综合竞争优势也许就更强。需要指出的是，衡量一个企业及其产品是否具有竞争优势，只能站在现有潜在用户的角度上，而不是站在企业的角度上。

企业在维持竞争优势过程中，必须深刻认识自身的资源和能力，采取适当的措施。因为一个企业一旦在某一方面具有了竞争优势，势必会吸引竞争对手的注意。一般来说，企业经过一段时期的努力，就能建立起某种竞争优势；然后就处于维持这种竞争优势的态势，竞争对手开始逐渐做出反应；而后，如果竞争对手直接进攻企业的优势所在，或采取其他更为有力的策略，就会削弱这种优势。

### （四）将结果在 SWOT 分析图上定位

图 8.1 所示为 SWOT 分析图。

在内部优势明显和机会远超威胁的时候，我们选择增长型战略。

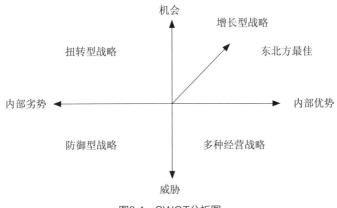

图8.1 SWOT分析图

## （五）案例

以科尔尼SWOT分析得出的战略为例，如表8.1所示。

表8.1 SWOT分析案例

| 内部能力<br>外部因素 | 优势（strength）<br>·作为国家机关，拥有公众的信任<br>·顾客对邮政服务的高度亲近感与信任感<br>·拥有全国范围的物流网（几万家邮政局）<br>·具有众多的人力资源<br>·具有创造邮政/金融synergy的可能性 | 劣势（weakness）<br>·上门取件相关人力及车辆不足<br>·市场及物流专家不足<br>·组织、预算、费用等方面的灵活性不足<br>·包裹破损的可能性很大<br>·追踪查询服务不够完善 |
|---|---|---|
| 机会（opportunities）<br>·随着电子商务的普及，对寄件的需求增加（年平均增加38%）<br>·能够确保应对市场开放的事业自由度<br>·物流及IT等关键技术的飞跃性的发展 | SO<br>·以邮政网络为基础，积极进入宅送市场<br>·进入shopping mall配送市场<br>·ePOST活性化<br>·开发灵活运用关键技术的多样化的邮政服务 | WO<br>·构成邮寄包裹专门组织<br>·对实物与信息的统一化进行实时的追踪及物流控制<br>·对增值服务及一般服务差别化的价格体系的制定及服务内容的再整理 |
| 风险（threats）<br>·通信技术发展后，对邮政的需求可能减少<br>·现有宅送企业的设备投资及代理增多<br>·WTO邮政服务市场开放的压力<br>·国外宅送企业进入国内市场 | ST<br>·灵活运用范围宽广的邮政物流网络，树立积极的市场战略<br>·通过与全球性的物流企业进行战略联盟<br>·提高国外邮件的收益性及服务<br>·为了确保企业顾客，树立积极的市场战略 | WT<br>·根据服务的特性，对包裹详情单与包裹运送网分别运营<br>·提高已经确定的邮政物流运营效率（BPR），由此提高市场竞争力 |

### 五、五种力量模型

迈克尔·波特在20世纪70年代发表了一系列文章,并在1980年出版了开拓性的著作《竞争战略》。在书中,波特借鉴产业经济学中的S-C-P模型,建立了分析影响行业盈利性的经济因素的框架。他的主要贡献是将众多的经济因素归结为五种主要力量,提出了五种力量模型,为行业竞争分析提供了简明、实用且具有理论基础的强有力的分析工具。

环境威胁包括企业外部试图降低企业绩效的个人、团体或组织。环境威胁增加企业成本,减少企业收入,从而降低企业绩效。在S-C-P的框架中,威胁是指倾向于提高一个行业的竞争性,使企业绩效趋向于正常水平的力量。一个行业的竞争程度越高,行业中的威胁程度就越高。

根据波特的五种力量模型,我们可以建立行业环境威胁的五种力量模型(见图8.2)。

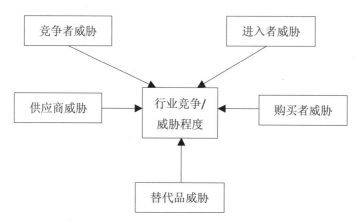

图8.2 行业环境威胁的五种力量模型

#### (一)竞争者威胁

行业中现有企业之间的竞争是最直观、最直接也是最重要的威胁因素。企业间的竞争一般采取两种方式:价格竞争和非价格竞争。价格竞争通过降低价格和减小毛利率而侵蚀利润,导致大多数企业盈利下降甚至亏损,是最惨烈的竞争形式。非价格竞争,如加快新产品开发、提高产品质量和性能、增加服务内容等,通过提高成本而减少利润。由于高成本往往可能通过高价格的方式转嫁到顾客身上,非价格竞争侵蚀利润的程度一般不及价格竞争。

#### (二)进入者威胁

新进入者是新近进入一个行业或很有可能即将进入一个行业的企业,是潜在的竞争对手。新进入者会带来新的生产能力,瓜分现有企业的市场份额,减少市场集中度,从而加剧行业竞争,降低行业利润。

一般说来,新进入者进入某一行业的诱因是该行业或该行业中某些企业正在赚取超额利润。如果没有任何阻碍,只要该行业存在超额利润,就会有新进入者不断加入,直到该行业的利润趋于正常水平。当然,新进入某一行业总会产生进入成本。如果进入一个行业的成本高于可能获得的利润,进入就不会发生;如果进入成本低于进入收益,进入就会发生,直到进入该行业所带来的利润低于进入成本。

进入者威胁取决于进入成本,而进入成本又取决于进入壁垒的高低和行业中现有企业对进入者的预期反应。进入壁垒是结构性的进入障碍,由行业结构特征所决定。现有企业的预期反应是战略性的,是现有企业针对进入所采取的行动和反应。

### (三)供应商威胁

供应商是一个企业生产经营所需投入品的提供者。狭义的供应商是指原材料、零部件和转售商品的供应企业,广义的供应商还应包括资金、劳动、技术等要素的提供者。供应商与生产商之间的关系,从根本上讲是一种买卖关系(有时可演变成合作关系),双方总是力图通过谈判和讨价还价取得对自己有利的交易条件。生产企业总是想得到低价格、高质量、快交货、迟付款、零库存的供应品,供应商的想法则正好相反。谁能得到优惠的交易条件取决于各自讨价还价能力的强弱。供应商的力量是指投入要素的供应者通过谈判从客户手中榨取利润的能力。供应商议价能力越强,对生产企业的威胁就越大。供应商力量的强弱取决于供应商所在行业的市场条件和所提供产品的重要性。如果供应品市场是完全竞争市场,供应商的力量就很弱;反之,供应商的力量就强。

### (四)购买者威胁

生产商与顾客之间的关系,同生产商与供应商之间的关系本质上是相同的。只不过在这里,买卖关系颠倒了,生产商成了其产品购买者的供应商。

### (五)替代品威胁

替代品是以另外的方式去满足与现有产品大致相同的顾客需求的产品。比如,作为汽车燃料,天然气是汽油的替代品。替代品的威胁程度主要取决于三个方面的因素:①替代品在价格上是否具有吸引力;②替代品在质量、性能和其他一些重要特性方面的满意程度;③购买者转换成本的高低。

替代品的存在为现有产品的定价设置了一个上限。例如,如果汽油价格上涨超过一定限度,顾客会觉得购买双动力汽车的一次性投资与加高价油的日常运行费用相比是划算的,就会改用天然气。同时,由于有利可图,会出现更多的加气站,加气会变得更加方便。因此,油价的上涨不可能是没有限制的。

# 工作任务2:沙盘战略(二)

如何把握ERP(企业资源计划)的真正时机?

把握 ERP 时机是指在企业资源有限的情况下,如何去整合企业可利用的资源,使之在提高企业竞争力的同时,也使企业的收益最大化。在 ERP 沙盘对抗赛中,经营的虚拟企业要做好资源计划,就需要对企业的整体资源做出长远的规划。这样,在财务方面一定要做好现金预测,这也对财务总监及其助理提出了更高的要求。财务总监需要做好企业资源计划,是基于战略发展的需要,战略方向确定后,财务总监就要开始这一工作。那么如何做好这一基础工作呢?不能凭 CEO 拍胸脯、敲大腿的决定去做。

## 一、以销定产,再以产定销

以销定产,再以产定销,就是选择主要想进入的市场,匹配相应的产品组合,再投入相应的生产线。

每个市场有它独特的产品需要,如区域市场从第 3 年开始最偏爱的是 P4 产品,只要它与其他任何两种产品相配合就可以稳定市场老大的地位了。因为 P4 产品的研发费用高,回收期长,所以大多数公司资金不能支持开发 P4 产品。由于产品研发的周期(6Q)大于生产线投资建设的周期,所以若投资全自动生产线(4Q),可以在产品研发第三周期开始,在同一季度同时投资完成。这样生产线和 P4 产品的研发会在第 2 年内完成,资金将被充分利用,尽管企业遇到巨大的资金压力,但未来企业的竞争力是很强的。

很多参赛队在生产线投资时倾向于没有转产周期和费用的柔性生产线,而不去投资全自动生产线。但是一条柔性线比全自动线多投入 8M,并不是个小数目,几乎需要 4 个 P1 产品(或 2.5 个 P2 产品)或 2 个 P3 产品(或 P4 产品)的毛利实现。在此,参赛队必须清晰规划自己的战略组合,市场定位一定要清晰,深入分析这个市场中的需求量,最终确定自己的产品组合,再进行生产组合的分析和决策,才会做得更好。

如果把所有的产品都开发了,想拿所有产品的最大销售订单,是不现实的,即使做到了,广告费投入也非常大。

产品组合确定了,生产能力也能满足市场的预测了,接下来就看营销总监在市场上的本领了。

## 二、收集到必要且准确的市场信息

能否收集到必要且准确的市场信息是企业战略制定和执行的关键尽管竞争对手很多都身受竞争环境的困扰而不得解脱,但没有希望自己经营的企业破产的。每一家企业都在尽量收集自己能掌握的信息,并对自己所掌握的信息进行筛选,再做对手的现实战略分析和未来发展方向的判断。所以当各家都认识到经营企业不是闭门造车时,都想看别人是怎么造"车"的,也都想保守自己的秘密,能遮掩的操作就不让对手看到,就算经营的是正规的财务公开的大企业,遮掩也并不违规,财务在年末公开,等年末真的"糊弄"了对手,让对手做出了错误的判断,自己就是胜利者。所以做好这项工作,不是一件容易的事,需要掌握最新的市场信息,把握竞争对手非常细微的动作。比如在年末公布企业经营情况时,就要把竞争对手的在建工程及产品原材料订单等数据及时抓住,这样就会对下一年对手用哪条生产线、生产哪种产品做出判断,从而可尽量避免与对手在下年初的同一市场上的广告拼杀。在模拟的场景中,每个市场的需求量是不变的,满足需求时各家的最终决策也是不断变化的。每一项决策的最终决定都不像赌徒把钱押在"宝"上一样,若那样,付出的代价太大,认识到代价惨重时,后悔也来不及了。所以"宝"还是要押的,但胜算不是50%,而是要有80%。

我们以2006年"用友杯"全国总决赛第二赛场第2年为例。当时各家企业在第1年广告费投入都很小,J企业以7M广告费投入成为本地市场老大。第1年本地市场广告费没有比拼,却有6家企业在第2年回头来抢本地市场老大,广告费投入很大,J企业没能守住市场,这么多家企业"关照"他的市场,而不去竞争区域市场,这种特别的"关照"可以看出那6家企业的决策几乎如出一辙,从中可知J企业的信息保密工作没做好,信息收集工作也没做好。

### 三、做好团队管理

没有完美的个人,却有优秀的个人,因为有优秀的个人才有完美的团队。实现团队协作是参赛团队所追求的目标,然而这一目标远非仅仅说和想那样轻松。团队成员的默契若想在短时间内达成,就要在不断的冲突中充分用实践去证明自己的观点,证明自己是经得起考验的。假设财务总监对生产总监、营销总监、采购总监的行为不做出判断,当他们需要费用时就给,情况很快就会严峻起来。从中也可以说明,此种情况,更多是其他部门对严峻未来的思考不够慎重所致。ERP沙盘模拟更多的是教我们如何去做企业资源的计划,而不是通过某种侥幸获得意外的收益,更多的是希望大家做好本企业的资源规划和团队管理,这样才有基础做好反思与回顾,让我们从曾经或将要学的知识中受益,使我们真正成为知识的使用者和受益者。

## 工作任务3:沙盘战略(三)

为期数天的ERP沙盘模拟结束了,尽管时间不长,但能使我们在专业知识和体系构架理性认识的基础上,更多地对企业经营管理的感性知识层面有深切的体会,简单总结如下。

### 一、在犯错中学习

中国古语"一将功成万骨枯",除了批判战争残酷性之外,还揭示了一个深刻的管理学问题,那就是,完全依靠管理实践在实战中培养管理者,其代价是极其惨重的,任何组织和个人都难以承受如此巨大的培养成本。战场上的火线历练固然可以培养攻无不克的将军,大范围的岗位轮换也是培养经营型管理人才的有效方法,但这些方法同样会使组织付出高昂的培养成本,承受极大的失败风险。

在沙盘模拟训练中,多犯错收获更大。不管你犯了多少错误,暴露了自身存在的多少缺点,有多少决策和执行的失误,都不会给企业造成任何实际的经济损失。但是模拟经营中那些痛苦的教训和失败的经历,却令我们在特定的竞争环境下与实战相比有更深切且具体的体会。

## 二、构建战略思维

战略思维不只是一个企业的 CEO 制定的企业发展方向，而且是一个很抽象且难以度量的概念，在 ERP 沙盘模拟中，战略思维从始至终都应该贯彻在组织成员的意识和行动上，即从整体上来思考问题。

如何制定企业的战略是一个相当重要的问题。当期意识制约管理者战略纵深思维的形成，而对企业持续发展和长期利益构成直接伤害。现代优秀的职业经理人必须树立基于现实的未来意识，因为只有这样，管理者才能走出势利与卑微的束缚，管理者的价值才能得以体现，企业才能持续发展，走向未来。

沙盘模拟培训的设计思路充分体现了企业发展必然遵循的历史与逻辑关系，从企业的诞生到企业的发展壮大都取决于战略的设定，要求管理团队必须在谋求当期的现实利益基础之上做出有利于将来发展的决策。通过学习，管理者能深刻体会到现实与未来的因果关系，学习运用长期的战略思想制定和评价企业决策，坚持诚信的职业操守。

## 三、受用于群体决策

一个组织成熟的标志就是有能力形成并运用组织的智慧。沟通、协作和群体意识，在未来企业竞争中的作用越来越被有远见的组织关注。中国企业更是迫切需要走出独断决策的传统误区，因为我们聆听过太多能人的成功史，感染了过分浓重的企业英雄主义情结。仅仅依靠特殊资源构建竞争优势的老路已经走到了尽头，企业的竞争越来越趋向于组织整体智慧的较量。

优秀成绩的取得在很大程度上归功于群体决策。在巨大的竞争压力和时间压力下，要想取胜就必须快速建设能力超群的高效团队，形成团队、个体之间的优势互补，运用团队智慧，对环境变化做出准确的判断和正确的决策。

## 四、具体战略

随着我国市场经济的快速发展，全球经济一体化进程的加快，具有网络化、数字化、信息化三大特征的知识经济时代已款款而至，企业的管理思想和管理手段也在不断变革，具备先进管理理念和作用的 ERP 已被越来越多的企业认同和接受，其成功的信息集成、市场预测、统筹分析、全面质量管理和成本管理、项目管理等作用已经初步凸现出来。通过 ERP 沙盘模拟实验，笔者深切地感受到现代企业若想做强做大，必须将企业各种资源进行合理有效的利用和规划，即实施企业的 ERP。

简单地先从总体战略说起，最后的评分方法虽说是以其他资源状况的权重乘以所有者权益，但其他资源状况只能起锦上添花的作用，能不能得高分还是要看所有者权益够不够多。所以选用什么样的战略，判断标准只有一个——所有者权益估计出来的值。笔者建议，超过 100M 的盈利才是可考虑的战略，因为这个游戏是个博弈，如果有人盈利就一定有人亏损，你赚到 100M 以上，别人基本上就没有机会追上你了，除非有 2 个以上的组做得太差最后权益都低于 40M。所有战略的出发点都是这个游戏规则，所以一定要吃透规则，最大限度地利用规则。例如，计提折旧，如果第 1 年要上全自动或柔性生产线，你要什么时候开始投资？产品的开发周期是 6Q，若你第 1 年第一季就投，有 2Q 什么都干不了，还要多提一年的折旧。这样的生产线要分成 2 年投，在第 1 年 3Q 投，到第 2 年 2Q 中后期开始用，第 2 年还是在建工程，不提折旧，这样就少提了 1 年的折旧，而且因为第 1 年能赚的钱有限，拿到最大单毛利才 22M，所以第 1 年应该尽量减少支出，把折旧往后几年推，并借长期贷款，为前 3 年的现金流做保障。这也是为了防止以后几年所有者权益越来越少，反倒借不了款。60M 的贷款应该是比较稳健的，短期贷款不建议多用，因为按照规定的顺序，你要是每期都有短期贷款，是必须先还款才能再借的，也就是每期的现金流都要保证在 20M 以上，这实际上是一种负担，要借也最好避开年初和年末的 2 期，更不要一期借 40M，否则现金会断流。在财务方面，现金流无论如何都不能断，但小投入只有小回报，高投入会有高风险但回报也高。所以要大胆投资，钱是赚出来的，不是省出来的，实在不行还有高利贷，还可以卖厂房，只要能赚钱，这些费用不算什么，厂房最后可以再买回来。

  首先关于市场预测，最大单的数量应是市场总量的三分之一，第二大单比最大单数量一般少 2 个；关于带 ISO 认证要求，第 4 年有 ISO 认证要求的订单数量为 1~2 个，第 5 年的数量为总订单数的大概 50%，第 6 年就要占到 80%，所以这两个认证很重要，应尽量早做，这样或许就能多拿到一张订单。在总结出每种产品每年在每个市场最大单数量及毛利多少之后，以上的问题就一目了然了，总的来说是进行多产品单市场战略，绝对不能进行单产品多市场的战略，因为市场老大非常有影响力。第 1 年要多投入广告，抢下本地市场老大的位置，本地市场无论是什么产品价格都很高，与它一样的还有亚洲市场，这两个市场对于 P2、P3 产品来说更是这样，数量大，价格高，是拿第一的保证。P1 价格会逐渐走低，后期只有国际市场能赚钱，而 P2、P3 才是赚钱的主力，后期更是要多卖 P3，只要多卖一个 P3，就多 5M 的毛利，而 P4 发展空间小，费用高，可以不开发。第 2 年要出 P2、P3 产品，各组就要好好考虑怎样安排生产线。本地老大要继续保持其地位，其他组积极用 2 个认证来抢占市场。

  再说生产安排的问题，各种生产线对各产品的投资回收期是：P1 全自动线最短，P2 半自动线和全自动线差不多，P3 半自动线最短而全自动线。其次按综合投资收益率来看，全自动线的投入产出比是最好的，也就是说，全自动线效率最高。上生产线要全自动的就好，但其柔性线折旧太高。运营总监要计算出每年有多少产品，并告知营销总监，这样营销总监拿订单才有依据，最后一年一定要做到零库存、零原料，生产线停产也没关系。

  最后再说一个虽难以实现但有效的方法，那就是结盟。具体来说，你投本地和区域市场的广告，你的同盟者也这样做，但重点不同。你重点投在本地市场，你的伙伴投在区域市场，拿完订单后，交换订单，他把本地市场的给你，你把区域市场的给他，这样就优势互补了。一个市场最少可以保证拿到 2 张订单，投入也要少一些，可合作来抢占市场老大的位置或保持老大的地位。但因为现在是在网络上进行比赛，难以进行充分交流，但这绝对是个好办法，就看各位 CEO 的本事了。CEO 一定要做到心里有数，顾全大局，不能逞一时之勇，而要从长计议，更要坚定团结众人的信心。第3、4年的所有者权益不要亏到40M以下，如果借不了款，就会很危险，但如果已经处于危险境地了，要么就拼死一搏，需要卖厂房就卖，高利贷也要借，要么就不争第一，别破产就行，稳步前进。

## 工作任务4：应用波士顿矩阵分析中粮集团

### 一、中粮集团简介

中粮集团有限公司（COFCO）成立于1949年，经过多年的努力，从最初的粮油食品贸易公司发展成为中国领先的农产品、食品领域多元化产品和服务供应商，致力于打造从田间到餐桌的全产业链粮油食品企业，建设全服务链的城市综合体，利用不断再生的自然资源为人类提供营养健康的食品、高品质的生活空间及生活服务，为民众生活的富足和社会的繁荣稳定做贡献。

中粮集团从粮油食品贸易、加工起步，产业链条不断延伸至种植养殖、物流储运、食品原料加工、生物质能源、品牌食品生产销售以及地产酒店、金融服务等领域，在各个环节上打造核心竞争能力，为利益相关者创造最大化价值，并以此回报全体客户、股东和员工。

通过日益完善的产业链条，中粮集团形成了诸多品牌产品与服务组合：福临门食用油、长城葡萄酒、金帝巧克力、屯河番茄制品、家佳康肉制品、香雪面粉、五谷道场方便面、悦活果汁、大悦城Shopping Mall、亚龙湾度假区、雪莲羊绒、中茶茶叶等。这些品牌与服务铸就了中粮集团高品质、高品位的市场声誉。

面对世界经济一体化的发展态势，中粮集团不断加强与全球业务伙伴在农产品、粮油食品、果蔬、饮料、酒业、糖业、饲料、肉食，以及生物质能源、地产酒店、金融等领域的广泛合作。凭借其良好的经营业绩，中粮集团持续名列美国《财富》杂志全球企业500强。

### 二、产品分析及对策

中粮集团发展情况如表8.2和图8.3所示。

表8.2　中粮集团发展情况

| 品　　牌 | 市场增长率 | 市　场　份　额 |
|---|---|---|
| 西单大悦城（A） | 25% | 23% |
| 葡萄酒（B） | 14.6% | 20% |
| 五谷道场（C） | 3% | 4% |
| 中茶（D） | 25% | 13.28% |
| 中粮大米（E） | 200% | 10% |
| 中粮可口可乐（F） | 19% | 17% |
| 中粮房地产（G） | 85.26% | 18% |

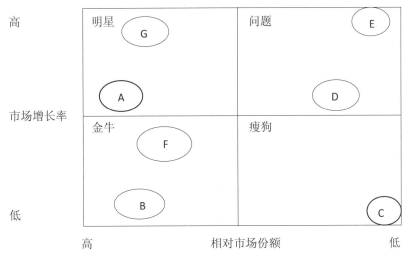

图8.3 中粮集团波士顿矩阵图

### （一）西单大悦城应作为明星类

官方数据显示，西单大悦城自2008年2月正式开业以来，日客流量从几千人到最高突破20万人，日销售量从20万元到最高突破1000万元，2008年销售额接近10亿。2009年销售额比2008年增长了50%，2011年销售额比2010年增长了25%，并且稳步增长。2011年首旅集团将其持有的新燕莎控股100%的股权过户至西单商场名下，并办理完了工商变更登记手续。至此，西单大悦城成为新燕莎控股的唯一股东。西单大悦城与新燕莎的重组是北京市国资委做大做强北京市属国有商业资产的一项举措，双方合并后，成为北京一家超大型商业航母。重组后的公司在北京零售市场份额位居第一。由图8.3可看出，西单大悦城是市场占有率、增长率都比较高的产品，需要充足的资金及资源来支持其发展。从长远来看，中粮集团应积极扩大经济规模和市场机会，提高市场占有率，加强竞争地位。

### （二）中粮葡萄酒应作为金牛类

中粮集团是国内三大葡萄酒生产企业之一，旗下拥有中国长城葡萄酒公司、华夏长城葡萄酒公司和长城葡萄酒公司等三大企业，均坐落于中国三大重要的葡萄产地。作为中国葡萄酒第一品牌，长城葡萄酒不但屡登国际重要舞台，更数次摘得国际大奖，连续七年市场占有率第一。根据中国食品（0506.hk）2009年年报显示，2009年中粮葡萄酒销量达到11.85万吨，比上年同期增长13.2%，实现销售额31.97亿港元，2009年销售额较上年增长14.6%。由图8.3可看出，中粮葡萄酒产业已经较为成熟，增长速度低，市场占有率大，已经不需要投资，反而能为企业带来巨大利润，以支持其他业务的发展。对此可把设备投资和其他投资尽量压缩。

### （三）五谷道场应作为瘦狗类

2009年4月，已经通过破产重组获得的五谷道场的36.75%的股权因为债券问题先后被外地法院查封。如果中粮集团大举进入方便面市场，以其的财力和地位，康师傅等其他方便面品牌不可能不感受到威胁，一旦如此，那么中粮集团的供应商地位必定不保。方便面行业又是一个高度集中的产业，一旦失去供应商资格，对中粮集团的影响无疑是灾难性的。由图8.3可知，五谷道场市场占有率及增长率都很低，竞争激烈，利润很低，对于此产业，最好缩小经营范围，加强内部管理，必要时可以舍弃，将损失降到最低。

（四）中茶应作为问题类

2010年，中粮集团传统中式茶叶市场份额大约为13.28%，其他品牌的市场份额则高达86.72%。2011年，中茶销售收入约15亿元，5年后实现不低于50亿元的销售额，意味着之后5年，中茶的年复合增长率必定保持在25%以上。由图8.3可见，虽然中茶市场占有率低，但增长率较高，属于正缓慢增长的产品。对此产品应采取扶持对策，分析其可投资性，对可改造的地方进行重点投资，将其慢慢转变成明星产业。

（五）中粮大米应作为问题类

中粮米业自2002年获得在国内销售大米的资格后，其内销业务中粮米业重点打造金地、福临门和武湖三个核心品牌，力争在2008年实现销售10万吨，2010年实现销售50万吨，年增长率达到200%以上，到2015年中粮米业至少占10%的市场份额。由图8.3可知，中粮大米虽然市场占有率较低，但增长迅速，有较大潜力发展成为明星产品。由于其处于引进期，还未完全打开市场局面，所以市场占有率偏低。企业应该加大宣传等方面的投资，扩大其市场，以增加市场占有率。

（六）中粮可口可乐应作为金牛类

中粮可口可乐是可口可乐与中粮集团在2000年4月合资建立的，是国内唯一由中资企业控股的可口可乐瓶装集团。2009年，中粮可口可乐在中国的业绩已连续21个季度获得双位数增长，仅2008年的增长率就有19%。由图8.3可知，中粮可口可乐处于产品成熟期，增长缓慢，市场占有率大。这种产品不需要太多投资，可以采取收获战略，即缩小投入资源以达到短期收益最大化为限，维持现有市场占有率。

（七）中粮地产应作为明星类

中粮地产极有可能成为中粮集团的地产整合平台，而地产将成为中粮集团的三大主业之一。2009年中粮集团净利润同比增长均超过1倍，而中粮地产的年报显示，2009年该公司实现营业收入20.14亿元，同比增长85.26%。由图8.3可见，中粮地产属于迅速增长的市场，拥有较大市场份额。企业应优先供给其发展扩张所需资源，加强对生产和销售两方面的管理，以长远利益为目标，争取将其变为现金牛产业。

# 任务三　学生运用经营战略心得

下面以 A 组为例,以 CEO、财务总监、营销总监三个角色为代表谈谈他们模拟经营以及战略运用的心得。

## 一、CEO 运用经营战略心得

为期两天的沙盘模拟竞赛让人有许多感悟和收获。短短两天时间,6 个财政年,对所有人来说都获益匪浅。团队合作、整体规划、产销预测、产品研发、市场开发、广告投资、贷款还款等书本上学来的知识是第一次在实践中综合运用,每个人都在和团队成员的交流中相互切磋,相互学习。

### (一) 从整个战略看 A 组

第 1 年只有一个产品,一个市场,所以关键在于广告的数额,但是在第 1 年的决策中,由于大家都只看到了市场老大的位置,拼命地抬价,我们虽然也投入了比较多的费用,但还是失去了有利的地位。而在第 2 年我们的目标是争夺市场、投资生产线和进行产品研发,同时还有市场开拓。在对比了各产品和市场的销售预测后,我们终于决定了产品和市场的方向。但在第 2 年中,我们犯了一个严重的错误,就是市场广告费用投入过大,使资金流量不足,以至于以后好几年都亏损。但在以后的经营过程中,我们也由于第 2 年的广告大投入而一直占据市场的领头地位,为后期节省了不少费用。同时,我们认真地研究了各市场的行情,做出了较明智的决策,最终实现盈利。同时,在整个经营过程中,我们的负债比率一直很高,在实际的经营过程中可能不会存在,是我们充分利用了长期贷款的优势,使现金流量良好地运行。遗憾的是,当我们从逆境中走出,准备开始大展拳脚的时候,6 年实验结束了。如果再给我们两年的时间,我们交出去的一定是一个完美成长的企业。

总的来说,我们的战略定位没有错,但在实施的过程中,也有一些决策考虑不足,比如第 2 年的广告费投入过多。

### (二) 从个人的角色看 A 组

模拟竞赛结束后的第一个感觉是,自己在不断地移动灰、蓝、红币,可是冷静下来细想,获益真的很多。在竞赛过程中,我更换过角色做财务总监和采购总监。做财务十分辛苦,要做很多的记录和计算。不仅要处理大量的报表,而且还要确保报表的平衡。在制作报表的过程中可能会出现各种意想不到的问题,一个小小的失误或差错就会使整个报表失衡。而作为采购总监，不是简单地进行采购，在做出采购决策的同时不仅要考虑当前的生产能力和计划产出及库存量，同时还得在大家做出未来预测的条件下，考虑未来可能的生产计划。而且在经营的过程中，还要和大家团结合作，共同做出企业的经营决策。

### （三）对竞赛过程的一点看法

竞赛中具体的步骤虽然都比较明确，但也有些地方不够统一，特别是在竞赛过程中，团队成员的理解并不总是一致，导致不同的组之间的结果差异很大。另外，从竞赛过程中发现，企业有时会为了财务报表的平衡而有意地去进行一些活动，比如违背时序。由此可知，财务对于企业的重要性。同时也可看出，企业经营过程中决策的重要性，一个库存的移动都会对企业的财务报表产生很大的影响。

总之，在整个经营过程中，无论是作为什么角色，都应该积极地参与企业经营的各项决策，同时大家应该互相帮助，团结合作，把企业的整体利益放在各自部门的利益之上，从企业的全局出发。做沙盘模拟竞赛使我对企业的日常经营活动有了具体的了解，而且也使平常学的知识与实践进行了一次具体地结合，加深了对理论知识的认知，提高了自己分析问题的能力。

## 二、财务总监运用经营战略心得

为期数天的ERP沙盘模拟比赛结束了，沉浸在灰币、订单、广告的世界里，一路摸爬滚打下来，我有太多的心得和体会，不夸张地说，这几天的收获比任何时候都要多。

### （一）从整个战略看A组

第1年只有一个产品，一个市场，所以关键在于广告费的多少，营销总监给我们立了大功，使我们很顺利地拿到了销售额最高、利润最大的订单，所以，第1年我们没费任何心思。同时我们把自己定位在市场老大的位置上，如果想继续保住市场老大的位置，那么只有靠产品创造利润，我们决定投资生产线。在上一年所有者权益还很充足的情况下，我们及时地借足了长期贷款，预计第2、3年是投资年，不会盈利，但是从第4年开始，我们会借助强大的生产规模使利润迅速增长，只要我们的现金流能挺过最困难的第2年和第3年，那肯定没问题。这种思路在我看来是一个正常的企业成长思路。

但是，可能是被第1年的胜利冲昏了头脑，我们的心态极为浮躁，没有一个人认真地研究过最为重要的广告规则。在第2、3年我们错误地投入了大量的广告费却没有拿到该拿到的订单，致使我们的资金投入到生产线和产品成本中不能及时收回，这样就得不断地借贷款。第5、6年当我们谨慎地用最少的广告费拿到最大的订单，产生了最大的现金收入后，这些现金收入却全部用来归还各种各样的贷款和利息，直到第6年，当我们的贷款压力减小，才开始有利润，当所有者权益开始增加时，比赛却结束了。

战略定位没有错，我们花大力气盯住了别的企业没有的产品和市场，但广告费投入过多是我们心中永远的痛，真是"一失足成千古恨"。

## （二）作为财务总监的自我反省

上课之前，我跃跃欲试地想把课堂上的东西应用于实践，但模拟比赛结束之后，我反思了作为财务总监这样一个举足轻重的角色。在企业经营前两年，我没有意识到自己的重要性，把自己的职责简化成了会计，认为把账记平是我最大的责任，我没有认真地做过一次短期经营决策，也没有认真地做过利润预测，没有精确地计算过成本，该做的很多都没有做，致使从第3年开始，我们的现金流频频出现危机，企业时刻面临破产的风险。从第1年到第6年我们借的高利贷金额竟然达到了260M，光利息就压得我们喘不过气来，从第3年年末开始，才向营销总监要数据预测销售额，向生产总监要下一年生产成本的数据，预测利润，再预测费用，防止现金断流，防止债台继续高筑，认真分析与关联企业的交易到底给我们带来了多大的收益。如果从第1年开始我就能进入这样的角色，那么就不会在第2年其他企业纷纷缩减广告费的同时我们打出39M的广告费用。如果没有这个失误，我们会少很多恶性循环的贷款，也不会饱受借新贷还旧贷的折磨。

经过这次的教训，我认识到，作为一个企业的财务总监，要学会在下一年开始之前根据营销和生产部门的具体情况做计划，然后根据计划做预测，根据预测对生产过程进行控制，在年末要对经营结果进行反馈，做到用最小的成本获得最大的收益。

## （三）从团队协作看A组

在这个5人的团队里，每个人的角色都很重要，我们的胜利每个人都有功劳，我们的失败每个人都有不可推卸的责任。在开始的两年，我们合作得不是很协调，配合不是很默契，沟通不足，使很多信息不能在整个团队内有效地传递，导致了很多失误。随着时间的推进，我们进入了困境，但是各部门的配合却越来越默契，各种信息都能良好地传递，供应、生产和销售的配合，使我们在第6年做到了零库存。

我们在最困难的时候依然团结，依然没有放弃，最后终于慢慢摆脱了困境。但是，我不得不说，我们的CEO有时很不称职，在我们债台高筑、资金链频频告急、广告打不准、订单拿不到的时候，CEO没有承担责任。在这样的情况下，我们其余4个部门只有齐心合力自己做决策。少了一个人的参与，每个人都感觉压力又大了一分，责任也重了一分。

我们这个团队，如果评优秀员工的话，我会投营销总监的票，在最困难的时候，我们的营销总监精打细算，积极奔走于竞争对手之间，寻求最广泛的合作，增加利润，减少库存，增加现金流。在最后一年，团队预测只要拿到220M的订单，我们就能周转了。在经过一番激战后，我们的营销总监拿回了240M的订单。

## （四）从整个市场环境看企业成长

模拟经营前两年，企业之间互相排挤，互不合作，每个企业把精力全部放在自己企业内部，这样做是不可取的。这样的市场是一个畸形的、不健康的市场，在这种市场环境下成长的企业都不会有持续发展的可能。

随着时间的推移，企业之间各种各样的合作方式涌现出来，来料加工、进料加工、库存转移、广告合作策略等，形式多样，都是为了实现双赢甚至多赢，这样的市场才是正常的、成熟的市场，这样企业才有生存下去的潜力，才会创造更多的价值。

最后，要感谢我们的老师和他的助手，这两天一直在左右辅助我们把比赛进行下去，使我们从实训中学到了很多课本上学不到的东西，感谢这次比赛让我们知道了自己的不足，我们都想再来一次。

### 三、营销总监运用经营战略心得

作为团队的营销总监，我感到十分庆幸。我们是一支亲密无间、团结合作的队伍，彼此合作所产生的愉悦，远远超过了企业盈利所带来的欣喜，我们在高度合作的情况下，取得了傲人的成绩，我为自己团队的成绩而自豪。

作为营销总监，我的任务也十分明确，企业将生产何种产品？生产多少？广告投入如何？通过何种销售渠道？哪里将会是我们的目标市场？市场比例如何安排？这都是营销总监所要考虑和参与决策的问题。然而，这些问题不能毫无依据地解决，市场具有一定的灵活多变性，很大部分问题都没有一个确定的答案，所以制订营销计划有很大的困难。但是，作为营销总监所要具备的一个素质是，在多变的市场中，根据对产品市场信息的分析、企业自身产能的了解，及对竞争对手情况的探测，制定一个稳定但又不失灵活的方案，同时，要根据市场变化采取相应的对策，在特殊情况下，提前做出计划。一个真正成功的企业，甚至能影响和决定市场。

（一）市场策略的制定

在第二轮竞赛还未开始之前，我们就必须制定出一个合理的产品市场方案，根据已有的产品市场资料分析，此次的市场包括本地、区域、国内、亚洲、国际5个市场，在这几个市场上，不同的产品有着不同的价格和需求量。

同时在众多因素的影响下，这六年间各个市场在不同时间内会扩容或是缩小，不同市场对应的市场容量也有不同的变化。因此在这几年的企业经营中，要明确市场导向，及时根据市场需求量和对应产品需求量的变化做出调整。为了适应市场的发展，我们制订出如下计划。

1. 产品策略

由市场预测可知，P3产品虽然研发成本较高，但是其越到后面的年份价格越高，需求量也越大，生产只需要3个材料费用和1个制造费用且只占用一条生产线。P2产品前几年市场前景广阔，但是后劲不足且生产P2产品需要P1产品做原料，大大限制了生产能力。P4产品开发费用高且市场需求不大，故而本企业将以生产P3产品为主，将初始年的P1产品下线后，马上进行生产线的改造。同时留一至两条生产线生产P1产品以减小全部生产P3产品带来的高风险。

通过对本地市场 P1 系列产品需求及价格的预测数据的分析，我们发现，除了国际市场，P1 产品的价格有逐年递减的趋势，并且一开始的价格也不高，只有 5M 左右。从第 5 年开始，P1 产品的纯利润将趋于零。为了企业的可持续发展，我们决定在第 1 年第一季度开始就投资新产品的研发。在选择开发哪种产品时，我们发现，P3 产品价格逐年上升，到了第 4 年达到 P1 产品的两倍，而其研发所需费用为 12M。经过一年半的研发后即可投入生产，并且 P3 产品越是到后面年份，市场越大，价格越高。而且对比 P2 产品，P3 产品实际只占用一条生产线。所以最终我们选择了研发 P3 产品。根据市场资料分析，ISO 系列的认证并不紧迫，故而此项工作我们安排在了第 2、3 年开始。

2. 市场开发策略

未来 6 年由于市场的开拓直接关系到企业可以拿到的订单数量，也关系到企业差异化竞争的成败，故而市场的开拓在第 1 年年初就必须进行。但是从市场预测看，国际市场虽然开拓周期长但是 P1 产品需求量巨大且价格高，所以国际市场也必须开拓。另外，因为本地市场容量有限，我们对区域市场、国内市场、亚洲市场和国际市场进行对比分析发现，进入这几个市场的时间分别需要 1 年、2 年、3 年、4 年，所需投资分别为 1M、2M、3M、4M。因为我们的产能需要大量的市场订单才能消化，所以我们将开发所有的市场，争取在以后的竞争中取得两到三个市场老大的位置。

3. 竞争策略

本公司主要实施差异化竞争战略，直接跳过 P2 产品，在 P3 产品上投广告，以取得一到两个市场的 P3 产品市场老大地位。P1 产品上一直保持平稳生产，以能够消化产能为主。

4. 广告策略

第 1 年投入 4M～6M 的广告费，只要拿到 P1 产品的订单即可，以后基本都做 P3 产品的订单，P1 产品能消化产能即可。根据市场容量制定出最合适的广告策略，以拿到市场老大的地位为主要目的，但不能使广告费用太高而影响财务状况。另外，注意有些年份的市场容量的变化和产品需求的变化，做好市场预测，拿到与生产能力相配套的订单。

（二）市场策略的实施与经验教训

每一年的市场策略的实施与经验教训介绍如下。

1. 第 1 年

由于只能生产 P1 产品，P3 产品尚未研发成功，生产线尚未改造成功，在本地市场中 P1 产品占有较大市场份额，希望争取使 P1 产品成为本地市场的老大。考虑到第 1 年大家的产能一样，面对的目标市场也一样，广告投 3M 的企业会很多，所以我们在本地市场的广告费投入了 4M，拿到了两张 P1 产品订单，销售额为 32M。

根据计划进行 P3 产品的研发和开拓区域、国内、亚洲、国际市场，并获得了区域市场准入资格。

2. 第 2 年

由于生产线即将建成，P3 产品也快开发完成，我们小组在年度广告上投入了 6M，希望能够多拿订单，成为市场老大。

事实上我们也基本上拿到了预想中的订单，根据我们对 P3 产品生产能力的分析预算，P3 产品在第 3 季度投产，到第 4 季度可以产出 3 个，而我们拿到的订单总数是 2 个 P3 产品，故而能基本满足。另外为了消化剩下的 3 个 P1 产品的存货，以及今年产出的 4 个 P1 产品，我们在 P1 产品上又投入了 2M 的广告，拿到了 4 个 P1 产品的订单。

另外，考虑到以后的生产资格要求，开始进行 ISO9000、ISO14000 认证的工作，并在这年获得了国内市场准入资格。

3. 第 3 年

由于在第 3 年 P3 产品新增了区域和国内市场，我们希望通过加大广告投资，多拿订单，抢占市场老大的位置。我们投入 16M 的广告得到了 6 张订单，总量为 9 个 P3 产品和 6 个 P1 产品，总销售额超过 100M。此轮我们总共拿到了 4 个市场老大位置。在 P3 产品方面，我们拿到了本地市场和国内市场老大的位置；在 P1 产品方面，我们很轻易地拿到了国内市场老大的位置。在以后的生产中，我们只需投入 1M 的广告，就可以轻而易举地拿到自己想要的 P1 产品订单。但是在拿订单的时候，我们错误地估计了 P1 产品的生产能力，导致 P1 产品有违约风险。最后是从 A 公司和 F 公司高价买入 P1 产品才使我们不至于违约，但是利润少了 4M。

4. 第 4 年

首先，我们对市场现状进行分析，在竞争对手上，我们与 B 组有着共同的核心产品和目标市场，其产能也几乎与我们一样，所以将 B 组作为我们的主要竞争对手是十分明确的。通过观察，除 B 组是我们的主要竞争对手外，另外还有两组有柔性线的组也有生产 P3 产品的可能性，但是他们的柔性线主要用于生产 P2 产品，所以我们不担心他们会来我们的目标市场上抢占份额。

凭借上年我们在 P3 产品上拿到了本地和国内两个市场老大的位置，今年继续稳做这两个市场的老大，问题并不大。区域市场老大的位置被 B 组抢占，为公司长远竞争考虑，我们希望本轮在区域市场上也抢一些订单，争取将区域市场抢回来。根据订单数量和其他组 P3 产品产能状况，广告在区域市场投入较大，但是后来出现了意想不到的情况，根据我们的估测，E 组将主要生产 P2 产品，但在这一轮，E 组用其柔性线生产 P3 产品，拿走了我们想要的区域的订单，造成区域市场被 B 组稳稳占据，也让我们的广告费有一定的浪费。

在本地和国内市场上我公司基本拿到了非常好的订单，总共投入了 14M 的广告费，获得 120M 的销售额，毛利达到 66M。

5. 第 5 年

在 P1 产品方面，由于我们的产能有限，所以对订单的要求也不高，投两个市场 1M 的广告费就基本能满足。

然而总结上年，我们和主要竞争对手 B 组各有自己的 P3 产品市场老大位置。上一年在亚洲市场 P3 产品没有成为市场老大，这一年争取获得亚洲市场老大的位置，我们就可以稳定胜局，所以在亚洲市场上投放了 5M 的广告，但是结果 B 组以 1M 的优势拿到了亚洲市场老大的位置，并且在这一个市场上就拿到了 90M 的销售量，而我们在这一市场上投入了 5M 的费用，仅仅拿到了销售额为 12M 的订单。在此次广告投放中，最大的失败就是在亚洲市场上，我们的财务总监很明确地跟我讲过，最大广告财务预算为 18M，但此轮我们投了 16M，希望在最小成本内获得最大利益，结果还是由于过于胆小，失去了在亚洲市场做老大的机会，同时也给了 B 组反超自己的机会。

6. 第 6 年

此年的市场情况，竞争对手明确，产能明确，市场老大明确，我们仅仅根据自己的产能就给出了广告费用分配情况，这一年，我们用了 11M 的广告费用，拿到了 8 张单子，销售额为 162M。

由于我们在广告费已经投下去的情况下又决定下一轮改造生产线，将唯一的 P1 产品生产线改成 P3 产品，全部生产 P3 产品，P1 产品的产能缩小 2 个，造成投入了广告费但却无法拿到订单的情况，浪费了 1M 的广告费。所以，在进行广告费投入之前，要对自己的产能有准确的估算，并且在拿单时，要做到每期产能和订单交货期都没有矛盾，这样才能做到广告费不浪费，也不会产生违约情况。

（三）营销总监广告投入小技巧

1. 市场老大

市场老大在投入广告费的时候，对于需求量相对较大的产品 P2 或 P3、P4 来说，最好投入 3M，以免竞争者抢占了市场老大的位置，而且如果有第二次选单机会，你可以选取一张单价比较高的订单。

2. 非市场老大

在有市场老大的市场里最好进行价格差策略，投入广告费时以 2M、4M、6M、8M 为主。

3. 新市场

在新市场上，如果想要争市场老大位置的话，广告费必须进行价格差战略，使投入总额控制在 12M 以下。如果不想争市场老大位置的话，广告费以 1M、2M 为主。

4. 技巧

在投广告费的时候，一定要综合各个组的产能及市场老大的情况。例如，某一年，本地市场 A 组是市场老大，其产能是 8 个 P2、12 个 P3、8 个 P4，而 P2、P3、P4 的总需求分别是 12 个、15 个、6 个，那么我们在本地市场上 P2 会投 1M 或者 3M，P3 会投 3M，P4 投 1M 就够了。

## 任务四　三种典型策略详细介绍

俗话说，"凡事预则立，不预则废"，"未曾画竹，而已成竹在胸"。同样，做 ERP 沙盘模拟实训前，也要有一整套策略成型于心，方能使你的团队临危不乱，镇定自若，在变幻莫测的比赛中笑到最后。下面，介绍三种典型的整体策略和三个实训大赛中的例子供读者启发思路。

### 一、力压群雄——霸王策略

#### （一）策略介绍

霸王策略指在一开始即大举贷款，所筹到的大量资金用于扩大产能，保证产能第一，以高广告投入策略夺取本地市场老大，并随着产品开发的节奏，实现由 P1 向 P2、P3 等主流产品的过渡。在竞争中，始终保持主流产品和综合销售额第一。后期用高广告投入策略争取主导产品最高价市场的老大地位，使权益最高，令对手望尘莫及，赢得比赛。

#### （二）运作要点

运作好霸王策略的关键有两点：一是资本运作，有效使用长短期融资手段，使自己有充足的资金用于扩大产能和维持高额的广告费用，并能抵御强大的还款压力，使资金运转正常，所以，此策略对财务总监要求很高；二是精确地预测产能和生产成本，有效地预估市场产品需求和订单结构。如何安排产能扩大的节奏，如何实现"零库存"，如何进行产品组合与市场开发，这些将决定着企业经营的成败。

#### （三）评述

采取霸王策略的团队，需要相当的魄力，真的像当年的霸王项羽那样，敢于破釜沉舟，谨小慎微者不宜采用。此策略的隐患在于，如果资金或广告在某一环节出现失误，则会使自己陷入十分艰难的处境，过大的还款压力和贷款费用，可能将自己逼入破产的境地，就像霸王自刎乌江那样。所以，此策略的风险很高，属于高投入、高产出，但高投入并不一定会有高产出。

【案例】

想在产能上领先别人，就要扩大生产能力，投资新的生产线。为缩短生产周期就可能会变卖原有的手工生产线，转而投资全自动或柔性生产线。

B公司在第1年将三条手工生产线上的P1产品完工入库后陆续变卖，在大厂房内新投资建设了四条全自动生产线，而其他各组则在第1年的生产线投资上显得有些保守。因此，公司在第2年便建立了产能优势，并利用产能抢市场，即投放少的广告费接别人因产能不足不敢接的大单，再建新的生产线，如此形成良性循环。第3年，在大厂房又建立一条全自动生产线，并租下小厂房投建了四条全自动生产线。到第4年，形成了一条半自动线和九条全自动线的产能格局。最终，依靠产能优势取得了胜利。

## 二、忍辱负重——越王策略

（一）策略介绍

越王策略也可称为迂回策略。采取此策略者通常有很大的产能潜力，但由于前期广告运作失误，导致订单过少，销售额过低，产品大量积压，权益大幅下降，处于劣势地位。所以，在第2、第3年只能维持生产，延缓产品开发计划，或只进行P2产品的开发，积攒力量，度过危险期。在第4年时，突然退出P3或P4产品，配以精确广告策略，出其不意地攻占对手的薄弱市场。在对手忙于应付时，把P3或P4产品的最高价市场把持在手，并抓住不放，不给对手机会，最终赢得胜利。

（二）运作要点

越王策略制胜的关键，首先在于后期的广告运作和现金测算上。因为要采取精确的广告策略，所以一定要仔细分析对手的情况，找到他们在市场中的薄弱环节，以最小的代价夺得市场，降低成本。其次是现金预测，因为要出奇兵（P3或P4产品），但这些产品对现金要求又很高，所以现金预测必须准确，如果届时现金断流，完不成订单，那将前功尽弃。

（三）评述

越王策略不是一种主动的策略，多半是在经营不利的情况下采取的，所以团队成员要有很强的忍耐力与决断力，不为眼前一时的困境所压倒，并学会"好钢用在刀刃上"，节约开支，降低成本，先图生存，再图胜出。

【案例】

E公司在前两年默默无闻，只投了少量的广告费用以销售必要的P1产品，没有发展的迹象，但维持了很高的权益。就在人们感叹其发展前景时，E公司却在第3年当其他公司的所有者权益严重下降，融资困难，陷入发展瓶颈时，利用自己的所有者权益优势获得了大量的短期融资，开发了P2、P3、P4产品，变卖了原有的生产线并投资建成了六条全自动生产线。在第4年，别的企业步履维艰时，E公司一举收复失地。第5年更是锦上添花，利用产品组合优势，扩大产能，直至第6年胜出。

### 三、见风使舵——渔翁策略

#### （一）策略介绍

渔翁策略是典型的跟随策略。当市场上有两大实力相当的企业争夺第一时，渔翁策略就派上用场了。其在产能上要努力跟随前两者的开发节奏，同时在企业内部努力降低成本，在每次新市场开辟时均采用低广告策略，规避风险，稳健经营，在其两败俱伤时立即占领市场。

#### （二）运作要点

渔翁策略的关键点有两个：第一在于"稳"，即经营过程中一切按部就班，广告投入、产能扩大都是循序渐进，逐步实现的，真正做到稳扎稳打。第二要利用好时机，因为时机会稍纵即逝，一定要仔细分析对手情况。

#### （三）评述

渔翁策略在比赛中是常见的，但要成功一定要做好充分准备。只有这样，才能在机会来临时迅速抓住，从而使对手无法超越。

**【案例】**

柔性生产线由于其投资费用、折旧费用高而不被"行家"看好。但 D 公司一上来就斥巨资投建了四条柔性生产线，并把这四条柔性生产线打造成自己的核心竞争力。灵活调节产能，灵活进行广告投放和接单，使自己在各方面有了更多的余地，既迷惑了对手，也节省了广告费，用非常少的广告费用接到了非常合适的订单。因为有些大单对手不敢接，生产不出来，所以 D 公司最终赢得了比赛。但此法对生产的组织要求较高，极易出现原材料短缺或积压的情况。

# 任务五　解密企业经营本质

经营，就是用有限的资源，创造一个尽可能大的附加价值，再用附加价值来满足人们无限的需求，所以经营的理念应该是创造价值。经营的目的就是获得顾客的认同和市场的反馈，取得经营成效，取得投入产出的有效性，北京大学陈春花教授界定的经营的基本元素包括以下几个方面。

### 一、顾客价值

顾客价值是一种战略思维，一种准则。顾客的需要和偏好是什么？用何种方式满足？最适合这种方式的产品和服务是什么？提供这些产品和服务的投入要素是什么？使用这些关键要素的资产和核心竞争力是什么？

## 二、有竞争力的合理成本

没有最低成本，只有合理成本，廉价劳动力的人口红利不过是在压抑劳动价值，而不是真正意义上的低成本，是不规范经营以及没有承担企业本该承担的责任而侥幸获得的结果。西南航空公司的成本优势来源于时间效率，丰田的成本优势来自发挥一线员工的智慧，沃尔玛的优势来自管理效率，而中国企业的成本优势却来自劳动力、土地资源、政策，以及原材料，这值得人深思。成本优势应该来自产品和服务的能力、有效生产的能力、流程简化的能力、人尽其才的能力和经营的意志力。（考虑流程成本、沉没成本、快速的市场反应、高效的消费者回应，将优秀的人放在第一线，而不是通过提拔放在第二线。）

## 三、有效的规模

通常情况下，规模是衡量一个企业经营能力的重要指标，但这样的理解并不准确。规模带来成本优势，带来市场影响力，从本质上来说是竞争。规模包括三层含义：生存规模意味着更大的生存空间；竞争规模意味着市场占有率；发展规模意味着行业领先，利于整合产业价值链。时代的改变（竞争环境改变，供大于求，市场细分的现实，技术改变市场结构）要求我们必须调整企业导向，由规模导向调整到顾客导向。判断一个企业的成功与否，只需要衡量三个指标：客户满意度、员工满意度和现金流。

## 四、具人性关怀的盈利

利润的目标是为了支付公司发展所需要的资金并提供达到顾客目标所需要的各种资源，企业必须获得利润。但利润要取之有道，企业应该把社会期望转化到企业的核心价值和所有成员的成长上。企业的宗旨必须包括组织目标、组织的作业程序、组织的社会和经济环境对组织产生的影响。可以从以下几个要素来理解企业的核心价值观。

（一）顾客

任正非说，企业高层领导的责任包括三件事：布阵，点兵，与顾客沟通。因此，企业的目标应该是向企业的顾客提供尽可能多的物品和服务，从而获得并保持他们的尊重和忠诚。

（二）成长

企业成长只是受到企业利润和员工发展及制造真正能满足顾客需要的技术产品的能力的限制。

（三）人员

帮助企业所有人员分享企业的成果，正是因为他们才使企业盈利成为现实。应以他们的工作成绩为依据，为他们提供职业保障，承认他们的个人成就，保证他们由于完成工作而产生的个人满足感。

### (四) 管理

管理是人和资源的结合。管理的目标就是使个人在实现明确规定的目标时有充分的行动自由，从而鼓励人的主动性和创造性。

### (五) 公民身份

企业应该承认和尊重企业对社会的责任，让企业成为每个国家和每个社区的一项经济、智力和社会财富。

# 附录 A　手工沙盘企业经营过程记录

## 起始年经营记录表

企业经营流程表

| 企业经营流程<br>请按顺序执行下列各项操作。 | 每执行完一项操作，CEO 请在相应的方格内画"√"。<br>财务总监（助理）在方格中填写现金收支情况。 | | | |
|---|---|---|---|---|
| 新年度规划会议 | | | | |
| 参加订货会 / 登记销售订单 | | | | |
| 制订新年度计划 | | | | |
| 支付应付税 | | | | |
| 季初现金盘点（请填余额） | | | | |
| 更新短期贷款 / 还本付息 / 申请短期贷款（高利贷） | | | | |
| 更新应付款 / 归还应付款 | | | | |
| 原材料入库 / 更新原料订单 | | | | |
| 下原料订单 | | | | |
| 更新生产 / 完工入库 | | | | |
| 投资新生产线 / 变卖生产线 / 生产线转产 | | | | |
| 向其他企业购买原材料 / 出售原材料 | | | | |
| 开始下一批生产 | | | | |
| 更新应收款 / 应收款收现 | | | | |
| 出售厂房 | | | | |
| 向其他企业购买成品 / 出售成品 | | | | |
| 按订单交货 | | | | |
| 产品研发投资 | | | | |
| 支付行政管理费 | | | | |
| 其他现金收支情况登记 | | | | |
| 支付利息 / 更新长期贷款 / 申请长期贷款 | | | | |
| 支付设备维护费 | | | | |
| 支付租金 / 购买厂房 | | | | |
| 计提折旧 | | | | （　） |
| 新市场开拓 /ISO 资格认证投资 | | | | |

续表

| 结账 | | | | |
|---|---|---|---|---|
| 现金收入合计 | | | | |
| 现金支出合计 | | | | |
| 期末现金对账（请填余额） | | | | |

## 订单登记表

| 市场 | | | | | | | | | | 合计 |
|---|---|---|---|---|---|---|---|---|---|---|
| 产品 | | | | | | | | | | |
| 数量 | | | | | | | | | | |
| 交货期 | | | | | | | | | | |
| 应收款账期 | | | | | | | | | | |
| 销售额 | | | | | | | | | | |
| 成本 | | | | | | | | | | |
| 毛利 | | | | | | | | | | |

## 产品核算统计表

| | P1 | P2 | P3 | P4 | 合计 |
|---|---|---|---|---|---|
| 数量 | | | | | |
| 销售额 | | | | | |
| 成本 | | | | | |
| 毛利 | | | | | |

## 综合管理费用明细表

单位：M

| 项　目 | 金　额 | 备　注 |
|---|---|---|
| 管理费 | | |
| 广告费 | | |
| 维修费 | | |
| 租　金 | | |
| 转产费 | | |
| 市场准入开拓 | | □本地　□区域　□国内　□亚洲　□国际 |
| ISO 资格认证 | | □ ISO9000　　□ 1SO14000 |
| 产品研发 | | P1（　）P2（　）P3（　）P4（　）P5（　） |
| 损　失 | | |
| 合　计 | | |

## 利润表

单位：M

| 项　　目 | 上　年　数 | 本　年　数 |
|---|---|---|
| 销售收入 | 35 | |
| 直接成本 | 12 | |
| 毛利 | 23 | |
| 综合费用 | 11 | |
| 折旧前利润 | 12 | |
| 折旧 | 4 | |
| 支付利息前利润 | 8 | |
| 财务收入／支出 | 4 | |
| 财务收入／支出 | | |
| 税前利润 | 4 | |
| 所得税 | 1 | |
| 净利润 | 3 | |

## 资产负债表

单位：M

| 资　　产 | 期初数 | 期末数 | 负债和所有者权益 | 期初数 | 期末数 |
|---|---|---|---|---|---|
| 流动资产： | | | 负债： | | |
| 现金 | 20 | | 长期负债 | 40 | |
| 应收款 | 15 | | 短期负债 | | |
| 在制品 | 8 | | 应付账款 | | |
| 成品 | 6 | | 应交税金 | 1 | |
| 原料 | 3 | | 一年内到期的长期负债 | | |
| 流动资产合计 | 52 | | 负债合计 | 41 | |
| 固定资产： | | | 所有者权益： | | |
| 土地和建筑 | 40 | | 股东资本 | 50 | |
| 机器与设备 | 13 | | 利润留存 | 11 | |
| 在建工程 | | | 年度净利 | 3 | |
| 固定资产合计 | 53 | | 所有者权益合计 | 64 | |
| 资产总计 | 105 | | 负债和所有者权益总计 | 105 | |

# 起始年经营总结

## 一、企业目标实现情况分析

| 目　　标 | 实现情况 | 原因及分析 |
|---|---|---|
| 企业总体 | | |
| 市场占有 | | |
| 产品销售 | | |
| 产品生产 | | |
| 原料采购 | | |
| 固定投资 | | |
| 财务指标 | | |

## 二、公司管理与运营效率分析

（一）个人能力发挥

_____
_____
_____

（二）团队协作情况

_____
_____
_____

（三）制度流程执行

_____
_____
_____

## 三、学习体会

_____
_____
_____
_____

# 第1年经营记录表

**企业经营流程表**

| 企业经营流程<br>请按顺序执行下列各项操作。 | 每执行完一项操作,CEO 请在相应的方格内画"√"。<br>财务总监(助理)在方格中填写现金收支情况。 | | | |
|---|---|---|---|---|
| 新年度规划会议 | | | | |
| 参加订货会/登记销售订单 | | | | |
| 制订新年度计划 | | | | |
| 支付应付税 | | | | |
| 季初现金盘点(请填余额) | | | | |
| 更新短期贷款/还本付息/申请短期贷款(高利贷) | | | | |
| 更新应付款/归还应付款 | | | | |
| 原材料入库/更新原料订单 | | | | |
| 下原料订单 | | | | |
| 更新生产/完工入库 | | | | |
| 投资新生产线/变卖生产线/生产线转产 | | | | |
| 向其他企业购买原材料/出售原材料 | | | | |
| 开始下一批生产 | | | | |
| 更新应收款/应收款收现 | | | | |
| 出售厂房 | | | | |
| 向其他企业购买成品/出售成品 | | | | |
| 按订单交货 | | | | |
| 产品研发投资 | | | | |
| 支付行政管理费 | | | | |
| 其他现金收支情况登记 | | | | |
| 支付利息/更新长期贷款/申请长期贷款 | | | | |
| 支付设备维护费 | | | | |
| 支付租金/购买厂房 | | | | |
| 计提折旧 | | | | ( ) |
| 新市场开拓/ISO 资格认证投资 | | | | |
| 结账 | | | | |
| 现金收入合计 | | | | |
| 现金支出合计 | | | | |
| 期末现金对账(请填余额) | | | | |

## 现金预算表

| | 1 | 2 | 3 | 4 |
|---|---|---|---|---|
| **期初库存现金** | | | | |
| 支付上年应交税 | | | | |
| 市场广告投入 | | | | |
| 贴现费用 | | | | |
| 利息（短期贷款） | | | | |
| 支付到期短期贷款 | | | | |
| 原料采购支付现金 | | | | |
| 转产费用 | | | | |
| 生产线投资 | | | | |
| 工人工资 | | | | |
| 产品研发投资 | | | | |
| **收到现金前的所有支出** | | | | |
| 应收款到期 | | | | |
| 支付管理费用 | | | | |
| 利息（长期贷款） | | | | |
| 支付到期长期贷款 | | | | |
| 设备维护费用 | | | | |
| 租金 | | | | |
| 购买新建筑 | | | | |
| 市场开拓投资 | | | | |
| ISO 认证投资 | | | | |
| 其他 | | | | |
| 库存现金余额 | | | | |

## 要点记录

第一季度：_____

第二季度：_____

第三季度：_____

第四季度：_____

年底小结：_____

## 订单登记表

| 订单号 | | | | | | | | | | 合计 |
|---|---|---|---|---|---|---|---|---|---|---|
| 市场 | | | | | | | | | | |
| 产品 | | | | | | | | | | |
| 数量 | | | | | | | | | | |
| 账期 | | | | | | | | | | |
| 销售额 | | | | | | | | | | |
| 成本 | | | | | | | | | | |
| 毛利 | | | | | | | | | | |
| 未售 | | | | | | | | | | |

## 产品核算统计表

| | P1 | P2 | P3 | P4 | 合计 |
|---|---|---|---|---|---|
| 数量 | | | | | |
| 销售额 | | | | | |
| 成本 | | | | | |
| 毛利 | | | | | |

## 综合管理费用明细表

单位：M

| 项 目 | 金 额 | 备 注 |
|---|---|---|
| 管理费 | | |
| 广告费 | | |
| 保养费 | | |
| 租 金 | | |
| 转产费 | | |
| 市场准入开拓 | | □区域 □国内 □亚洲 □国际 |
| ISO 资格认证 | | □ ISO9000 □ 1SO14000 |
| 产品研发 | | P2（ ） P3（ ） P4（ ） |
| 其他 | | |
| 合计 | | |

## 利润表

单位：M

| 项　　目 | 上　年　数 | 本　年　数 |
|---|---|---|
| 销售收入 | | |
| 直接成本 | | |
| 毛利 | | |
| 综合费用 | | |
| 折旧前利润 | | |
| 折旧 | | |
| 支付利息前利润 | | |
| 财务收入／支出 | | |
| 其他收入／支出 | | |
| 税前利润 | | |
| 所得税 | | |
| 净利润 | | |

## 资产负债表

单位：M

| 资　　产 | 期初数 | 期末数 | 负债和所有者权益 | 期初数 | 期末数 |
|---|---|---|---|---|---|
| 流动资产： | | | 负债： | | |
| 　现金 | | | 　长期负债 | | |
| 　应收款 | | | 　短期负债 | | |
| 　在制品 | | | 　应付账款 | | |
| 　成品 | | | 　应交税金 | | |
| 　原料 | | | 　一年内到期的长期负债 | | |
| 　流动资产合计 | | | 　负债合计 | | |
| 固定资产： | | | 所有者权益： | | |
| 　土地和建筑 | | | 　股东资本 | | |
| 　机器与设备 | | | 　利润留存 | | |
| 　在建工程 | | | 　年度净利 | | |
| 　固定资产合计 | | | 　所有者权益合计 | | |
| 　资产总计 | | | 　负债和所有者权益总计 | | |

# 第1年经营总结

## 一、企业目标实现情况分析

| 目　　标 | 实现情况 | 原因及分析 |
|---|---|---|
| 企业总体 | | |
| 市场占有 | | |
| 产品销售 | | |
| 产品生产 | | |
| 原料采购 | | |
| 固定投资 | | |
| 财务指标 | | |

## 二、公司管理与运营效率分析

（一）个人能力发挥

_____
_____
_____

（二）团队协作情况

_____
_____
_____

（三）制度流程执行

_____
_____
_____

## 三、学习体会

_____
_____
_____

# 第 2 年经营记录表

## 企业经营流程表

| 企业经营流程<br>请按顺序执行下列各项操作。 | 每执行完一项操作，CEO 请在相应的方格内画 "√"。<br>财务总监（助理）在方格中填写现金收支情况。 | | | |
|---|---|---|---|---|
| 新年度规划会议 | | | | |
| 参加订货会 / 登记销售订单 | | | | |
| 制订新年度计划 | | | | |
| 支付应付税 | | | | |
| 季初现金盘点（请填余额） | | | | |
| 更新短期贷款 / 还本付息 / 申请短期贷款（高利贷） | | | | |
| 更新应付款 / 归还应付款 | | | | |
| 原材料入库 / 更新原料订单 | | | | |
| 下原料订单 | | | | |
| 更新生产 / 完工入库 | | | | |
| 投资新生产线 / 变卖生产线 / 生产线转产 | | | | |
| 向其他企业购买原材料 / 出售原材料 | | | | |
| 开始下一批生产 | | | | |
| 更新应收款 / 应收款收现 | | | | |
| 出售厂房 | | | | |
| 向其他企业购买成品 / 出售成品 | | | | |
| 按订单交货 | | | | |
| 产品研发投资 | | | | |
| 支付行政管理费 | | | | |
| 其他现金收支情况登记 | | | | |
| 支付利息 / 更新长期贷款 / 申请长期贷款 | | | | |
| 支付设备维护费 | | | | |
| 支付租金 / 购买厂房 | | | | |
| 计提折旧 | | | | （ ） |
| 新市场开拓 /ISO 资格认证投资 | | | | |
| 结账 | | | | |
| 现金收入合计 | | | | |
| 现金支出合计 | | | | |
| 期末现金对账（请填余额） | | | | |

## 现金预算表

| | 1 | 2 | 3 | 4 |
|---|---|---|---|---|
| **期初库存现金** | | | | |
| 支付上年应交税 | | | | |
| 市场广告投入 | | | | |
| 贴现费用 | | | | |
| 利息（短期贷款） | | | | |
| 支付到期短期贷款 | | | | |
| 原料采购支付现金 | | | | |
| 转产费用 | | | | |
| 生产线投资 | | | | |
| 工人工资 | | | | |
| 产品研发投资 | | | | |
| **收到现金前的所有支出** | | | | |
| 应收款到期 | | | | |
| 支付管理费用 | | | | |
| 利息（长期贷款） | | | | |
| 支付到期长期贷款 | | | | |
| 设备维护费用 | | | | |
| 租金 | | | | |
| 购买新建筑 | | | | |
| 市场开拓投资 | | | | |
| ISO 认证投资 | | | | |
| 其他 | | | | |
| 库存现金余额 | | | | |

# 要点记录

第一季度：_____

第二季度：_____

第三季度：_____

第四季度：_____

年底小结：_____

## 订单登记表

| 订单号 | | | | | | | | | | 合计 |
|---|---|---|---|---|---|---|---|---|---|---|
| 市场 | | | | | | | | | | |
| 产品 | | | | | | | | | | |
| 数量 | | | | | | | | | | |
| 账期 | | | | | | | | | | |
| 销售额 | | | | | | | | | | |
| 成本 | | | | | | | | | | |
| 毛利 | | | | | | | | | | |
| 未售 | | | | | | | | | | |

## 产品核算统计表

| | P1 | P2 | P3 | P4 | 合计 |
|---|---|---|---|---|---|
| 数量 | | | | | |
| 销售额 | | | | | |
| 成本 | | | | | |
| 毛利 | | | | | |

## 综合管理费用明细表

单位：M

| 项　目 | 金　额 | 备　注 |
|---|---|---|
| 管理费 | | |
| 广告费 | | |
| 保养费 | | |
| 租　金 | | |
| 转产费 | | |
| 市场准入开拓 | | □区域　□国内　□亚洲　□国际 |
| ISO 资格认证 | | □ ISO9000　□ 1SO14000 |
| 产品研发 | | P2（　）P3（　）P4（　） |
| 其　他 | | |
| 合　计 | | |

## 利润表

单位：M

| 项　　目 | 上　年　数 | 本　年　数 |
|---|---|---|
| 销售收入 | | |
| 直接成本 | | |
| 毛利 | | |
| 综合费用 | | |
| 折旧前利润 | | |
| 折旧 | | |
| 支付利息前利润 | | |
| 财务收入/支出 | | |
| 其他收入/支出 | | |
| 税前利润 | | |
| 所得税 | | |
| 净利润 | | |

## 资产负债表

单位：M

| 资　　产 | 期初数 | 期末数 | 负债和所有者权益 | 期初数 | 期末数 |
|---|---|---|---|---|---|
| 流动资产： | | | 负债： | | |
| 　现金 | | | 　长期负债 | | |
| 　应收款 | | | 　短期负债 | | |
| 　在制品 | | | 　应付账款 | | |
| 　成品 | | | 　应交税金 | | |
| 　原料 | | | 　一年内到期的长期负债 | | |
| 　流动资产合计 | | | 　负债合计 | | |
| 固定资产： | | | 所有者权益： | | |
| 　土地和建筑 | | | 　股东资本 | | |
| 　机器与设备 | | | 　利润留存 | | |
| 　在建工程 | | | 　年度净利 | | |
| 　固定资产合计 | | | 　所有者权益合计 | | |
| 　资产总计 | | | 　负债和所有者权益总计 | | |

# 第 2 年经营总结

## 一、企业目标实现情况分析

| 目　　标 | 实现情况 | 原因及分析 |
|---|---|---|
| 企业总体 | | |
| 市场占有 | | |
| 产品销售 | | |
| 产品生产 | | |
| 原料采购 | | |
| 固定投资 | | |
| 财务指标 | | |

## 二、公司管理与运营效率分析

（一）个人能力发挥

_____
_____
_____

（二）团队协作情况

_____
_____
_____

（三）制度流程执行

_____
_____
_____

## 三、学习体会

_____
_____
_____

# 第 3 年经营记录表

## 企业经营流程表

| 企业经营流程<br>请按顺序执行下列各项操作。 | 每执行完一项操作，CEO 请在相应的方格内画"√"。<br>财务总监（助理）在方格中填写现金收支情况。 | | | |
|---|---|---|---|---|
| 新年度规划会议 | | | | |
| 参加订货会 / 登记销售订单 | | | | |
| 制订新年度计划 | | | | |
| 支付应付税 | | | | |
| 季初现金盘点（请填余额） | | | | |
| 更新短期贷款 / 还本付息 / 申请短期贷款（高利贷） | | | | |
| 更新应付款 / 归还应付款 | | | | |
| 原材料入库 / 更新原料订单 | | | | |
| 下原料订单 | | | | |
| 更新生产 / 完工入库 | | | | |
| 投资新生产线 / 变卖生产线 / 生产线转产 | | | | |
| 向其他企业购买原材料 / 出售原材料 | | | | |
| 开始下一批生产 | | | | |
| 更新应收款 / 应收款收现 | | | | |
| 出售厂房 | | | | |
| 向其他企业购买成品 / 出售成品 | | | | |
| 按订单交货 | | | | |
| 产品研发投资 | | | | |
| 支付行政管理费 | | | | |
| 其他现金收支情况登记 | | | | |
| 支付利息 / 更新长期贷款 / 申请长期贷款 | | | | |
| 支付设备维护费 | | | | |
| 支付租金 / 购买厂房 | | | | |
| 计提折旧 | | | | （ ） |
| 新市场开拓 /ISO 资格认证投资 | | | | |
| 结账 | | | | |
| 现金收入合计 | | | | |
| 现金支出合计 | | | | |
| 期末现金对账（请填余额） | | | | |

## 现金预算表

| | 1 | 2 | 3 | 4 |
|---|---|---|---|---|
| **期初库存现金** | | | | |
| 支付上年应交税 | | | | |
| 市场广告投入 | | | | |
| 贴现费用 | | | | |
| 利息（短期贷款） | | | | |
| 支付到期短期贷款 | | | | |
| 原料采购支付现金 | | | | |
| 转产费用 | | | | |
| 生产线投资 | | | | |
| 工人工资 | | | | |
| 产品研发投资 | | | | |
| **收到现金前的所有支出** | | | | |
| 应收款到期 | | | | |
| 支付管理费用 | | | | |
| 利息（长期贷款） | | | | |
| 支付到期长期贷款 | | | | |
| 设备维护费用 | | | | |
| 租金 | | | | |
| 购买新建筑 | | | | |
| 市场开拓投资 | | | | |
| ISO 认证投资 | | | | |
| 其他 | | | | |
| 库存现金余额 | | | | |

## 要点记录

第一季度：_____

第二季度：_____

第三季度：_____

第四季度：_____

年底小结：_____

## 订单登记表

| 订单号 |  |  |  |  |  |  |  |  |  |  | 合计 |
|---|---|---|---|---|---|---|---|---|---|---|---|
| 市场 |  |  |  |  |  |  |  |  |  |  |  |
| 产品 |  |  |  |  |  |  |  |  |  |  |  |
| 数量 |  |  |  |  |  |  |  |  |  |  |  |
| 账期 |  |  |  |  |  |  |  |  |  |  |  |
| 销售额 |  |  |  |  |  |  |  |  |  |  |  |
| 成本 |  |  |  |  |  |  |  |  |  |  |  |
| 毛利 |  |  |  |  |  |  |  |  |  |  |  |
| 未售 |  |  |  |  |  |  |  |  |  |  |  |

## 产品核算统计表

|  | P1 | P2 | P3 | P4 | 合计 |
|---|---|---|---|---|---|
| 数量 |  |  |  |  |  |
| 销售额 |  |  |  |  |  |
| 成本 |  |  |  |  |  |
| 毛利 |  |  |  |  |  |

## 综合管理费用明细表

单位：M

| 项目 | 金额 | 备注 |
|---|---|---|
| 管理费 |  |  |
| 广告费 |  |  |
| 保养费 |  |  |
| 租金 |  |  |
| 转产费 |  |  |
| 市场准入开拓 |  | □区域　□国内　□亚洲　□国际 |
| ISO 资格认证 |  | □ISO9000　□1SO14000 |
| 产品研发 |  | P2（　）P3（　）P4（　） |
| 其他 |  |  |
| 合计 |  |  |

## 利润表

单位：M

| 项　　目 | 上　年　数 | 本　年　数 |
|---|---|---|
| 销售收入 | | |
| 直接成本 | | |
| 毛利 | | |
| 综合费用 | | |
| 折旧前利润 | | |
| 折旧 | | |
| 支付利息前利润 | | |
| 财务收入／支出 | | |
| 其他收入／支出 | | |
| 税前利润 | | |
| 所得税 | | |
| 净利润 | | |

## 资产负债表

单位：M

| 资　产 | 期初数 | 期末数 | 负债和所有者权益 | 期初数 | 期末数 |
|---|---|---|---|---|---|
| 流动资产： | | | 负债： | | |
| 现金 | | | 长期负债 | | |
| 应收款 | | | 短期负债 | | |
| 在制品 | | | 应付账款 | | |
| 成品 | | | 应交税金 | | |
| 原料 | | | 一年内到期的长期负债 | | |
| 流动资产合计 | | | 负债合计 | | |
| 固定资产： | | | 所有者权益： | | |
| 土地和建筑 | | | 股东资本 | | |
| 机器与设备 | | | 利润留存 | | |
| 在建工程 | | | 年度净利 | | |
| 固定资产合计 | | | 所有者权益合计 | | |
| 资产总计 | | | 负债和所有者权益总计 | | |

# 第 3 年经营总结

## 一、企业目标实现情况分析

| 目标 | 实现情况 | 原因及分析 |
|---|---|---|
| 企业总体 | | |
| 市场占有 | | |
| 产品销售 | | |
| 产品生产 | | |
| 原料采购 | | |
| 固定投资 | | |
| 财务指标 | | |

## 二、公司管理与运营效率分析

（一）个人能力发挥

_____
_____
_____

（二）团队协作情况

_____
_____
_____

（三）制度流程执行

_____
_____
_____

## 三、学习体会

_____
_____
_____

# 第 4 年经营记录表

## 企业经营流程表

| 企业经营流程<br>请按顺序执行下列各项操作。 | 每执行完一项操作，CEO 请在相应的方格内画"√"。<br>财务总监（助理）在方格中填写现金收支情况。 | | | |
|---|---|---|---|---|
| 新年度规划会议 | | | | |
| 参加订货会 / 登记销售订单 | | | | |
| 制订新年度计划 | | | | |
| 支付应付税 | | | | |
| 季初现金盘点（请填余额） | | | | |
| 更新短期贷款 / 还本付息 / 申请短期贷款（高利贷） | | | | |
| 更新应付款 / 归还应付款 | | | | |
| 原材料入库 / 更新原料订单 | | | | |
| 下原料订单 | | | | |
| 更新生产 / 完工入库 | | | | |
| 投资新生产线 / 变卖生产线 / 生产线转产 | | | | |
| 向其他企业购买原材料 / 出售原材料 | | | | |
| 开始下一批生产 | | | | |
| 更新应收款 / 应收款收现 | | | | |
| 出售厂房 | | | | |
| 向其他企业购买成品 / 出售成品 | | | | |
| 按订单交货 | | | | |
| 产品研发投资 | | | | |
| 支付行政管理费 | | | | |
| 其他现金收支情况登记 | | | | |
| 支付利息 / 更新长期贷款 / 申请长期贷款 | | | | |
| 支付设备维护费 | | | | |
| 支付租金 / 购买厂房 | | | | |
| 计提折旧 | | | | （　） |
| 新市场开拓 /ISO 资格认证投资 | | | | |
| 结账 | | | | |
| 现金收入合计 | | | | |
| 现金支出合计 | | | | |
| 期末现金对账（请填余额） | | | | |

**现金预算表**

|  | 1 | 2 | 3 | 4 |
|---|---|---|---|---|
| **期初库存现金** |  |  |  |  |
| 支付上年应交税 |  |  |  |  |
| 市场广告投入 |  |  |  |  |
| 贴现费用 |  |  |  |  |
| 利息（短期贷款） |  |  |  |  |
| 支付到期短期贷款 |  |  |  |  |
| 原料采购支付现金 |  |  |  |  |
| 转产费用 |  |  |  |  |
| 生产线投资 |  |  |  |  |
| 工人工资 |  |  |  |  |
| 产品研发投资 |  |  |  |  |
| **收到现金前的所有支出** |  |  |  |  |
| 应收款到期 |  |  |  |  |
| 支付管理费用 |  |  |  |  |
| 利息（长期贷款） |  |  |  |  |
| 支付到期长期贷款 |  |  |  |  |
| 设备维护费用 |  |  |  |  |
| 租金 |  |  |  |  |
| 购买新建筑 |  |  |  |  |
| 市场开拓投资 |  |  |  |  |
| ISO 认证投资 |  |  |  |  |
| 其他 |  |  |  |  |
| 库存现金余额 |  |  |  |  |

# 要点记录

第一季度：_____

第二季度：_____

第三季度：_____

第四季度：_____

年底小结：_____

## 订单登记表

| 订单号 | | | | | | | | | | | 合计 |
|---|---|---|---|---|---|---|---|---|---|---|---|
| 市场 | | | | | | | | | | | |
| 产品 | | | | | | | | | | | |
| 数量 | | | | | | | | | | | |
| 账期 | | | | | | | | | | | |
| 销售额 | | | | | | | | | | | |
| 成本 | | | | | | | | | | | |
| 毛利 | | | | | | | | | | | |
| 未售 | | | | | | | | | | | |

## 产品核算统计表

| | P1 | P2 | P3 | P4 | 合计 |
|---|---|---|---|---|---|
| 数量 | | | | | |
| 销售额 | | | | | |
| 成本 | | | | | |
| 毛利 | | | | | |

## 综合管理费用明细表

单位：M

| 项目 | 金额 | 备注 |
|---|---|---|
| 管理费 | | |
| 广告费 | | |
| 保养费 | | |
| 租金 | | |
| 转产费 | | |
| 市场准入开拓 | | □区域  □国内  □亚洲  □国际 |
| ISO 资格认证 | | □ISO9000   □1SO14000 |
| 产品研发 | | P2（  ） P3（  ） P4（  ） |
| 其他 | | |
| 合计 | | |

## 利润表

单位：M

| 项　　　目 | 上　年　数 | 本　年　数 |
|---|---|---|
| 销售收入 | | |
| 直接成本 | | |
| 毛利 | | |
| 综合费用 | | |
| 折旧前利润 | | |
| 折旧 | | |
| 支付利息前利润 | | |
| 财务收入／支出 | | |
| 其他收入／支出 | | |
| 税前利润 | | |
| 所得税 | | |
| 净利润 | | |

## 资产负债表

单位：M

| 资　　产 | 期初数 | 期末数 | 负债和所有者权益 | 期初数 | 期末数 |
|---|---|---|---|---|---|
| 流动资产： | | | 负债： | | |
| 　现金 | | | 　长期负债 | | |
| 　应收款 | | | 　短期负债 | | |
| 　在制品 | | | 　应付账款 | | |
| 　成品 | | | 　应交税金 | | |
| 　原料 | | | 　一年内到期的长期负债 | | |
| 　流动资产合计 | | | 　负债合计 | | |
| 固定资产： | | | 所有者权益： | | |
| 　土地和建筑 | | | 　股东资本 | | |
| 　机器与设备 | | | 　利润留存 | | |
| 　在建工程 | | | 　年度净利 | | |
| 　固定资产合计 | | | 　所有者权益合计 | | |
| 　资产总计 | | | 　负债和所有者权益总计 | | |

# 第 4 年经营总结

## 一、企业目标实现情况分析

| 目　　标 | 实现情况 | 原因及分析 |
|---|---|---|
| 企业总体 | | |
| 市场占有 | | |
| 产品销售 | | |
| 产品生产 | | |
| 原料采购 | | |
| 固定投资 | | |
| 财务指标 | | |

## 二、公司管理与运营效率分析

（一）个人能力发挥

_____
_____
_____

（二）团队协作情况

_____
_____
_____

（三）制度流程执行

_____
_____
_____

## 三、学习体会

_____
_____
_____

# 第 5 年经营记录表

**企业经营流程表**

| 企业经营流程<br>请按顺序执行下列各项操作。 | 每执行完一项操作，CEO 请在相应的方格内画"√"。<br>财务总监（助理）在方格中填写现金收支情况。 | | | | |
|---|---|---|---|---|---|
| 新年度规划会议 | | | | | |
| 参加订货会/登记销售订单 | | | | | |
| 制订新年度计划 | | | | | |
| 支付应付税 | | | | | |
| 季初现金盘点（请填余额） | | | | | |
| 更新短期贷款/还本付息/申请短期贷款（高利贷） | | | | | |
| 更新应付款/归还应付款 | | | | | |
| 原材料入库/更新原料订单 | | | | | |
| 下原料订单 | | | | | |
| 更新生产/完工入库 | | | | | |
| 投资新生产线/变卖生产线/生产线转产 | | | | | |
| 向其他企业购买原材料/出售原材料 | | | | | |
| 开始下一批生产 | | | | | |
| 更新应收款/应收款收现 | | | | | |
| 出售厂房 | | | | | |
| 向其他企业购买成品/出售成品 | | | | | |
| 按订单交货 | | | | | |
| 产品研发投资 | | | | | |
| 支付行政管理费 | | | | | |
| 其他现金收支情况登记 | | | | | |
| 支付利息/更新长期贷款/申请长期贷款 | | | | | |
| 支付设备维护费 | | | | | |
| 支付租金/购买厂房 | | | | | |
| 计提折旧 | | | | | （ ） |
| 新市场开拓/ISO 资格认证投资 | | | | | |
| 结账 | | | | | |
| 现金收入合计 | | | | | |
| 现金支出合计 | | | | | |
| 期末现金对账（请填余额） | | | | | |

## 现金预算表

| | 1 | 2 | 3 | 4 |
|---|---|---|---|---|
| **期初库存现金** | | | | |
| 支付上年应交税 | | | | |
| 市场广告投入 | | | | |
| 贴现费用 | | | | |
| 利息（短期贷款） | | | | |
| 支付到期短期贷款 | | | | |
| 原料采购支付现金 | | | | |
| 转产费用 | | | | |
| 生产线投资 | | | | |
| 工人工资 | | | | |
| 产品研发投资 | | | | |
| **收到现金前的所有支出** | | | | |
| 应收款到期 | | | | |
| 支付管理费用 | | | | |
| 利息（长期贷款） | | | | |
| 支付到期长期贷款 | | | | |
| 设备维护费用 | | | | |
| 租金 | | | | |
| 购买新建筑 | | | | |
| 市场开拓投资 | | | | |
| ISO 认证投资 | | | | |
| 其他 | | | | |
| 库存现金余额 | | | | |

## 要点记录

第一季度：_____

第二季度：_____

第三季度：_____

第四季度：_____

年底小结：_____

## 订单登记表

| 订单号 |  |  |  |  |  |  |  |  |  |  |  | 合计 |
|---|---|---|---|---|---|---|---|---|---|---|---|---|
| 市场 |  |  |  |  |  |  |  |  |  |  |  |  |
| 产品 |  |  |  |  |  |  |  |  |  |  |  |  |
| 数量 |  |  |  |  |  |  |  |  |  |  |  |  |
| 账期 |  |  |  |  |  |  |  |  |  |  |  |  |
| 销售额 |  |  |  |  |  |  |  |  |  |  |  |  |
| 成本 |  |  |  |  |  |  |  |  |  |  |  |  |
| 毛利 |  |  |  |  |  |  |  |  |  |  |  |  |
| 未售 |  |  |  |  |  |  |  |  |  |  |  |  |

## 产品核算统计表

|  | P1 | P2 | P3 | P4 | 合计 |
|---|---|---|---|---|---|
| 数量 |  |  |  |  |  |
| 销售额 |  |  |  |  |  |
| 成本 |  |  |  |  |  |
| 毛利 |  |  |  |  |  |

## 综合管理费用明细表

单位：M

| 项目 | 金额 | 备注 |
|---|---|---|
| 管理费 |  |  |
| 广告费 |  |  |
| 保养费 |  |  |
| 租金 |  |  |
| 转产费 |  |  |
| 市场准入开拓 |  | □区域　□国内　□亚洲　□国际 |
| ISO 资格认证 |  | □ ISO9000　□ 1SO14000 |
| 产品研发 |  | P2（　）P3（　）P4（　） |
| 其他 |  |  |
| 合计 |  |  |

## 利润表

单位：M

| 项　　目 | 上　年　数 | 本　年　数 |
|---|---|---|
| 销售收入 | | |
| 直接成本 | | |
| 毛利 | | |
| 综合费用 | | |
| 折旧前利润 | | |
| 折旧 | | |
| 支付利息前利润 | | |
| 财务收入/支出 | | |
| 其他收入/支出 | | |
| 税前利润 | | |
| 所得税 | | |
| 净利润 | | |

## 资产负债表

单位：M

| 资　　产 | 期初数 | 期末数 | 负债和所有者权益 | 期初数 | 期末数 |
|---|---|---|---|---|---|
| 流动资产： | | | 负债： | | |
| 　现金 | | | 　长期负债 | | |
| 　应收款 | | | 　短期负债 | | |
| 　在制品 | | | 　应付账款 | | |
| 　成品 | | | 　应交税金 | | |
| 　原料 | | | 　一年内到期的长期负债 | | |
| 　流动资产合计 | | | 　负债合计 | | |
| 固定资产： | | | 所有者权益： | | |
| 　土地和建筑 | | | 　股东资本 | | |
| 　机器与设备 | | | 　利润留存 | | |
| 　在建工程 | | | 　年度净利 | | |
| 　固定资产合计 | | | 　所有者权益合计 | | |
| 　资产总计 | | | 　负债和所有者权益总计 | | |

# 第 5 年经营总结

## 一、企业目标实现情况分析

| 目标 | 实现情况 | 原因及分析 |
|---|---|---|
| 企业总体 | | |
| 市场占有 | | |
| 产品销售 | | |
| 产品生产 | | |
| 原料采购 | | |
| 固定投资 | | |
| 财务指标 | | |

## 二、公司管理与运营效率分析

（一）个人能力发挥

（二）团队协作情况

（三）制度流程执行

## 三、学习体会

# 第 6 年经营记录表

### 企业经营流程表

| 企业经营流程<br>请按顺序执行下列各项操作。 | 每执行完一项操作，CEO 请在相应的方格内画"√"。<br>财务总监（助理）在方格中填写现金收支情况。 | | | |
|---|---|---|---|---|
| 新年度规划会议 | | | | |
| 参加订货会 / 登记销售订单 | | | | |
| 制订新年度计划 | | | | |
| 支付应付税 | | | | |
| 季初现金盘点（请填余额） | | | | |
| 更新短期贷款 / 还本付息 / 申请短期贷款（高利贷） | | | | |
| 更新应付款 / 归还应付款 | | | | |
| 原材料入库 / 更新原料订单 | | | | |
| 下原料订单 | | | | |
| 更新生产 / 完工入库 | | | | |
| 投资新生产线 / 变卖生产线 / 生产线转产 | | | | |
| 向其他企业购买原材料 / 出售原材料 | | | | |
| 开始下一批生产 | | | | |
| 更新应收款 / 应收款收现 | | | | |
| 出售厂房 | | | | |
| 向其他企业购买成品 / 出售成品 | | | | |
| 按订单交货 | | | | |
| 产品研发投资 | | | | |
| 支付行政管理费 | | | | |
| 其他现金收支情况登记 | | | | |
| 支付利息 / 更新长期贷款 / 申请长期贷款 | | | | |
| 支付设备维护费 | | | | |
| 支付租金 / 购买厂房 | | | | |
| 计提折旧 | | | | （　） |
| 新市场开拓 /ISO 资格认证投资 | | | | |
| 结账 | | | | |
| 现金收入合计 | | | | |
| 现金支出合计 | | | | |
| 期末现金对账（请填余额） | | | | |

## 现金预算表

| | 1 | 2 | 3 | 4 |
|---|---|---|---|---|
| **期初库存现金** | | | | |
| 支付上年应交税 | | | | |
| 市场广告投入 | | | | |
| 贴现费用 | | | | |
| 利息（短期贷款） | | | | |
| 支付到期短期贷款 | | | | |
| 原料采购支付现金 | | | | |
| 转产费用 | | | | |
| 生产线投资 | | | | |
| 工人工资 | | | | |
| 产品研发投资 | | | | |
| **收到现金前的所有支出** | | | | |
| 应收款到期 | | | | |
| 支付管理费用 | | | | |
| 利息（长期贷款） | | | | |
| 支付到期长期贷款 | | | | |
| 设备维护费用 | | | | |
| 租金 | | | | |
| 购买新建筑 | | | | |
| 市场开拓投资 | | | | |
| ISO 认证投资 | | | | |
| 其他 | | | | |
| 库存现金余额 | | | | |

# 要点记录

第一季度：_____

第二季度：_____

第三季度：_____

第四季度：_____

年底小结：_____

## 订单登记表

| 订单号 | | | | | | | | | | 合计 |
|---|---|---|---|---|---|---|---|---|---|---|
| 市场 | | | | | | | | | | |
| 产品 | | | | | | | | | | |
| 数量 | | | | | | | | | | |
| 账期 | | | | | | | | | | |
| 销售额 | | | | | | | | | | |
| 成本 | | | | | | | | | | |
| 毛利 | | | | | | | | | | |
| 未售 | | | | | | | | | | |

## 产品核算统计表

| | P1 | P2 | P3 | P4 | 合计 |
|---|---|---|---|---|---|
| 数量 | | | | | |
| 销售额 | | | | | |
| 成本 | | | | | |
| 毛利 | | | | | |

## 综合管理费用明细表

单位：M

| 项　目 | 金　额 | 备　注 |
|---|---|---|
| 管理费 | | |
| 广告费 | | |
| 保养费 | | |
| 租金 | | |
| 转产费 | | |
| 市场准入开拓 | | □区域　□国内　□亚洲　□国际 |
| ISO 资格认证 | | □ ISO9000　□ 1SO14000 |
| 产品研发 | | P2（　）P3（　）P4（　） |
| 其他 | | |
| 合计 | | |

## 利润表

单位：M

| 项　　目 | 上　年　数 | 本　年　数 |
|---|---|---|
| 销售收入 | | |
| 直接成本 | | |
| 毛利 | | |
| 综合费用 | | |
| 折旧前利润 | | |
| 折旧 | | |
| 支付利息前利润 | | |
| 财务收入／支出 | | |
| 其他收入／支出 | | |
| 税前利润 | | |
| 所得税 | | |
| 净利润 | | |

## 资产负债表

单位：M

| 资　　产 | 期初数 | 期末数 | 负债和所有者权益 | 期初数 | 期末数 |
|---|---|---|---|---|---|
| 流动资产： | | | 负债： | | |
| 　现金 | | | 　长期负债 | | |
| 　应收款 | | | 　短期负债 | | |
| 　在制品 | | | 　应付账款 | | |
| 　成品 | | | 　应交税金 | | |
| 　原料 | | | 　一年内到期的长期负债 | | |
| 　流动资产合计 | | | 　负债合计 | | |
| 固定资产： | | | 所有者权益： | | |
| 　土地和建筑 | | | 　股东资本 | | |
| 　机器与设备 | | | 　利润留存 | | |
| 　在建工程 | | | 　年度净利 | | |
| 　固定资产合计 | | | 　所有者权益合计 | | |
| 　资产总计 | | | 　负债和所有者权益总计 | | |

# 第 6 年经营总结

## 一、企业目标实现情况分析

| 目　　标 | 实现情况 | 原因及分析 |
|---|---|---|
| 企业总体 |  |  |
| 市场占有 |  |  |
| 产品销售 |  |  |
| 产品生产 |  |  |
| 原料采购 |  |  |
| 固定投资 |  |  |
| 财务指标 |  |  |

## 二、公司管理与运营效率分析

（一）个人能力发挥

_____

_____

_____

（二）团队协作情况

_____

_____

_____

（三）制度流程执行

_____

_____

_____

## 三、学习体会

_____

_____

# 附录 B 手工沙盘生产计划及采购计划

手工沙盘生产计划及采购计划编制举例

| 生产线 | | 第 1 年 | | | | 第 2 年 | | | | 第 3 年 | | | |
|---|---|---|---|---|---|---|---|---|---|---|---|---|---|
| | | 一季度 | 二季度 | 三季度 | 四季度 | 一季度 | 二季度 | 三季度 | 四季度 | 一季度 | 二季度 | 三季度 | 四季度 |
| 1 | 产品 | | | P1 | | | | | | | | | P2 |
| | 材料 | | R1 | | R1 | | | | | | | | |
| 2 | 产品 | | P1 | | P1 | | | | | | | | |
| | 材料 | R1 | | | | | | | | | | | |
| 3 | 产品 | P1 | | | P1 | P1 | | | | | | | |
| | 材料 | | | | | | | | | | | | |
| 4 | 产品 | | | | P1 | | P1 | | | | | P2 | |
| | 材料 | R1 | | | | | | | | | | | |
| 5 | 产品 | | | | | | | | | | | | |
| | 材料 | | | | | | | | | | | | |
| …… | 产品 | | | | | | | | | | | | |
| | 材料 | | | | | | | | | | | | |
| 合计 | 产品 | 1P1 | 2P1 | 1P1 | 2P1 | | | | | | | | |
| | 材料 | 2R1 | 1R1 | | 1R1 | | | | | | | | |

## 手工沙盘生产计划及采购计划编制（1～3年）

| 生产线 | | 第1年 | | | | 第2年 | | | | 第3年 | | | |
|---|---|---|---|---|---|---|---|---|---|---|---|---|---|
| | | 一季度 | 二季度 | 三季度 | 四季度 | 一季度 | 二季度 | 三季度 | 四季度 | 一季度 | 二季度 | 三季度 | 四季度 |
| 1 | 产品 | | | | | | | | | | | | |
| | 材料 | | | | | | | | | | | | |
| 2 | 产品 | | | | | | | | | | | | |
| | 材料 | | | | | | | | | | | | |
| 3 | 产品 | | | | | | | | | | | | |
| | 材料 | | | | | | | | | | | | |
| 4 | 产品 | | | | | | | | | | | | |
| | 材料 | | | | | | | | | | | | |
| 5 | 产品 | | | | | | | | | | | | |
| | 材料 | | | | | | | | | | | | |
| 6 | 产品 | | | | | | | | | | | | |
| | 材料 | | | | | | | | | | | | |
| 7 | 产品 | | | | | | | | | | | | |
| | 材料 | | | | | | | | | | | | |
| 8 | 产品 | | | | | | | | | | | | |
| | 材料 | | | | | | | | | | | | |
| 合计 | 产品 | | | | | | | | | | | | |
| | 材料 | | | | | | | | | | | | |

## 附录 B 手工沙盘生产计划及采购计划

### 手工沙盘生产计划及采购计划编制（4～6年）

| 生产线 | | 第1年 | | | | 第2年 | | | | 第3年 | | | |
|---|---|---|---|---|---|---|---|---|---|---|---|---|---|
| | | 一季度 | 二季度 | 三季度 | 四季度 | 一季度 | 二季度 | 三季度 | 四季度 | 一季度 | 二季度 | 三季度 | 四季度 |
| 1 | 产品 | | | | | | | | | | | | |
| | 材料 | | | | | | | | | | | | |
| 2 | 产品 | | | | | | | | | | | | |
| | 材料 | | | | | | | | | | | | |
| 3 | 产品 | | | | | | | | | | | | |
| | 材料 | | | | | | | | | | | | |
| 4 | 产品 | | | | | | | | | | | | |
| | 材料 | | | | | | | | | | | | |
| 5 | 产品 | | | | | | | | | | | | |
| | 材料 | | | | | | | | | | | | |
| 6 | 产品 | | | | | | | | | | | | |
| | 材料 | | | | | | | | | | | | |
| 7 | 产品 | | | | | | | | | | | | |
| | 材料 | | | | | | | | | | | | |
| 8 | 产品 | | | | | | | | | | | | |
| | 材料 | | | | | | | | | | | | |
| 合计 | 产品 | | | | | | | | | | | | |
| | 材料 | | | | | | | | | | | | |

# 附录 C 手工沙盘开工计划

## 手工沙盘开工计划

| 产品 | 第 1 年 | | | | 第 2 年 | | | | 第 3 年 | | | |
|---|---|---|---|---|---|---|---|---|---|---|---|---|
| | 一季度 | 二季度 | 三季度 | 四季度 | 一季度 | 二季度 | 三季度 | 四季度 | 一季度 | 二季度 | 三季度 | 四季度 |
| P1 | | | | | | | | | | | | |
| P2 | | | | | | | | | | | | |
| P3 | | | | | | | | | | | | |
| P4 | | | | | | | | | | | | |

| 产品 | 第 4 年 | | | | 第 5 年 | | | | 第 6 年 | | | |
|---|---|---|---|---|---|---|---|---|---|---|---|---|
| | 一季度 | 二季度 | 三季度 | 四季度 | 一季度 | 二季度 | 三季度 | 四季度 | 一季度 | 二季度 | 三季度 | 四季度 |
| 人工付款 | | | | | | | | | | | | |
| P1 | | | | | | | | | | | | |
| P2 | | | | | | | | | | | | |
| P3 | | | | | | | | | | | | |
| P4 | | | | | | | | | | | | |

| 产品 | 第 7 年 | | | | 第 8 年 | | | | 第 9 年 | | | |
|---|---|---|---|---|---|---|---|---|---|---|---|---|
| | 一季度 | 二季度 | 三季度 | 四季度 | 一季度 | 二季度 | 三季度 | 四季度 | 一季度 | 二季度 | 三季度 | 四季度 |
| 人工付款 | | | | | | | | | | | | |
| P1 | | | | | | | | | | | | |
| P2 | | | | | | | | | | | | |
| P3 | | | | | | | | | | | | |
| P4 | | | | | | | | | | | | |
| 人工付款 | | | | | | | | | | | | |

# 附录 D 手工沙盘采购及材料付款计划

手工沙盘采购及材料付款计划

| 产品 | 第 1 年 | | | | 第 2 年 | | | | 第 3 年 | | | |
|---|---|---|---|---|---|---|---|---|---|---|---|---|
| | 一季度 | 二季度 | 三季度 | 四季度 | 一季度 | 二季度 | 三季度 | 四季度 | 一季度 | 二季度 | 三季度 | 四季度 |
| P1 | | | | | | | | | | | | |
| P2 | | | | | | | | | | | | |
| P3 | | | | | | | | | | | | |
| P4 | | | | | | | | | | | | |
| 产品 | 第 4 年 | | | | 第 5 年 | | | | 第 6 年 | | | |
| | 一季度 | 二季度 | 三季度 | 四季度 | 一季度 | 二季度 | 三季度 | 四季度 | 一季度 | 二季度 | 三季度 | 四季度 |
| 人工付款 | | | | | | | | | | | | |
| P1 | | | | | | | | | | | | |
| P2 | | | | | | | | | | | | |
| P3 | | | | | | | | | | | | |
| P4 | | | | | | | | | | | | |
| 产品 | 第 7 年 | | | | 第 8 年 | | | | 第 9 年 | | | |
| | 一季度 | 二季度 | 三季度 | 四季度 | 一季度 | 二季度 | 三季度 | 四季度 | 一季度 | 二季度 | 三季度 | 四季度 |
| 人工付款 | | | | | | | | | | | | |
| P1 | | | | | | | | | | | | |
| P2 | | | | | | | | | | | | |
| P3 | | | | | | | | | | | | |
| P4 | | | | | | | | | | | | |
| 人工付款 | | | | | | | | | | | | |

# 附录 E 电子沙盘企业经营过程记录

## 第 1 年经营记录表

企业经营流程表

| | | | | |
|---|---|---|---|---|
| 年初现金盘点 | | | | |
| 申请长期贷款 | | | | |
| 季初现金盘点（请填余额） | | | | |
| 更新短期贷款/还本付息 | | | | |
| 更新生产/完工入库 | | | | |
| 生产线完工 | | | | |
| 申请短期贷款 | | | | |
| 更新原料库（购买到期的原料，更新在途原料） | | | | |
| 订购原料 | | | | |
| 购租厂房（选择厂房类型，选择购买或租赁） | | | | |
| 新建生产线（选择生产线类型及生产产品种类） | | | | |
| 在建生产线（生产线第二、三、四期的投资） | | | | |
| 生产线转产（选择转产产品种类） | | | | |
| 出售生产线 | | | | |
| 开始下一批生产（空置的生产线开始新一轮生产） | | | | |
| 更新应收款（输入从应收款一期更新到现金库的金额） | | | | |
| 按订单交货 | | | | |
| 厂房处理 | | | | |
| 产品研发投资 | | | | |
| 支付行政管理费 | | | | |
| 新市场开拓 | | | | |
| ISO 资格认证投资 | | | | |
| 支付设备维修费 | | | | |
| 计提折旧 | | | | ( ) |
| 违约扣款 | | | | |
| 紧急采购（随时进行） | | | | |
| 出售库存（随时进行） | | | | |
| 应收款贴现（随时进行） | | | | |

续表

| 贴息（随时进行） | | | | | |
|---|---|---|---|---|---|
| 其他现金收支情况登记（根据需要填写） | | | | | |
| 期末现金对账（请填余额） | | | | | |

## 订单登记表

| 市场 | | | | | | | | | | |
|---|---|---|---|---|---|---|---|---|---|---|
| 产品 | | | | | | | | | | |
| 数量 | | | | | | | | | | |
| 交货期 | | | | | | | | | | |
| 应收款账期 | | | | | | | | | | |
| 销售额 | | | | | | | | | | |
| 成本 | | | | | | | | | | |
| 毛利 | | | | | | | | | | |

## 产品核算统计表

| | P1 | P2 | P3 | P4 | P5 | 合计 |
|---|---|---|---|---|---|---|
| 数量 | | | | | | |
| 销售额 | | | | | | |
| 成本 | | | | | | |
| 毛利 | | | | | | |

## 综合管理费用明细表

单位：W

| 项　目 | 金　额 | 备　注 |
|---|---|---|
| 管理费 | | |
| 广告费 | | |
| 维修费 | | |
| 租金 | | |
| 转产费 | | |
| 市场准入开拓 | | □本地　□区域　□国内　□亚洲　□国际 |
| ISO资格认证 | | □ ISO9000　□ 1SO14000 |
| 产品研发 | | P1（　）P2（　）P3（　）P4（　）P5（　） |
| 损失 | | |
| 合计 | | |

## 利润表

单位：W

| 项　　目 | 本　年　数 |
|---|---|
| 销售收入 |  |
| 直接成本 |  |
| 毛利 |  |
| 综合费用 |  |
| 折旧前利润 |  |
| 折旧 |  |
| 支付利息前利润 |  |
| 财务费用（利息＋贴息） |  |
| 税前利润 |  |
| 所得税 |  |
| 净利润 |  |

## 资产负债表

单位：W

| 资　　产 | 金　　额 | 负债和所有者权益 | 金　　额 |
|---|---|---|---|
| 流动资产： |  | 负债： |  |
| 　现金 |  | 长期负债 |  |
| 　应收款 |  | 短期负债 |  |
| 　在制品 |  | 应交税金 |  |
| 　成品 |  |  |  |
| 　原料 |  |  |  |
| 　流动资产合计 |  | 负债合计 |  |
| 固定资产： |  | 所有者权益： |  |
| 　土地和建筑 |  | 股东资本 |  |
| 　机器与设备 |  | 利润留存 |  |
| 　在建工程 |  | 年度净利 |  |
| 　固定资产合计 |  | 所有者权益合计 |  |
| 资产总计 |  | 负债和所有者权益总计 |  |

# 第 1 年经营总结

## 一、企业目标实现情况分析

| 目标 | 实现情况 | 原因及分析 |
|---|---|---|
| 企业总体 | | |
| 市场占有 | | |
| 产品销售 | | |
| 产品生产 | | |
| 原料采购 | | |
| 固定投资 | | |
| 财务指标 | | |

## 二、公司管理与运营效率分析

（一）个人能力发挥

_____
_____
_____

（二）团队协作情况

_____
_____
_____

（三）制度流程执行

_____
_____
_____

## 三、学习体会

_____
_____
_____
_____

# 第 2 年经营记录表

## 企业经营流程表

|  | | | | | |
|---|---|---|---|---|---|
| 年初现金盘点 | | | | | |
| 申请长期贷款 | | | | | |
| 季初现金盘点（请填余额） | | | | | |
| 更新短期贷款 / 还本付息 | | | | | |
| 更新生产 / 完工入库 | | | | | |
| 生产线完工 | | | | | |
| 申请短期贷款 | | | | | |
| 更新原料库（购买到期的原料，更新在途原料） | | | | | |
| 订购原料 | | | | | |
| 购租厂房（选择厂房类型，选择购买或租赁） | | | | | |
| 新建生产线（选择生产线类型及生产产品种类） | | | | | |
| 在建生产线（生产线第二、三、四期的投资） | | | | | |
| 生产线转产（选择转产产品种类） | | | | | |
| 出售生产线 | | | | | |
| 开始下一批生产（空置的生产线开始新一轮生产） | | | | | |
| 更新应收款（输入从应收款一期更新到现金库的金额） | | | | | |
| 按订单交货 | | | | | |
| 厂房处理 | | | | | |
| 产品研发投资 | | | | | |
| 支付行政管理费 | | | | | |
| 新市场开拓 | | | | | |
| ISO 资格认证投资 | | | | | |
| 支付设备维修费 | | | | | |
| 计提折旧 | | | | | ( ) |
| 违约扣款 | | | | | |
| 紧急采购（随时进行） | | | | | |
| 出售库存（随时进行） | | | | | |
| 应收款贴现（随时进行） | | | | | |
| 贴息（随时进行） | | | | | |
| 其他现金收支情况登记（根据需要填写） | | | | | |
| 期末现金对账（请填余额） | | | | | |

## 订单登记表

| 市场 | | | | | | | | | |
|---|---|---|---|---|---|---|---|---|---|
| 产品 | | | | | | | | | |
| 数量 | | | | | | | | | |
| 交货期 | | | | | | | | | |
| 应收款账期 | | | | | | | | | |
| 销售额 | | | | | | | | | |
| 成本 | | | | | | | | | |
| 毛利 | | | | | | | | | |

## 产品核算统计表

| | P1 | P2 | P3 | P4 | P5 | 合计 |
|---|---|---|---|---|---|---|
| 数量 | | | | | | |
| 销售额 | | | | | | |
| 成本 | | | | | | |
| 毛利 | | | | | | |

## 综合管理费用明细表

单位：W

| 项目 | 金额 | 备注 |
|---|---|---|
| 管理费 | | |
| 广告费 | | |
| 维修费 | | |
| 租金 | | |
| 转产费 | | |
| 市场准入开拓 | | □本地　□区域　□国内　□亚洲　□国际 |
| ISO 资格认证 | | □ISO9000　□ISO14000 |
| 产品研发 | | P1 (　) P2 (　) P3 (　) P4 (　) P5 (　) |
| 损失 | | |
| 合计 | | |

## 利润表

单位：W

| 项　　目 | 本　年　数 |
|---|---|
| 销售收入 | |
| 直接成本 | |
| 毛利 | |
| 综合费用 | |
| 折旧前利润 | |
| 折旧 | |
| 支付利息前利润 | |
| 财务费用（利息＋贴息） | |
| 税前利润 | |
| 所得税 | |
| 净利润 | |

## 资产负债表

单位：W

| 资　　产 | 金　　额 | 负债和所有者权益 | 金　　额 |
|---|---|---|---|
| 流动资产： | | 负债： | |
| 　现金 | | 　长期负债 | |
| 　应收款 | | 　短期负债 | |
| 　在制品 | | 　应交税金 | |
| 　成品 | | | |
| 　原料 | | | |
| 　流动资产合计 | | 　负债合计 | |
| 固定资产： | | 所有者权益： | |
| 　土地和建筑 | | 　股东资本 | |
| 　机器与设备 | | 　利润留存 | |
| 　在建工程 | | 　年度净利 | |
| 　固定资产合计 | | 　所有者权益合计 | |
| 资产总计 | | 负债和所有者权益总计 | |

# 第 2 年经营总结

## 一、企业目标实现情况分析

| 目　　标 | 实现情况 | 原因及分析 |
|---|---|---|
| 企业总体 | | |
| 市场占有 | | |
| 产品销售 | | |
| 产品生产 | | |
| 原料采购 | | |
| 固定投资 | | |
| 财务指标 | | |

## 二、公司管理与运营效率分析

（一）个人能力发挥

_____
_____

（二）团队协作情况

_____
_____

（三）制度流程执行

_____
_____

## 三、学习体会

_____
_____

# 第 3 年经营记录表

## 企业经营流程表

| | | | | |
|---|---|---|---|---|
| 年初现金盘点 | | | | |
| 申请长期贷款 | | | | |
| 季初现金盘点（请填余额） | | | | |
| 更新短期贷款/还本付息 | | | | |
| 更新生产c完工入库 | | | | |
| 生产线完工 | | | | |
| 申请短期贷款 | | | | |
| 更新原料库（购买到期的原料，更新在途原料） | | | | |
| 订购原料 | | | | |
| 购租厂房（选择厂房类型，选择购买或租赁） | | | | |
| 新建生产线（选择生产线类型及生产产品种类） | | | | |
| 在建生产线（生产线第二、三、四期的投资） | | | | |
| 生产线转产（选择转产产品种类） | | | | |
| 出售生产线 | | | | |
| 开始下一批生产（空置的生产线开始新一轮生产） | | | | |
| 更新应收款（输入从应收款一期更新到现金库的金额） | | | | |
| 按订单交货 | | | | |
| 厂房处理 | | | | |
| 产品研发投资 | | | | |
| 支付行政管理费 | | | | |
| 新市场开拓 | | | | |
| ISO 资格认证投资 | | | | |
| 支付设备维修费 | | | | |
| 计提折旧 | | | | （ ） |
| 违约扣款 | | | | |
| 紧急采购（随时进行） | | | | |
| 出售库存（随时进行） | | | | |
| 应收款贴现（随时进行） | | | | |
| 贴息（随时进行） | | | | |
| 其他现金收支情况登记（根据需要填写） | | | | |
| 期末现金对账（请填余额） | | | | |

## 订单登记表

| 市场 | | | | | | | | | | | |
|---|---|---|---|---|---|---|---|---|---|---|---|
| 产品 | | | | | | | | | | | |
| 数量 | | | | | | | | | | | |
| 交货期 | | | | | | | | | | | |
| 应收款账期 | | | | | | | | | | | |
| 销售额 | | | | | | | | | | | |
| 成本 | | | | | | | | | | | |
| 毛利 | | | | | | | | | | | |

## 产品核算统计表

| | P1 | P2 | P3 | P4 | P5 | 合计 |
|---|---|---|---|---|---|---|
| 数量 | | | | | | |
| 销售额 | | | | | | |
| 成本 | | | | | | |
| 毛利 | | | | | | |

## 综合管理费用明细表

单位：W

| 项 目 | 金 额 | 备 注 |
|---|---|---|
| 管理费 | | |
| 广告费 | | |
| 维修费 | | |
| 租 金 | | |
| 转产费 | | |
| 市场准入开拓 | | □本地 □区域 □国内 □亚洲 □国际 |
| ISO资格认证 | | □ ISO9000 □ 1SO14000 |
| 产品研发 | | P1（ ） P2（ ） P3（ ） P4（ ） P5（ ） |
| 损 失 | | |
| 合 计 | | |

## 利润表

单位：W

| 项　　目 | 本　年　数 |
|---|---|
| 销售收入 | |
| 直接成本 | |
| 毛利 | |
| 综合费用 | |
| 折旧前利润 | |
| 折旧 | |
| 支付利息前利润 | |
| 财务费用（利息＋贴息） | |
| 税前利润 | |
| 所得税 | |
| 净利润 | |

## 资产负债表

单位：W

| 资　　产 | 金　　额 | 负债和所有者权益 | 金　　额 |
|---|---|---|---|
| 流动资产： | | 负债： | |
| 　现金 | | 长期负债 | |
| 　应收款 | | 短期负债 | |
| 　在制品 | | 应交税金 | |
| 　成品 | | | |
| 　原料 | | | |
| 　流动资产合计 | | 负债合计 | |
| 固定资产： | | 所有者权益： | |
| 　土地和建筑 | | 股东资本 | |
| 　机器与设备 | | 利润留存 | |
| 　在建工程 | | 年度净利 | |
| 　固定资产合计 | | 所有者权益合计 | |
| 资产总计 | | 负债和所有者权益总计 | |

# 第 3 年经营总结

## 一、企业目标实现情况分析

| 目　　标 | 实现情况 | 原因及分析 |
|---|---|---|
| 企业总体 | | |
| 市场占有 | | |
| 产品销售 | | |
| 产品生产 | | |
| 原料采购 | | |
| 固定投资 | | |
| 财务指标 | | |

## 二、公司管理与运营效率分析

（一）个人能力发挥

_____
_____
_____

（二）团队协作情况

_____
_____
_____

（三）制度流程执行

_____
_____
_____

## 三、学习体会

_____
_____
_____
_____

# 第 4 年经营记录表

## 企业经营流程表

|  | | | | |
|---|---|---|---|---|
| 年初现金盘点 | | | | |
| 申请长期贷款 | | | | |
| 季初现金盘点（请填余额） | | | | |
| 更新短期贷款/还本付息 | | | | |
| 更新生产/完工入库 | | | | |
| 生产线完工 | | | | |
| 申请短期贷款 | | | | |
| 更新原料库（购买到期的原料，更新在途原料） | | | | |
| 订购原料 | | | | |
| 购租厂房（选择厂房类型，选择购买或租赁） | | | | |
| 新建生产线（选择生产线类型及生产产品种类） | | | | |
| 在建生产线（生产线第二、三、四期的投资） | | | | |
| 生产线转产（选择转产产品种类） | | | | |
| 出售生产线 | | | | |
| 开始下一批生产（空置的生产线开始新一轮生产） | | | | |
| 更新应收款（输入从应收款一期更新到现金库的金额） | | | | |
| 按订单交货 | | | | |
| 厂房处理 | | | | |
| 产品研发投资 | | | | |
| 支付行政管理费 | | | | |
| 新市场开拓 | | | | |
| ISO 资格认证投资 | | | | |
| 支付设备维修费 | | | | |
| 计提折旧 | | | | ( ) |
| 违约扣款 | | | | |
| 紧急采购（随时进行） | | | | |
| 出售库存（随时进行） | | | | |
| 应收款贴现（随时进行） | | | | |
| 贴息（随时进行） | | | | |
| 其他现金收支情况登记（根据需要填写） | | | | |
| 期末现金对账（请填余额） | | | | |

## 订单登记表

| 市场 | | | | | | | | | | |
|---|---|---|---|---|---|---|---|---|---|---|
| 产品 | | | | | | | | | | |
| 数量 | | | | | | | | | | |
| 交货期 | | | | | | | | | | |
| 应收款账期 | | | | | | | | | | |
| 销售额 | | | | | | | | | | |
| 成本 | | | | | | | | | | |
| 毛利 | | | | | | | | | | |

## 产品核算统计表

| | P1 | P2 | P3 | P4 | P5 | 合计 |
|---|---|---|---|---|---|---|
| 数量 | | | | | | |
| 销售额 | | | | | | |
| 成本 | | | | | | |
| 毛利 | | | | | | |

## 综合管理费用明细表

单位：W

| 项 目 | 金 额 | 备 注 |
|---|---|---|
| 管理费 | | |
| 广告费 | | |
| 维修费 | | |
| 租 金 | | |
| 转产费 | | |
| 市场准入开拓 | | □本地 □区域 □国内 □亚洲 □国际 |
| ISO 资格认证 | | □ ISO9000  □ 1SO14000 |
| 产品研发 | | P1（ ） P2（ ） P3（ ） P4（ ） P5（ ） |
| 损 失 | | |
| 合 计 | | |

## 利润表

单位：W

| 项　　目 | 本　年　数 |
|---|---|
| 销售收入 |  |
| 直接成本 |  |
| 毛利 |  |
| 综合费用 |  |
| 折旧前利润 |  |
| 折旧 |  |
| 支付利息前利润 |  |
| 财务费用（利息＋贴息） |  |
| 税前利润 |  |
| 所得税 |  |
| 净利润 |  |

## 资产负债表

单位：W

| 资　　产 | 金　　额 | 负债和所有者权益 | 金　　额 |
|---|---|---|---|
| 流动资产： |  | 负债： |  |
| 　现金 |  | 　长期负债 |  |
| 　应收款 |  | 　短期负债 |  |
| 　在制品 |  | 　应交税金 |  |
| 　成品 |  |  |  |
| 　原料 |  |  |  |
| 　流动资产合计 |  | 负债合计 |  |
| 固定资产： |  | 所有者权益： |  |
| 　土地和建筑 |  | 　股东资本 |  |
| 　机器与设备 |  | 　利润留存 |  |
| 　在建工程 |  | 　年度净利 |  |
| 　固定资产合计 |  | 所有者权益合计 |  |
| 资产总计 |  | 负债和所有者权益总计 |  |

# 第 4 年经营总结

## 一、企业目标实现情况分析

| 目　　标 | 实现情况 | 原因及分析 |
|---|---|---|
| 企业总体 | | |
| 市场占有 | | |
| 产品销售 | | |
| 产品生产 | | |
| 原料采购 | | |
| 固定投资 | | |
| 财务指标 | | |

## 二、公司管理与运营效率分析

（一）个人能力发挥

_____
_____
_____

（二）团队协作情况

_____
_____
_____

（三）制度流程执行

_____
_____
_____

## 三、学习体会

_____
_____
_____

# 第 5 年经营记录表

## 企业经营流程表

| | | | | |
|---|---|---|---|---|
| 年初现金盘点 | | | | |
| 申请长期贷款 | | | | |
| 季初现金盘点（请填余额） | | | | |
| 更新短期贷款/还本付息 | | | | |
| 更新生产/完工入库 | | | | |
| 生产线完工 | | | | |
| 申请短期贷款 | | | | |
| 更新原料库（购买到期的原料，更新在途原料） | | | | |
| 订购原料 | | | | |
| 购租厂房（选择厂房类型，选择购买或租赁） | | | | |
| 新建生产线（选择生产线类型及生产产品种类） | | | | |
| 在建生产线（生产线第二、三、四期的投资） | | | | |
| 生产线转产（选择转产产品种类） | | | | |
| 出售生产线 | | | | |
| 开始下一批生产（空置的生产线开始新一轮生产） | | | | |
| 更新应收款（输入从应收款一期更新到现金库的金额） | | | | |
| 按订单交货 | | | | |
| 厂房处理 | | | | |
| 产品研发投资 | | | | |
| 支付行政管理费 | | | | |
| 新市场开拓 | | | | |
| ISO 资格认证投资 | | | | |
| 支付设备维修费 | | | | |
| 计提折旧 | | | | ( ) |
| 违约扣款 | | | | |
| 紧急采购（随时进行） | | | | |
| 出售库存（随时进行） | | | | |
| 应收款贴现（随时进行） | | | | |
| 贴息（随时进行） | | | | |
| 其他现金收支情况登记（根据需要填写） | | | | |
| 期末现金对账（请填余额） | | | | |

## 订单登记表

| 市场 | | | | | | | | | |
|---|---|---|---|---|---|---|---|---|---|
| 产品 | | | | | | | | | |
| 数量 | | | | | | | | | |
| 交货期 | | | | | | | | | |
| 应收款账期 | | | | | | | | | |
| 销售额 | | | | | | | | | |
| 成本 | | | | | | | | | |
| 毛利 | | | | | | | | | |

## 产品核算统计表

| | P1 | P2 | P3 | P4 | P5 | 合计 |
|---|---|---|---|---|---|---|
| 数量 | | | | | | |
| 销售额 | | | | | | |
| 成本 | | | | | | |
| 毛利 | | | | | | |

## 综合管理费用明细表

单位：W

| 项目 | 金额 | 备注 |
|---|---|---|
| 管理费 | | |
| 广告费 | | |
| 维修费 | | |
| 租金 | | |
| 转产费 | | |
| 市场准入开拓 | | □本地　□区域　□国内　□亚洲　□国际 |
| ISO 资格认证 | | □ISO9000　　□ISO14000 |
| 产品研发 | | P1（　）P2（　）P3（　）P4（　）P5（　） |
| 损失 | | |
| 合计 | | |

## 利润表

单位：W

| 项　　目 | 本　年　数 |
|---|---|
| 销售收入 |  |
| 直接成本 |  |
| 毛利 |  |
| 综合费用 |  |
| 折旧前利润 |  |
| 折旧 |  |
| 支付利息前利润 |  |
| 财务费用（利息＋贴息） |  |
| 税前利润 |  |
| 所得税 |  |
| 净利润 |  |

## 资产负债表

单位：W

| 资　　产 | 金　　额 | 负债和所有者权益 | 金　　额 |
|---|---|---|---|
| 流动资产： |  | 负债： |  |
| 　现金 |  | 　长期负债 |  |
| 　应收款 |  | 　短期负债 |  |
| 　在制品 |  | 　应交税金 |  |
| 　成品 |  |  |  |
| 　原料 |  |  |  |
| 　流动资产合计 |  | 　负债合计 |  |
| 固定资产： |  | 所有者权益： |  |
| 　土地和建筑 |  | 　股东资本 |  |
| 　机器与设备 |  | 　利润留存 |  |
| 　在建工程 |  | 　年度净利 |  |
| 　固定资产合计 |  | 　所有者权益合计 |  |
| 资产总计 |  | 负债和所有者权益总计 |  |

# 第 5 年经营总结

## 一、企业目标实现情况分析

| 目　　标 | 实现情况 | 原因及分析 |
|---|---|---|
| 企业总体 | | |
| 市场占有 | | |
| 产品销售 | | |
| 产品生产 | | |
| 原料采购 | | |
| 固定投资 | | |
| 财务指标 | | |

## 二、公司管理与运营效率分析

（一）个人能力发挥

_____
_____
_____

（二）团队协作情况

_____
_____
_____

（三）制度流程执行

_____
_____
_____

## 三、学习体会

_____
_____
_____
_____

# 第 6 年经营记录表

## 企业经营流程表

|  | | | | | |
|---|---|---|---|---|---|
| 年初现金盘点 | | | | | |
| 申请长期贷款 | | | | | |
| 季初现金盘点（请填余额） | | | | | |
| 更新短期贷款/还本付息 | | | | | |
| 更新生产/完工入库 | | | | | |
| 生产线完工 | | | | | |
| 申请短期贷款 | | | | | |
| 更新原料库（购买到期的原料，更新在途原料） | | | | | |
| 订购原料 | | | | | |
| 购租厂房（选择厂房类型，选择购买或租赁） | | | | | |
| 新建生产线（选择生产线类型及生产产品种类） | | | | | |
| 在建生产线（生产线第二、三、四期的投资） | | | | | |
| 生产线转产（选择转产产品种类） | | | | | |
| 出售生产线 | | | | | |
| 开始下一批生产（空置的生产线开始新一轮生产） | | | | | |
| 更新应收款（输入从应收款一期更新到现金库的金额） | | | | | |
| 按订单交货 | | | | | |
| 厂房处理 | | | | | |
| 产品研发投资 | | | | | |
| 支付行政管理费 | | | | | |
| 新市场开拓 | | | | | |
| ISO 资格认证投资 | | | | | |
| 支付设备维修费 | | | | | |
| 计提折旧 | | | | | ( ) |
| 违约扣款 | | | | | |
| 紧急采购（随时进行） | | | | | |
| 出售库存（随时进行） | | | | | |
| 应收款贴现（随时进行） | | | | | |
| 贴息（随时进行） | | | | | |
| 其他现金收支情况登记（根据需要填写） | | | | | |
| 期末现金对账（请填余额） | | | | | |

## 订单登记表

| 市场 | | | | | | | | | | |
|---|---|---|---|---|---|---|---|---|---|---|
| 产品 | | | | | | | | | | |
| 数量 | | | | | | | | | | |
| 交货期 | | | | | | | | | | |
| 应收款账期 | | | | | | | | | | |
| 销售额 | | | | | | | | | | |
| 成本 | | | | | | | | | | |
| 毛利 | | | | | | | | | | |

## 产品核算统计表

| | P1 | P2 | P3 | P4 | P5 | 合计 |
|---|---|---|---|---|---|---|
| 数量 | | | | | | |
| 销售额 | | | | | | |
| 成本 | | | | | | |
| 毛利 | | | | | | |

## 综合管理费用明细表

单位：W

| 项 目 | 金 额 | 备 注 |
|---|---|---|
| 管理费 | | |
| 广告费 | | |
| 维修费 | | |
| 租 金 | | |
| 转产费 | | |
| 市场准入开拓 | | □本地 □区域 □国内 □亚洲 □国际 |
| ISO 资格认证 | | □ ISO9000 □ ISO14000 |
| 产品研发 | | P1（ ） P2（ ） P3（ ） P4（ ） P5（ ） |
| 损 失 | | |
| 合 计 | | |

## 利润表

单位：W

| 项　　目 | 本　年　数 |
|---|---|
| 销售收入 | |
| 直接成本 | |
| 毛利 | |
| 综合费用 | |
| 折旧前利润 | |
| 折旧 | |
| 支付利息前利润 | |
| 财务费用（利息＋贴息） | |
| 税前利润 | |
| 所得税 | |
| 净利润 | |

## 资产负债表

单位：W

| 资　　产 | 金　　额 | 负债和所有者权益 | 金　　额 |
|---|---|---|---|
| 流动资产： | | 负债： | |
| 　现金 | | 　长期负债 | |
| 　应收款 | | 　短期负债 | |
| 　在制品 | | 　应交税金 | |
| 　成品 | | | |
| 　原料 | | | |
| 　流动资产合计 | | 　负债合计 | |
| 固定资产： | | 所有者权益： | |
| 　土地和建筑 | | 　股东资本 | |
| 　机器与设备 | | 　利润留存 | |
| 　在建工程 | | 　年度净利 | |
| 　固定资产合计 | | 　所有者权益合计 | |
| 资产总计 | | 负债和所有者权益总计 | |

# 第 6 年经营总结

## 一、企业目标实现情况分析

| 目　　标 | 实现情况 | 原因及分析 |
|---|---|---|
| 企业总体 | | |
| 市场占有 | | |
| 产品销售 | | |
| 产品生产 | | |
| 原料采购 | | |
| 固定投资 | | |
| 财务指标 | | |

## 二、公司管理与运营效率分析

（一）个人能力发挥

_____
_____
_____

（二）团队协作情况

_____
_____
_____

（三）制度流程执行

_____
_____
_____

## 三、学习体会

_____
_____
_____

# 附录 F 电子沙盘生产计划及采购计划

## 电子沙盘生产计划及采购计划编制（1～3 年）

| 生产线 | | 第 1 年 | | | | 第 2 年 | | | | 第 3 年 | | | |
|---|---|---|---|---|---|---|---|---|---|---|---|---|---|
| | | 一季度 | 二季度 | 三季度 | 四季度 | 一季度 | 二季度 | 三季度 | 四季度 | 一季度 | 二季度 | 三季度 | 四季度 |
| 1 | 产品 | | | | | | | | | | | | |
| | 材料 | | | | | | | | | | | | |
| 2 | 产品 | | | | | | | | | | | | |
| | 材料 | | | | | | | | | | | | |
| 3 | 产品 | | | | | | | | | | | | |
| | 材料 | | | | | | | | | | | | |
| 4 | 产品 | | | | | | | | | | | | |
| | 材料 | | | | | | | | | | | | |
| 5 | 产品 | | | | | | | | | | | | |
| | 材料 | | | | | | | | | | | | |
| 6 | 产品 | | | | | | | | | | | | |
| | 材料 | | | | | | | | | | | | |
| 7 | 产品 | | | | | | | | | | | | |
| | 材料 | | | | | | | | | | | | |
| 8 | 产品 | | | | | | | | | | | | |
| | 材料 | | | | | | | | | | | | |
| 合计 | 产品 | | | | | | | | | | | | |
| | 材料 | | | | | | | | | | | | |

## 电子沙盘生产计划及采购计划编制（4～6年）

| 生产线 | | 第1年 | | | | 第2年 | | | | 第3年 | | | |
|---|---|---|---|---|---|---|---|---|---|---|---|---|---|
| | | 一季度 | 二季度 | 三季度 | 四季度 | 一季度 | 二季度 | 三季度 | 四季度 | 一季度 | 二季度 | 三季度 | 四季度 |
| 1 | 产品 | | | | | | | | | | | | |
| | 材料 | | | | | | | | | | | | |
| 2 | 产品 | | | | | | | | | | | | |
| | 材料 | | | | | | | | | | | | |
| 3 | 产品 | | | | | | | | | | | | |
| | 材料 | | | | | | | | | | | | |
| 4 | 产品 | | | | | | | | | | | | |
| | 材料 | | | | | | | | | | | | |
| 5 | 产品 | | | | | | | | | | | | |
| | 材料 | | | | | | | | | | | | |
| 6 | 产品 | | | | | | | | | | | | |
| | 材料 | | | | | | | | | | | | |
| 7 | 产品 | | | | | | | | | | | | |
| | 材料 | | | | | | | | | | | | |
| 8 | 产品 | | | | | | | | | | | | |
| | 材料 | | | | | | | | | | | | |
| 合计 | 产品 | | | | | | | | | | | | |
| | 材料 | | | | | | | | | | | | |

# 附录 G　电子沙盘开工计划

## 电子沙盘开工计划

| 产品 | 第 1 年 | | | | 第 2 年 | | | | 第 3 年 | | | |
|---|---|---|---|---|---|---|---|---|---|---|---|---|
| | 一季度 | 二季度 | 三季度 | 四季度 | 一季度 | 二季度 | 三季度 | 四季度 | 一季度 | 二季度 | 三季度 | 四季度 |
| P1 | | | | | | | | | | | | |
| P2 | | | | | | | | | | | | |
| P3 | | | | | | | | | | | | |
| P4 | | | | | | | | | | | | |

| 产品 | 第 4 年 | | | | 第 5 年 | | | | 第 6 年 | | | |
|---|---|---|---|---|---|---|---|---|---|---|---|---|
| | 一季度 | 二季度 | 三季度 | 四季度 | 一季度 | 二季度 | 三季度 | 四季度 | 一季度 | 二季度 | 三季度 | 四季度 |
| 人工付款 | | | | | | | | | | | | |
| P1 | | | | | | | | | | | | |
| P2 | | | | | | | | | | | | |
| P3 | | | | | | | | | | | | |
| P4 | | | | | | | | | | | | |

| 产品 | 第 7 年 | | | | 第 8 年 | | | | 第 9 年 | | | |
|---|---|---|---|---|---|---|---|---|---|---|---|---|
| | 一季度 | 二季度 | 三季度 | 四季度 | 一季度 | 二季度 | 三季度 | 四季度 | 一季度 | 二季度 | 三季度 | 四季度 |
| 人工付款 | | | | | | | | | | | | |
| P1 | | | | | | | | | | | | |
| P2 | | | | | | | | | | | | |
| P3 | | | | | | | | | | | | |
| P4 | | | | | | | | | | | | |
| 人工付款 | | | | | | | | | | | | |

# 附录 H  电子沙盘采购及材料付款计划

## 电子沙盘采购及材料付款计划

| 产品 | 第 1 年 | | | | 第 2 年 | | | | 第 3 年 | | | |
|---|---|---|---|---|---|---|---|---|---|---|---|---|
| | 一季度 | 二季度 | 三季度 | 四季度 | 一季度 | 二季度 | 三季度 | 四季度 | 一季度 | 二季度 | 三季度 | 四季度 |
| P1 | | | | | | | | | | | | |
| P2 | | | | | | | | | | | | |
| P3 | | | | | | | | | | | | |
| P4 | | | | | | | | | | | | |

| 产品 | 第 4 年 | | | | 第 5 年 | | | | 第 6 年 | | | |
|---|---|---|---|---|---|---|---|---|---|---|---|---|
| | 一季度 | 二季度 | 三季度 | 四季度 | 一季度 | 二季度 | 三季度 | 四季度 | 一季度 | 二季度 | 三季度 | 四季度 |
| 人工付款 | | | | | | | | | | | | |
| P1 | | | | | | | | | | | | |
| P2 | | | | | | | | | | | | |
| P3 | | | | | | | | | | | | |
| P4 | | | | | | | | | | | | |

| 产品 | 第 7 年 | | | | 第 8 年 | | | | 第 9 年 | | | |
|---|---|---|---|---|---|---|---|---|---|---|---|---|
| | 一季度 | 二季度 | 三季度 | 四季度 | 一季度 | 二季度 | 三季度 | 四季度 | 一季度 | 二季度 | 三季度 | 四季度 |
| 人工付款 | | | | | | | | | | | | |
| P1 | | | | | | | | | | | | |
| P2 | | | | | | | | | | | | |
| P3 | | | | | | | | | | | | |
| P4 | | | | | | | | | | | | |
| 人工付款 | | | | | | | | | | | | |

# 附录 1 其他表

## 应收账款登记表

| 公司 | 款类 | 第 1 年 | | | | 第 2 年 | | | | 第 3 年 | | | |
|---|---|---|---|---|---|---|---|---|---|---|---|---|---|
| | | 一季度 | 二季度 | 三季度 | 四季度 | 一季度 | 二季度 | 三季度 | 四季度 | 一季度 | 二季度 | 三季度 | 四季度 |
| | 1 | | | | | | | | | | | | |
| 应收期 | 2 | | | | | | | | | | | | |
| | 3 | | | | | | | | | | | | |
| | 4 | | | | | | | | | | | | |
| 到款 | | | | | | | | | | | | | |
| 贴现 | | | | | | | | | | | | | |
| 贴现款 | | | | | | | | | | | | | |

| 公司 | 款类 | 第 4 年 | | | | 第 5 年 | | | | 第 6 年 | | | |
|---|---|---|---|---|---|---|---|---|---|---|---|---|---|
| | | 一季度 | 二季度 | 三季度 | 四季度 | 一季度 | 二季度 | 三季度 | 四季度 | 一季度 | 二季度 | 三季度 | 四季度 |
| | 1 | | | | | | | | | | | | |
| 应收期 | 2 | | | | | | | | | | | | |
| | 3 | | | | | | | | | | | | |
| | 4 | | | | | | | | | | | | |
| 到款 | | | | | | | | | | | | | |
| 贴现 | | | | | | | | | | | | | |
| 贴现款 | | | | | | | | | | | | | |

## 公司贷款申请表

| 贷款类 | | 第 1 年 | | | | 第 2 年 | | | | 第 3 年 | | | |
|---|---|---|---|---|---|---|---|---|---|---|---|---|---|
| | | 1 | 2 | 3 | 4 | 1 | 2 | 3 | 4 | 1 | 2 | 3 | 4 |
| 短贷 | 借 | | | | | | | | | | | | |
| | 还 | | | | | | | | | | | | |
| 高利贷 | 借 | | | | | | | | | | | | |
| | 还 | | | | | | | | | | | | |
| 短贷余额 | | | | | | | | | | | | | |
| 监督员签字 | | | | | | | | | | | | | |

| 长贷 | 借 | | | |
|---|---|---|---|---|
| | 还 | | | |
| 长贷余额 | | | | |
| 上年权益 | | | | |
| 监督员签字 | | | | |

## 市场开发投入登记表

| 公司代码:<br>年度 | 区域市场<br>（1y） | 国内市场<br>（2y） | 亚洲市场<br>（3y） | 国际市场<br>（4y） | 完成 | 监督员签字 |
|---|---|---|---|---|---|---|
| 第1年 | | | | | | |
| 第2年 | | | | | | |
| 第3年 | | | | | | |
| 第4年 | | | | | | |
| 第5年 | | | | | | |
| 第6年 | | | | | | |
| 总计 | | | | | | |
| 表5 | | | | | | |

## 产品开发登记表

| 年度 | P2 | P3 | P4 | 总计 | 完成 | 监督员签字 |
|---|---|---|---|---|---|---|
| 第1年 | | | | | | |
| 第2年 | | | | | | |
| 第3年 | | | | | | |
| 第4年 | | | | | | |
| 第5年 | | | | | | |
| 第6年 | | | | | | |
| 总计 | | | | | | |
| 表6 | | | | | | |

## ISO认证投资

| 年度 | 第1年 | 第2年 | 第3年 | 第4年 | 第5年 | 第6年 |
|---|---|---|---|---|---|---|
| ISO9000 | | | | | | |
| ISO14000 | | | | | | |
| 总计 | | | | | | |
| 监督员签字 | | | | | | |

## 产品（原材料）交易订单

| 购买单位 | | 购买时间 | | 年 | | | 季 | |
|---|---|---|---|---|---|---|---|---|
| 销售单位 | | 完工时间 | | 年 | | | 季 | |
| | | 原料 | | | | 产品 | | |
| 产品/原料 | R1 | R2 | R3 | R4 | P1 | P2 | P3 | P4 |
| 成交数量 | | | | | | | | |
| 成交金额 | | | | | | | | |
| 付款方式 | | | | | | | | |
| 购买人 | | | | | | | | |
| 售货人 | | | | | | | | |
| 审核人 | | | | | | | | |

1. 完工时间必须小于购买时间，否则为无效交易
2. 本协议可以事先签字，但必须双方监督员审核签字后生效
3. 如果没有双方监督人签字，视为无效交易
4. 无效交易按交易额扣除双方利润

## 产品（原材料）交易订单

| 购买单位 | | 购买时间 | | 年 | | | 季 | |
|---|---|---|---|---|---|---|---|---|
| 销售单位 | | 完工时间 | | 年 | | | 季 | |
| | | 原料 | | | | 产品 | | |
| 产品/原料 | R1 | R2 | R3 | R4 | P1 | P2 | P3 | P4 |
| 成交数量 | | | | | | | | |
| 成交金额 | | | | | | | | |
| 付款方式 | | | | | | | | |
| 购买人 | | | | | | | | |
| 售货人 | | | | | | | | |
| 审核人 | | | | | | | | |

1. 完工时间必须小于购买时间，否则为无效交易
2. 本协议可以事先签字，但必须双方监督员审核签字后生效
3. 如果没有双方监督人签字，视为无效交易
4. 无效交易按交易额扣除双方利润

## 产品（原材料）交易订单

| 购买单位 | | 购买时间 | | 年 | | | 季 | |
|---|---|---|---|---|---|---|---|---|
| 销售单位 | | 完工时间 | | 年 | | | 季 | |
| | | 原料 | | | | 产品 | | |
| 产品/原料 | R1 | R2 | R3 | R4 | P1 | P2 | P3 | P4 |
| 成交数量 | | | | | | | | |
| 成交金额 | | | | | | | | |
| 付款方式 | | | | | | | | |
| 购买人 | | | | | | | | |
| 售货人 | | | | | | | | |
| 审核人 | | | | | | | | |

1. 完工时间必须小于购买时间，否则为无效交易
2. 本协议可以事先签字，但必须双方监督员审核签字后生效
3. 如果没有双方监督人签字，视为无效交易
4. 无效交易按交易额扣除双方利润

## 产品（原材料）交易订单

| 购买单位 | | 购买时间 | | 年 | | | 季 | |
|---|---|---|---|---|---|---|---|---|
| 销售单位 | | 完工时间 | | 年 | | | 季 | |
| | | 原料 | | | | 产品 | | |
| 产品/原料 | R1 | R2 | R3 | R4 | P1 | P2 | P3 | P4 |
| 成交数量 | | | | | | | | |
| 成交金额 | | | | | | | | |
| 付款方式 | | | | | | | | |
| 购买人 | | | | | | | | |
| 售货人 | | | | | | | | |
| 审核人 | | | | | | | | |

1. 完工时间必须小于购买时间，否则为无效交易
2. 本协议可以事先签字，但必须双方监督员审核签字后生效
3. 如果没有双方监督人签字，视为无效交易
4. 无效交易按交易额扣除双方利润

## 产品（原材料）交易订单

| 购买单位 | | 购买时间 | | 年 | | 季 | |
|---|---|---|---|---|---|---|---|
| 销售单位 | | 完工时间 | | 年 | | 季 | |
| | | 原料 | | | | 产品 | |
| 产品/原料 | R1 | R2 | R3 | R4 | P1 | P2 | P3 | P4 |
| 成交数量 | | | | | | | | |
| 成交金额 | | | | | | | | |
| 付款方式 | | | | | | | | |
| 购买人 | | | | | | | | |
| 售货人 | | | | | | | | |
| 审核人 | | | | | | | | |

1. 完工时间必须小于购买时间，否则为无效交易
2. 本协议可以事先签字，但必须双方监督员审核签字后生效
3. 如果没有双方监督人签字，视为无效交易
4. 无效交易按交易额扣除双方利润

## 产品（原材料）交易订单

| 购买单位 | | 购买时间 | | 年 | | 季 | |
|---|---|---|---|---|---|---|---|
| 销售单位 | | 完工时间 | | 年 | | 季 | |
| | | 原料 | | | | 产品 | |
| 产品/原料 | R1 | R2 | R3 | R4 | P1 | P2 | P3 | P4 |
| 成交数量 | | | | | | | | |
| 成交金额 | | | | | | | | |
| 付款方式 | | | | | | | | |
| 购买人 | | | | | | | | |
| 售货人 | | | | | | | | |
| 审核人 | | | | | | | | |

1. 完工时间必须小于购买时间，否则为无效交易
2. 本协议可以事先签字，但必须双方监督员审核签字后生效
3. 如果没有双方监督人签字，视为无效交易
4. 无效交易按交易额扣除双方利润

## 产品（原材料）交易订单

| 购买单位 | | 购买时间 | | 年 | | 季 | |
|---|---|---|---|---|---|---|---|
| 销售单位 | | 完工时间 | | 年 | | 季 | |
| | | 原料 | | | | 产品 | |
| 产品/原料 | R1 | R2 | R3 | R4 | P1 | P2 | P3 | P4 |
| 成交数量 | | | | | | | | |
| 成交金额 | | | | | | | | |
| 付款方式 | | | | | | | | |
| 购买人 | | | | | | | | |
| 售货人 | | | | | | | | |
| 审核人 | | | | | | | | |

1. 完工时间必须小于购买时间，否则为无效交易
2. 本协议可以事先签字，但必须双方监督员审核签字后生效
3. 如果没有双方监督人签字，视为无效交易
4. 无效交易按交易额扣除双方利润

## 产品（原材料）交易订单

| 购买单位 | | 购买时间 | | 年 | | 季 | |
|---|---|---|---|---|---|---|---|
| 销售单位 | | 完工时间 | | 年 | | 季 | |
| | | 原料 | | | | 产品 | |
| 产品/原料 | R1 | R2 | R3 | R4 | P1 | P2 | P3 | P4 |
| 成交数量 | | | | | | | | |
| 成交金额 | | | | | | | | |
| 付款方式 | | | | | | | | |
| 购买人 | | | | | | | | |
| 售货人 | | | | | | | | |
| 审核人 | | | | | | | | |

1. 完工时间必须小于购买时间，否则为无效交易
2. 本协议可以事先签字，但必须双方监督员审核签字后生效
3. 如果没有双方监督人签字，视为无效交易
4. 无效交易按交易额扣除双方利润

# 参 考 文 献

[1] 李冬梅，梁萍换，吴静．手工沙盘应用教程［M］．北京：高等教育出版社，2016．

[2] 喻竹，令狐荣波，陈玉霞，孙一玲．电子沙盘应用教程（新道新商城）［M］．北京：高等教育出版社，2016．

[3] 逄卉一，李芳懿．ERP沙盘模拟［M］．2版．北京：清华大学出版社，2015．

[4] 何先华．ERP沙盘实训教程［M］．武汉：华中师范大学出版社，2010．

[5] 王国志．ERP沙盘模拟实训教程［M］．北京：清华大学出版社，2015．

[6] 李爱红，吕永霞，喻竹．ERP沙盘实训教程［M］．北京：高等教育出版社，2015．

[7] 王新玲，郑文昭，马雪文．ERP沙盘模拟高级指导教程［M］．3版．北京：清华大学出版社，2014．

[8] 喻竹，梁萍换，叶善文．电子沙盘应用教程［M］．北京：高等教育出版社，2016．

[9] 新道科技股份有限公司．新道新创业者沙盘系统V5.0操作手册［M/CD］．海南：新道科技股份有限公司，2016．